高速公路滑坡形成机理分析及防治方法

王正军　傅建红　牛海波　编著

人民交通出版社股份有限公司

北　京

内 容 提 要

本书以浙江省山区高速公路高边坡常见病害为研究对象，通过典型案例分析了山岭地区高速公路高边坡病害产生的原因和机理；在此基础上，进一步分析了其处理方法，以及山岭地区高速公路边坡加固处理在设计、施工中所采取的技术措施。

本书可作为高速公路养护人员的参考读物。

图书在版编目(CIP)数据

高速公路滑坡形成机理分析及防治方法/王正军，傅建红，牛海波，编著. —北京：人民交通出版社股份有限公司，2021.3

ISBN 978-7-114-16916-8

Ⅰ. ①高… Ⅱ. ①王…②傅…③牛… Ⅲ. ①高速公路—公路路基—滑坡—防治 Ⅳ. ①U418.5

中国版本图书馆 CIP 数据核字(2020)第 212427 号

书　　名：高速公路滑坡形成机理分析及防治方法
著 作 者：王正军　傅建红　牛海波
责任编辑：任雪莲
责任校对：刘　芹
责任印制：张　凯
出版发行：人民交通出版社股份有限公司
地　　址：(100011)北京市朝阳区安定门外外馆斜街 3 号
网　　址：http://www.ccpcl.com.cn
销售电话：(010)59757973
总 经 销：人民交通出版社股份有限公司发行部
经　　销：各地新华书店
印　　刷：北京虎彩文化传播有限公司
开　　本：720×960　1/16
印　　张：11.5
字　　数：196 千
版　　次：2021 年 3 月　第 1 版
印　　次：2021 年 3 月　第 1 次印刷
书　　号：ISBN 978-7-114-16916-8
定　　价：62.00 元
(有印刷、装订质量问题的图书由本公司负责调换)

前　言

我国是一个多山的国家，自然地理、工程地质环境十分复杂，特别是对于高速公路，当其穿越多种工程地质单元，甚至不同的气候区时，有可能对山体造成严重破坏，从而导致高速公路边坡病害甚至大范围的地质灾害发生，给人们的生命财产造成巨大损失。

滑坡是山岭地区高速公路高边坡施工中常见的一种病害，实际施工中，因难以及时发现该病害，或因施策不当而使处治效果欠佳，常常造成较大损失。

在复杂多样的地形、地质条件下修建高速公路，如对边坡病害重视程度不够，对其防治措施不当或不力，轻者会影响整条路线工程的正常建设，延误工期或造成重大经济损失；重者在建设和运营期间可能造成人员伤亡事故，产生极大的社会负面影响。因此，着眼于地质灾害的判断和预防工作，对山岭高速公路高边坡地质灾害防治是十分必要的，这也是作者撰写本书的初衷。

本书以浙江省山区高速公路高边坡常见病害为研究对象，通过典型案例分析了山岭地区高速公路高边坡病害产生的原因和机理；在此基础上，进一步分析了其合理的处理方法，以及山岭地区高速公路边坡加固处理在设计、施工中所采取的技术措施。

本书是作者及其研究团队根据多年的技术应用与实践总结撰写而成的。参与本书编写的人员包括：王正军、傅建红、牛海波、彭军安、张妍、赵帮跃、王鹏、李雄辉、李阳、杨健、晏凤涛、龙文帝、石静、曹珏宇、王长胜、肖珊珊。

在本书的撰写过程中参考了相关文献或论著，在此谨向有关编著者表示衷心的感谢。

因作者水平有限，错误或不当之处在所难免，敬请读者批评指正。

浙江交工宏途交通建设有限公司　王正军

2020 年 6 月

目 录
MULU

第1章 绪　论

1.1 滑坡概述

滑坡是指斜坡上的土体或者岩体，受河流冲刷、地下水活动、雨水浸泡、地震及人工切坡等因素影响，在重力作用下，沿着一定的软弱面或软弱带，整体或者分散地顺坡向下滑动的自然现象。滑坡存在于高山峡谷，在一定条件下时常发生，对人们的生命财产安全造成严重影响，特别是对公路、铁路等基础设施项目影响巨大。

我国是一个多山的国家，其自然地理、工程地质环境十分复杂。公路工程是一项大型的带状工程，一般需要穿越多种工程地质单元，甚至不同的气候区。公路建设需要满足一定的技术标准，以满足车辆安全快速通行，因此需要适宜的平、纵、横线形，一定的路基宽度与平缓的道路纵坡，需要对原有山坡进行切割，从而形成人为的“公路边坡或高边坡”，当地质构造复杂、气候条件差、坡体本身稳定性较低时，就会引起各种病害，导致边坡产生各类病害，其中，最为典型的病害就是高边坡滑坡现象(图1-1)。

图1-1　滑坡的一般现象

实际上，在近年来的山区公路建设中，不同规模、类型、性质的公路沿线滑坡和不稳定高边坡失稳现象屡见不鲜。

因此,滑坡治理在公路养护工作中必不可少。而抗滑桩因其适用范围广,且具有许多突出优点,已成为滑坡治理中的一种主要方法。但是,目前人们对大多数抗滑桩边坡工程的整体可靠性、稳定性和工作状态认识较为模糊,要么因设计过于保守导致滑坡治理资金未充分利用,要么由于认识不足导致边坡发生失稳破坏,影响了工程的安全和正常运营(图1-2)。

图1-2　施工时高边坡滑坡现场

举例如下:

(1)浙江上(虞)三(门)高速公路K92～K95段设400多根抗滑桩治理深层古滑坡体,耗资几千万元,但自2000年工程竣工通车以来,该处边坡上又出现多处裂缝;准格尔黑黛沟煤矿成品仓滑坡,设置了抗滑桩加固后,因地下水位抬高发生过“越顶”事故。

(2)长深高速公路金斗山抗滑桩土坡位于福建省南平市境内,在线路开挖过程中,即发生溜塌和滑坡,坡面出现贯通裂缝,坡顶截水沟处错台明显。2007年8月初对该段边坡进行第一次变更设计,施工过程中,ZK211+720～+930段坡顶果园坡地内出现数条裂缝,最远一条裂缝距离原变更刷坡后的坡顶线达80m左右;2007年8—12月,坡顶裂缝不断扩展,裂缝最宽处约100cm,下错约200cm,形成严重的滑坡地质病害;经过一系列工程变更后,滑坡基本达到稳定状态,进入后调整期。2010年5月,该滑坡因持久强降雨诱发再次复活,具体表现为后缘裂缝距离线路中心线水平距离约260m,与线路中心的相对高差达100m,两侧滑动裂缝贯通,后部果园坡体内也形成多道牵引裂缝;边坡发生多处浅表层滑坍,坡面浅表层解体现象普遍;坡脚一级挡墙在ZK211+780～+840段距路面2～3m处产生宽5～10mm、最大外错量近30mm的剪出口裂缝。除抗滑桩内的4个深监测孔外,其余10个深监测孔在2010年6月19—24日全部被剪断,而抗滑桩内的监测孔孔口位移均超过100mm,变形深度最大达32m,监测孔内地下水位明显抬高。通过对抗滑桩桩体取芯,抗滑桩2段岩芯呈现碎块状,部分粗集料碎石上未见水泥痕迹。

(3)湖北程潮铁矿西区边坡抗滑桩加固后,由于地下水的作用在原有浅层滑动面的基础上又出现了新的深层滑动面。

(4)山西运三高速公路穿越中条山北麓低山丘陵区,对公路工程造成威胁的滑坡共有6处、不稳定高边坡达17处;陕西铜黄高速公路,沿线老滑坡和施工中诱发的工程滑坡20多处;重庆万梁高速公路建成后发生滑坡及边坡病害70余处;云南保龙高速公路全线长74km,老滑坡多达47处,高于30m边坡127处;川藏公路自2000年6月至2001年5月不到一年的时间里,先后在西藏自治区内波密县易贡藏布、八宿县的怒江和芒康县的海通沟发生了3次特大型崩塌、滑坡,造成堵江"溃坝"的严重自然灾害,给人们的生命财产带来巨大损失,如图1-3所示。

图1-3 川藏公路102滑坡

(5)在我国东部沿海和中部地区,高速公路穿越丘陵山区时,滑坡、高边坡失稳等地质灾害均较严重,如京珠高速公路广东省粤北段,路线穿越大瑶山脉西麓山区110km路段,因滑坡、高边坡病害,工程造价增加投资约10亿元;福建省多山,高边坡滑坡等地质灾害也较严重。漳诏高速公路全长140km,其中路堑高边坡有30多处,不稳定高边坡达14处;福州—宁德高速公路,全长约152km,路堑高边坡有296处,其中稳定性较差的和不稳定高边坡达48处;京福高速公路福建省内三明市—福州段长约216km,路堑高边坡长度大于40m的有192处,稳定性较差和不稳定高边坡达101处。徽—杭高速公路,黄山市—昱岭关段长约82km,高度大于30m的路堑高边坡约有71处,总长约7744m,已发生滑坡的有10多处,严重制约了工程施工进度,如图1-4~图1-7所示。

(6)浙江丽水地区多山,地形、地质条件较为复杂,在此条件下修建高速公路,如对边坡病害重视程度不够,采取防治措施不当,轻者会影响整条路线的正常建设,延误工期或造成重大经济损失;重者在建设和运营期间可能造成人员伤亡事故。图1-8为浙江丽龙高速公路章抗岭隧道进口滑坡。

实际上,高边坡因其所处的复杂地质环境、气候、岩性、地下水等各种复杂因素,虽然在建设初期通过设计、计算或分析可对边坡进行加固,但依旧无法避免病害发生。大量研究表明,重视土体流变和桩土相互作用对土坡稳定性的影响,分析边坡变形破坏过程中各主要影响因素的变化规律，提出考虑流变特性和桩土相互作用下抗滑桩土坡稳定性的评价方法，以及抗滑桩土坡流变破坏的防治对策，对于边坡稳定有着十分重要的现实意义。

图 1-4　京珠高速公路粤北段 K108 滑坡

图 1-5　同三高速公路福建八尺门互通 3 号滑坡全貌

图 1-6　徽杭高速公路竹岭隧道西洞口左侧滑坡

图 1-7　徽杭高速公路 ZK62 左侧高边坡千枚岩顺节理面大型楔形体失稳

图 1-8　浙江丽龙高速公路章坑岭隧道进口滑坡

1.2 滑坡形成机理分析的相关理论

抗滑桩是边坡加固的重要手段之一,特别是当边坡滑动面确定,滑动面下覆地层强度较好时,更能体现其优越性。但是,当边坡下部地层还存在较软弱层时,采用抗滑桩加固,有可能在深层形成新的滑动面,导致抗滑桩加固效果不理想甚至失败等。沈强等(2005)通过对湖北程潮铁矿西区边坡抗滑桩加固效果监测成果进行分析得出:该边坡加固后存在浅层和深层两个滑动面,因为抗滑桩起作用后,在原有浅层滑动面的基础上,出现了新的软弱面,从而形成浅层和深层两个滑动面;抗滑桩由于长度原因只对浅层滑动起加固作用;同时,地下水是影响边坡变形的重要因素。

古滑坡体中抗滑桩土坡稳定性随时间的发展而下降,引起破坏的现象,说明了土不仅具有弹性和塑性,还具有流变性,是一种黏弹塑性体。近三十年来,已有一些学者通过野外调查、长期监测、模型试验、滑动带土的蠕变试验等,建立了土的蠕变方程和黏塑性模型,研究了蠕变特性对黏土、黄土边坡稳定性的影响。Chandra S. Desai 等考虑到土体流变对土坡渐进性破坏过程的影响,采用分层单面塑性、黏塑性方法,提出了一个蠕动天然边坡土体和界面的本构模型。但是,国内外关于土体流变特性对抗滑桩土坡稳定性及其变形破坏过程的影响还未见文献报道,这是有待深入研究的重要课题之一。

桩间距太小,会减小边坡地下水的排泄断面,引起地下水位抬高而导致滑坡"越顶"剪出。日本学者 G. Furuya 等通过对滑坡体内地下水流动途径的调查,发现了结晶质页岩边坡蠕动变形是一个由滑坡活动引起地下侵蚀与地下侵蚀引起滑坡活动构成的相互关联的过程,地下水侵蚀的敏感性随滑坡活动增大而增大,地下水侵蚀将引起滑坡体失稳。

抗滑桩在滑坡推力作用下与土体相互作用,其受力状态相当复杂,是一个三维空间受力问题。随着计算水平的提高、岩土力学和地质力学模拟技术的发展,通过物理模拟和数值模拟,采用离心模型试验、动力极限分析法、有限元强度折减法等方法,围绕抗滑桩边坡的桩位、桩间距、内力计算、土拱效应、桩土相互作用和稳定性分析等问题进行了研究,再现了桩间土拱形成的现象等。

1.2.1 降雨与滑坡的关系分析

大气降水(主要是降雨),尤其是长历时强暴雨是导致滑坡的主要诱发因素。滑坡的发生除了与降雨量有关外,还与降雨历时、滑坡体岩土材料的渗透性与孔隙率、坡面径流排泄条件、初始地下水位及地下水位补给条件等有关。在滑坡与降雨关系的研究方面,已有不少学者从不同的角度进行了研究,取得了不少成果。这些滑坡与降雨关系的研究均是从降雨历时、降雨量、降雨强度及降雨形式等方面进行分析;研究方法主要采用准三维有限元法对降雨诱发滑坡进行动态分析,采用极限平衡方法分析降雨诱发的浅层均质土滑坡破坏,采用有限元法研究非饱和土暂态孔隙水分布、孔隙水压力和基质吸力,结合极限平衡理论分析计算降雨对非饱和土边坡稳定性系数的影响,采用有限元法分析地下水压变化或采用渗流分析结合强度折减技术分析降雨条件下非饱和土边坡的稳定性。主要有以下三个方面的研究成果:

(1)降雨量、降雨强度、降雨历时以及雨型等与滑坡的关系。

(2)降雨入渗及地下水位变化等对滑坡稳定性的影响。

(3)降雨诱发滑坡机制的非线性科学研究。

1.2.1.1　降雨量、降雨强度、降雨历时以及雨型等与滑坡关系

王发读(1995)、吴金桂(2000)、林卫烈(2003)等人研究松散堆积土滑坡位移、地下水水位变化与降雨量等的关系,将降雨量与滑坡位移量对应进行了相关量化分析,据此运用二元回归法建立指数预测模型,发现滑坡位移变化主要受连续累计降雨量的影响。

Ng C. W.(1998)研究了降雨强度和持续时间对非饱和土边坡稳定性的影响,以及不同降雨和地层条件对非饱和土暂态孔隙水分布的影响,发现非饱和土边坡的稳定性系数依赖于降雨强度、地下水位初始值和持续时间。

贺健(2000)分析了降雨对滑坡稳定性的影响,总结出降雨量与滑体主裂缝扩展、深层位移、疏水流量之间的关系,得到滑体的临界年降雨量,并利用灰色灾变理论预测下一个降雨灾变年的时间。

胡明鉴等(2001)从决定滑坡稳定性的物质条件、结构条件和影响滑坡稳定性的环境条件及降雨强度、降雨量、降雨入渗、土体力学性质改变等多个方面分析了降雨对滑坡的作用过程,并进行大型的野外人工降雨激发滑坡试验和室内土工试验,指出降雨激发滑坡是在以降雨为主导因素的多种因素综合作用下发生的复杂过程。

林孝松(2001)、谢剑明(2003)等从暴雨频次、降雨的周期变化、降雨强度、降雨历时、降雨量以及雨型等方面研究了滑坡发生与降雨的耦合关系,发现它们与滑坡的发生存在着密切的联系。

1.2.1.2　降雨入渗及地下水位变化等对滑坡稳定性的影响

土质坡体一般是非饱和的,因吸力的存在,土体抗剪强度较高,对于原本稳定

的土坡，一方面，雨水渗入土体，使土体饱和度增加，吸力锐减并引起抗剪强度大幅度降低，促使土体产生滑动；另一方面，大气降水下渗，使地下水位上升，增大了滑坡土体的含水率，动水压力增大，降低土体稳定性，是诱发滑坡的主要因素。近年来，很多学者进行了有关降雨引起滑坡的研究，取得了一些非常有价值的成果。

T. Iseda 和 Y. Tanabashi(1986)采用有限元法进行饱和-非饱和渗流分析及考虑渗透力和因饱和度提高导致抗剪强度降低的边坡稳定性分析，研究强降雨作用下的边坡破坏机理。F. Cai 和 K. Ugai(2004)采用非饱和-饱和土中暂态水流的有限元法分析水力特征、初始相对饱和度，考虑边界约束方法对降雨条件下边坡稳定性的影响。

高润德等(2001)基于非饱和土理论，利用有限元法和极限平衡理论研究了雨水入渗作用下土体的渗透性、抗剪强度及坡顶垂直裂缝对黄土高边坡稳定性的影响。

赵慧丽(2001)通过三轴试验，研究了不同条件下的降雨对土体瞬态含水率的影响规律。在此基础上，应用非饱和土总强度理论以及常规的边坡稳定性分析方法，计算出了不同降雨条件下非饱和土体边坡稳定性系数。

王彦(2001)研究了降雨入渗条件下渗流域饱和-非饱和渗流场的变化以及渗流场的变化对边坡失稳影响的机理。谭新(2002)从场的观点出发，把降雨入渗的过程看作一个渗流场和应力场相互作用、耦合的瞬态过程，用有限元法分析了边坡的稳定性。

S. E. Cho 和 S. R. Lee (2002)采用极限平衡方法评价了降水渗透对均质土坡表层稳定性的影响，并提出采用均一降水约束的近似方法评价降雨诱发浅层滑坡破坏的可能性，并把计算结果与有限元分析结果进行了比较。

朱文彬等(2002)将 Duncan-Chang 模型引入饱和-非饱和土的本构关系模型，建立了饱和-非饱和土的统一的非线性弹性模型，并应用于降雨滑坡的机理分析。

殷坤龙等(2002)从动态分析和数值模拟两方面讨论了滑坡过程中的地下水作用机理和地下水动力场的时空分布问题。

H. Chen 和 C. F. Lee(2003)采用准三维拉格朗日有限元法构建了自然边坡受降雨诱发的滑坡动态模型，与现场观测结果相结合研究了边坡的滑动特征。

刘小伟等(2003)分析了降雨入渗对斜坡土体的物理、力学性质产生的影响，通过实例数值模拟分析边坡变形破坏受降雨影响的特征。

李爱国等(2003)通过大型人工边坡试验研究了暴雨诱发滑坡的机理。黎志恒(2003)通过滑坡降雨入渗试验，分析了不同降雨强度下，黄土滑坡体接受降雨入渗的能力、雨水扩散运动特征、黄土滑坡的变形特征及蠕变强度，研究了地表水不同入渗量对黄土滑坡的破坏程度。

王晓峰(2003)研究了降雨入渗条件下非饱和土边坡内水分分布规律以及利用边坡的实际重力场和强度场采用条分法计算土坡在降雨入渗各个时刻的安全系数。

戚国庆等(2004)依据试验数据,对非饱和土中基质吸力变化产生的应变进行了研究,建立了非饱和土应变与含水率的变化关系。在此基础上,对降雨引起的边坡位移机制、规律进行了探讨。

姚裕春等(2004)通过含水率对土体强度参数的影响试验表明,含水率对土体黏聚力影响较大,而对土体内摩擦角的影响较小。不同含水率土质边坡破坏机理离心模型试验表明,松散类边坡在含水率小时形成坍落拱破坏,最后形成稳定拱形;在含水率大时,形成浅层滑坍破坏。

1.2.1.3 降雨诱发滑坡机制的非线性科学相关理论

龙辉(2001)以突变理论与非线性动力学的内在联系和斜坡位移时间序列为基础,运用改进的 Backus 广度线性反演理论,对斜坡的孕育演化过程进行了分析,并集中探讨了外界环境因素(特别是降雨、地下水等)影响斜坡演化的作用机理,建立了斜坡演化的非线性动力学模型,并利用梯度动力系统与突变模型的等价性,进行尖点突变分析。

龙辉等(2002)针对降雨触发的滑坡,以岩质边坡平面滑动失稳为例,考虑滑面介质的应变软化和水致弱化性质,提出了一个简单的力学模型,并运用突变理论分析其失稳的力学机制。在突变分析中,通过尖点突变模型,详细讨论了刚度比、含水率、几何-力学参数等因素对滑坡孕育和触发过程的影响。通过突变分析发现,一个完整的滑坡孕育演化过程包括五个阶段:稳定、减速滑动、匀速滑动、加速滑动、剧滑。

李文广(2004)基于突变理论,提出了考虑降雨入渗影响的非饱和土基坑边坡稳定性分析方法。通过分析边坡稳定性的塑性极限方法的上限理论,建立了边坡失稳的尖点突变模型,并得出边坡突发式滑坡的特征关系式,用突变理论对非饱和土边坡稳定性进行了初步研究。研究表明,外界环境的变化(如降雨入渗导致土体抗剪强度的降低)是基坑边坡发生突发性破坏的决定性因素。

1.2.2 基于数值模拟模型滑坡体稳定性分析

1.2.2.1 数学模型的发展

目前使用的数学模型大致可分为两类:一类是基于极限平衡理论的条分法,另一类是数值分析方法。

虽然基于极限平衡理论的条分法人为假定的条间作用力并不代表斜坡真实的应力状态,但条分法计算简单,发展历史较长,工程应用广泛,尤其对土坡更是如此。各种条分法的对比表明,在参数相同的情况下,采用不同的计算假设,结果差别不大,误差主要来源于参数的取值。这也表明条分法的发展已相当成熟。20世纪七八十年代有些学者致力于求取最可能滑动面,所用的方法一般是将稳定性系数视为滑面上某些函数的泛函,用变分法求该泛函的极值,稳定性系数最小的滑面即最可能的滑面。但是该方法普遍存在一个缺陷,即数学上不够严密,给出的只是极值的必要条件,而未能给出充分条件。换言之,满足同一稳定性系数值的滑面可能不止一个。从实用的角度来看,现今计算机的运算速度已相当快,并且性能仍在不断提高,因此可以取一相当宽的搜索区域反复试算,直至得出的稳定性系数达到最小;况且影响计算结果的主要因素是参数取值。

滑坡稳定性分析的另一类数学模型是数值分析方法,包括有限元法 FEM、边界单元法 BEM、离散单元法 DEM、有限差分法 FDM 等。由于计算机性能的不断提高,数值分析方法得到了充分发展,并进入成熟阶段。当前,最大的矛盾是对本构关系的研究远远落后于计算机技术的发展,这也成为制约计算成果可靠程度的瓶颈。有限元法要继续发展完善,必须进一步考虑本构关系上的非线性和几何上的非线性。目前,已经考虑到本构关系中的非线性(如黏弹塑性模型),但岩土体的本构关系太复杂,模型与实际情况之间总有一定差别;几何上的非线性在小变形时还不明显,因此不为人所注意;变形较大时,则不可忽略,如复活碎石土古滑坡的变形破坏就无法用基于小变形假设的计算结果来解释。小变形已越来越不适应理论发展的需要,基于大变形前提的计算理论是今后的发展方向。

如前所述,参数取值对计算结果的影响是首要因素,而岩土体又具有一定的不均质性,受参数取值变动的影响,计算结果必然有一定的离散性。因此,每次单独改变某一参数的取值,得到新的稳定性系数,如此重复,找出对稳定性系数影响最大的因素,即所谓敏感度分析。作用在滑坡体上的营力有一定的随机性,因此边坡的稳定性也具有一定的随机性。目前概率理论已应用于评价边坡的稳定性,非线性理论也已用于边坡稳定性评价。

1.2.2.2 数值模拟技术的改进

数值模拟技术现已广泛应用于滑坡的稳定性研究,进入20世纪80年代后,其在计算方法、计算模型和岩土参数确定方面都有了很大的进展。目前,常用的数值计算方法有较完善的各类极限平衡法、块体理论、有限元法、边界元法、离散元法以及各种耦合计算方法等。用于分析的岩土介质模型已由起初的二维弹性、弹塑性发展到三维线弹性、弹塑性、黏弹性、黏塑性、黏弹塑等模型。岩土力学参数由过去的主要通过试验室试验和现场确定,发展为由多种方法综合确定,如数值反分析法、野外抽样与统计推断技术等。目前一些学者已引入大变形理论等,使数值计算结果更加精确。运用可靠度方法、网络理论和动态规划原理、随机模糊有限元,能较好地处理裂隙介质力学几何参数的随机性、模糊性问题,使稳定性计算分析成果更为合理。

虽然计算技术发展迅速,但由于人们对物理机理的认识尚不充分,加之很难精确确定各个因素的影响,因此数值计算至今还不能完全取代比较成熟的物理模型试验。在今后相当长的时间里,模型试验将与数值模拟并存,两者可以相互验证。模型试验还会继续得到发展。在国外,日本的模型试验水平比较高,他们的模型试验规模大,仿真性强,更接近于真实情况。如在日本科技厅防灾技术中心设置的降雨装置高23.0m,降雨场地面积$75\times50m^2$,其最大降雨强度可达200mm/h(日本降雨量最大的一个地区最大降雨强度为185mm/h);模型比例尺大到1:50。另外,佐佐恭二建立了滑坡体(泥石流或土石水混合体)运动微分方程;中村浩之将佐佐恭二的工作向前推进了一步,将滑动土体视为“不可压缩的牛顿黏滞流体”,利用Navisr-Stokes方程对滑坡土体作了三维动态仿真模拟分析。这些成果表明,日本对滑坡的研究无论是在数学模型上还是在物理模型上,水平都是比较高的。

除了上述采用极限平衡法、有限元法和有限差分法计算分析滑坡稳定性所取得的一些成果外,近年来有关滑坡稳定性数值模拟技术方面的研究也取得了一些进展。这些研究主要涉及采用变形应力场法确定均质土坡滑动面,根据弹塑性有限元应力分析结果用数值积分方法确定岩土潜在滑动面;采用强度折减法、极限平衡法、塑性极限分析法或不平衡推力法等方法研究边坡滑动机理与稳定性。如王汉辉(2003)借助有限元思想和线性规划手段,建立了以超载系数或强度储备系数为目标函数的边坡稳定分析线性规划模型,针对所建立的线性规划模型的特点,详细探讨了求解线性规划的几种方法、策略;王均星等(2004)通过非均质土坡稳定性的有限元塑性极限分析,借助有限元思想和线性规划理论,建立了边坡稳定性的数学规划模型,以求出安全系数的上下限解,并界定了边坡的安全范围;郑宏等(2004)基于弹塑性有限元分析的计算结果,提出了二维情况下边坡潜在滑移线应满足的一个常微分方程组初值问题,给出了该初值问题的预测、校正算法以及确保其收敛的充分必要条件,讨论了潜在滑移线的自动搜寻技术,并分别与极限分析法和极限平衡法的计算结果进行了对比,验证了该方法的有效性;周资斌(2004)基于有限元法,通过对开挖和锚固时均质土坡岩土体材料参数的折减和判断有限元计算的收敛性,直接获得边坡稳定安全系数值,并且利用有限元的计算成果,根据塑性区塑性应变等值线分布情况来确定边坡最危险滑面位置。

1.2.3 边坡稳定性计算与分析的相关理论

已有不少学者对与碎石土滑坡相关的稳定性计算分析方法进行了研究，主要采用了极限平衡法和有限元法两种方法。另外，也有部分学者采用有限差分法对其进行了研究。

1.2.3.1 极限平衡法

1915 年瑞典人 K. Petterson 对内摩擦角 $\varphi = 0°$ 的黏性土坡提出了所谓的瑞典条分法，Fellennius 等(1927)在此基础上提出了普通条分法。Bishop 于 1955 年提出了修正的条分法。1956 年 Janbu 提出了更精细的条分法。J. Lowe，L. Karafiath (1960)和美国军方工程师联合会(1970)提出了一种力的平衡条分法，该方法没有对边坡滑面形状作任何假设，它满足所有的力的平衡条件，但不满足力矩平衡条件。Morgenstren 和 Price(1965)又提出了一种新的条分法，该方法也未对边坡滑面形状作任何假设，它既满足力的平衡条件，又满足力矩平衡条件，还容许条块间力的方向发生变化。Spencer(1967)提出了一种简化的条分法，它预先假定了条块间力的作用方向。Janbu(1968)提出了一种相对精确的条分法，它满足所有的平衡方程，适用于任意形状的滑面，条块间力的作用方向也可以变化，但该方法容易产生计算方面的问题。Hoek(1974)提出了进行边坡楔形体分析的方法，该方法假定各滑面均为平面，以各滑面总抗滑力与楔体总下滑力来确定安全系数。Revilla 和 Castillo(1977)提出了剩余推力法。另外，潘家铮对边坡稳定性问题提出了最大值和最小值原理，陈祖煜(1998)对该原理进行了理论上的证明。

自上述这些基本的极限平衡方法提出后，就不断有人对其进行修正和完善。在对极限平衡法的修正中，主要考虑了两个方面的问题，即滑面和稳定性系数，提出了一般滑动面形状、局部安全系数和变动安全系数等。K. S. Li(1987)等对迅速估计临界滑移面提出了几种方法；A. K. Clough (1987)在极限平衡法的基础上，通过定义一条反映现场特殊边界条件的曲线来引入变动的安全系数；Srbulov 和 M. Milutin (1987)在条分法的基础上，通过对每一条块进行定义并计算安全系数，然后再求出边坡整体安全系数；Leshchinsky(1990)在极限平衡法的基础上提出推广方法，试图通过引入变分法来确定真正的临界滑移面；Enoki Meiketsu 等(1990)在条分法中考虑了滑移面形状和相邻土条间的作用力，将条分法进行了推广，在没有力矩平衡方程或变量个数超过方程个数时可以获得解答；在边坡最危险滑面搜索方面，Boutrop 和 Lovell(1979)、R. Baker(1980)以及 Celestino 和 Duncan(1981)等对此作出了一定的贡献。

20世纪90年代后,国内学者对采用极限平衡法分析土质边坡稳定性也进行了一些研究。曹文贵(1995)引进动态规划方法,基于Janbu法解决了极限平衡分析中边坡非圆临界滑面的确定及其相应最小稳定性系数的求算问题。陈谦应(1995)以极限平衡基本原理推导了土坡稳定性分析多种条分法的普遍方程,给出求解此平衡方程的摩根斯坦-普赖斯法的一种数值方法和所需的全部解析算式。陈善雄(2001)采用极限平衡分析方法,建立了一套能考虑水分入渗的非饱和土边坡的稳定性分析方法,该方法考虑在降雨后土坡水分为一分布场及抗剪强度参数为饱和度的函数。程康(2001)根据三维普通条分法的基本原理,推导了三维极限平衡法稳定安全系数的计算模型和计算公式。郑颖人(2004)根据极限平衡条分法所满足的平衡条件,将现有的13种极限平衡条分法分为四大类;将现有极限平衡条分法对条间力的假定表示成统一形式,根据力和力矩的平衡,推导出十分简明的条间力递推方程和条间力矩递推方程。张均锋(2004)对三维简化的Janbu法进行了扩展,使得离散后在同一行上的各条块在水平横向的安全系数相等以及在同一列上的条块在水平纵向的安全系数相等,得到不同行(列)的安全系数,最后通过各条块底滑面的几何特性与受力分析给出其独立的安全系数以及各条块潜在的滑动方向。

1.2.3.2 有限元法

虽然极限平衡法由于计算简单、物理意义相对清晰而得到了广泛应用,其理论也发展得相对完善,但它未能考虑岩土体内部的应力-应变关系、材料的非线性、岩土体中的应力历史和加载时的应力条件。随着计算机应用技术的发展,边坡稳定性的数值计算方法取得了长足的进步。自从1967年Clough和Wodward在*Berkeley*上发表第一篇关于边坡和路堤方面的有限元分析论文以来,有限元法在边坡稳定性分析中得到大量的研究和应用,取得了很多研究成果。它已成为目前使用非常广泛的一种数值分析方法。目前,已经开发了多个二维及三维有限元分析程序,可以用来求解弹性、弹塑性、黏弹塑性、黏塑性等问题。有限元法的优点是部分考虑了边坡岩土体的非均质和不连续性,可以给出岩土体的应力、应变大小与分布,避免了极限平衡分析法中将滑体视为刚体而过于简化的缺点,能近似地通过应力应变去分析边坡的变形破坏机制,分析最可能、最容易发生屈服破坏的部位和需要首先进行加固的部位等,而且它还能求解大变形问题。但它还不能很好地求解位移不连续等问题,对于无限域、应力集中问题等的求解还不理想。

在采用小变形有限元法分析边坡稳定性方面,已有不少学者进行了大量研究,并取得了一些成果。Brown和King(1967)首次采用有限元法计算匀质边坡的剪应力分布情况。Clough和Woodward(1967)对坝基边坡进行非线弹性有限元分析，考虑了结构和基础变形增量对应力和变形的影响，所得有限元计算结果同变形观测值近似吻合。Kulhawy 和 Duncan（1972）用双曲线弹性模型（Duncan-Chang 模型）对高边坡进行了有限元分析，计算的边坡水平位移值和实际相吻合，但计算的应力分布情况不太理想。Eisenstien（1972）对高边坡进行了三维非线弹性有限元分析，结果发现计算的滑动面位置及其扩展同实际一致。Palmertron（1972）运用 Duncan-Chang 双曲线弹性有限元模型对二维和三维情况下的坝基边坡变形情况进行了比较分析。Raymond(1972)采用多线性弹性有限元计算了边坡的孔隙压力和位移值，并与实测值进行了比较，同时讨论了这种方法的局限性。Kwan Yee 和 Chack Fan Lee(1973)将有限元法用于应变软化材料构成的边坡的应力和位移分析。Lefebvre 等(1973）运用三维有限元法对各种各样的山谷边坡的平面应变分析结果进行了评价。Snitbhan 和 Chen（1976）把边坡弹塑性或黏弹塑性分析的结果同极限平衡分析结果相对照，发现两者有较好的一致性。Esientein 和 Law (1979)研究了边坡应力应变各向异性行为对计算结果的影响。Kohgo 和 Yamashita (1988）比较了弹塑性有限元分析的结果和极限平衡分析的结果，发现二者有较好的一致性。G. L. Jiang 和 J. P. Magnan（1997）采用有限元法分析堤坝的破坏机制，并与条分法的极限分析相比较。D. V. Griffiths 和 P. A. Lane（1999）采用有限元法分析边坡的变形、破坏和稳定性。

在采用大变形有限元法分析边坡稳定性方面，目前也有一些学者进行了研究。N. E. Wiberg、M. Koponen 和 K. Runesson（1990）采用 Galerkin 法建立了有限元的基本公式，并给出了长边坡渐进破坏的一维大变形弹塑性有限元公式，同时指出边坡中软弱带的大剪切变形对边坡稳定性有重要的影响。Bergado 和 Chai(1995)在 Shibata 和 Sekiguchi(1980)所做工作的基础上，采用黏弹塑性模型分析黏土坝边坡的变形行为，他们的研究表明，采用大变形有限元方法分析此类边坡的变形行为比传统的小应变有限元更为合理、更符合实际。E. A. Meroi、B. A. Schrefler 和 O. O. Zienkiewiez(1995)采用 Biot 固结理论和更新的拉格朗日方法建立了非饱和土的静态和动态弹塑性固结大变形有限元公式，并用大变形有限元法与小变形有限元法对高边坡的变形作了对比分析。何伟(2001)采用黏弹塑性大变形有限元法对边坡的变形及失稳过程进行了可视化数值模拟。张士兵(2003)以非线性场论为理论基础，采用弹塑性大变形有限元理论并结合强度折减法对黄土边坡进行了稳定性分析。周翠英等(2003)在用有限元法分析均质土坡边坡稳定性时，引入计算大变形问题的更新的拉格朗日方法，推导了边坡大变形弹塑性有限元分析的方程式，并采用边坡某一幅值的等效塑性剪应变区，以坡脚到坡顶贯通前的折减系数作为均质土坡的安全系数。

近年来，由于计算机技术的快速发展，基于有限元的强度折减法在边坡稳定性分析中的应用备受重视。到目前为止，国内外已有很多学者对折减系数法进行了较为深入的研究，并在一些算例中得到了与极限平衡法十分接近的结果。

基于有限元的强度折减法在岩质边坡稳定性分析中的应用，已有不少学者对其进行了研究。

在基于有限元的强度折减法在土质边坡稳定性分析中的应用方面，国外学者已进行了一定研究。如 K. Ugai 等(1996)采用修正的三维弹塑性有限元强度折减技术计算简单均质土边坡的静态整体稳定性，并采用动态弹塑性有限元方法计算地震时的简单均质土边坡的塑性或残余滑动位移。

在基于有限元的强度折减法在土质边坡稳定性分析中的应用方面，我国的研究起步要晚些，但发展速度相当快。近年来已有不少学者进行了这方面的研究，也取得了一些成果。连镇营(2001)采用强度折减有限元方法对开挖边坡的稳定性进行了较为全面的研究。赵尚毅等(2002)对有限元强度折减法求边坡稳定安全系数的几种常用的屈服准则进行了比较，导出了各种准则互相代换的关系，并采用莫尔-库仑等面积圆屈服准则代替莫尔-库仑准则。算例表明，由此求得的边坡稳定安全系数与传统方法的计算结果十分接近。孙伟等(2003)采用抗剪强度折减弹塑性有限元法分析了均质土坡的稳定性，通过与传统极限平衡法分析结果进行对比研究，对抗剪强度折减有限元法分析土坡稳定问题的适用性进行了评价，并得出土坡发生滑裂破坏前夕土体内应变状态的分布规律。张鲁渝等(2003)较为全面地分析了土体屈服准则的种类、有限元法自身计算精度以及坡高、坡角黏聚力、摩擦角对折减系数法计算精度的影响，并给出了提高计算精度的具体措施。栾茂田等(2003)将抗剪强度折减法的基本概念、弹塑性有限元分析原理与计算结果图形实时显示技术相结合，提出了以广义塑性应变及塑性开展区，作为边坡失稳的评判依据，并与以非线性迭代收敛条件作为失稳评判指标的强度折减有限元方法进行了对比。戴自航等(2003)采用解析几何的方法，导出三维应力空间下莫尔-库仑等面积圆屈服准则的简化形式，提出了对应的有限元强度折减法求解边坡安全系数的方法，并指出对简单边坡据此求得的安全系数与传统的极限平衡法所得结果极为相近，对于复合边坡，二者求得的安全系数相对误差可能稍大些。孙伟等(2003)通过抗剪强度折减弹塑性有限元法研究均质土坡的总体安全系数及相应的变形状态，通过与传统极限平衡法的对比分析，对强度折减有限元法分析土坡稳定性问题的优缺点进行了评价。邓建辉等(2004)模拟了乌江洪家渡1号塌滑体在天然状态下处于极限平衡状态时的滑动方向，并使用其应力成果计算了塌滑体的三维安全系数，建议了基于强度折减概念的三维加固安全系数计算方法。马建勋等(2004)

将强度折减法应用于岩质边坡或均质土坡稳定性的三维分析，基于强度折减法的稳定性有限元法和传统极限平衡法的计算结果，对边坡稳定性二维分析和三维分析的结果进行了对比，表明基于强度折减法的边坡稳定性三维有限元分析是可行的。郑颖人等(2004)对有限元强度折减法分析边坡稳定性系数的计算精度和影响因素进行了详细分析，包括屈服准则、流动法则、有限元模型本身以及计算参数对安全系数计算精度的影响，并给出了提高计算精度的具体措施。张建勋等(2004)研究了强度折减有限元法分析均质土坡稳定性的若干问题，着重讨论了土体参数选用及计算域范围和土体本构参数对该法求土坡安全系数的影响。谢肖礼等(2004)利用非关联流动法则，在空间状态下基于 M-C 准则导出一种新的屈服准则以及相应的弹塑性本构关系，并把新准则与有限元强度折减系数法结合起来，通过对 c、φ 的等效替换，进行均质土坡稳定性分析，所得结果与极限平衡法吻合良好。

1.2.3.3　有限差分法

随着计算机应用技术的发展，边坡稳定性的数值计算方法取得了长足的进步。在采用有限差分法分析岩质滑坡的稳定性方面，已有一些学者进行了研究，并取得了一定的成果。而在采用有限差分法分析土质滑坡的稳定性方面，目前已有部分学者对其进行了相应的研究，也取得了一些成果。如 A. H. Zettler(1999)使用 UDEC 有限差分强度折减法计算均质土坡稳定性系数，并与其他数值方法进行比较；朱文彬等(2002)利用饱和-非饱和土的渗流理论，对公路边坡在降雨过程中的渗流规律进行了分析，用有限元法和有限差分法来模拟雨水在土坡中的渗流过程；肖国峰等(2004)运用基于强度折减技术的有限差分方法对黏土质滑坡进行数值仿真模拟，较好地模拟出现场实际的滑坡特征，并分析了水位变动影响下的黏土质缓坡稳定性。

1.2.4　非线性科学方法的引入

边坡广泛存在于自然界，是岩土工程领域的主要研究内容之一。长期以来，一般采用传统的力学、统计学等方法对滑坡稳定性进行研究，如采用极限平衡法对滑坡稳定性进行分析。这些方法虽然对解决一些线性的、孤立的滑坡问题有较好的作用，但在处理滑坡的非线性系统时则显得不足。为解决该问题，国内外学者很早就开始采用耗散结构论、协同学、突变理论、混沌理论、分形理论等非线性系统科学方法对滑坡进行研究，特别是近十年来，非线性系统科学方法已成为滑坡研究的热点之一。这些理论是研究非线性性质、非平衡体系的科学，从而决定了它们在岩土工程中应用的普适性和广阔前景。因为地质体中平衡和封闭是相对的，非平衡和开放才是绝对的，在自发地质过程的非平衡演变中，可能形成非平衡耗散结构。由于非线性科学在滑坡研究中的适宜性，尽管它在滑坡研究中的应用才刚刚起步，处于探索阶段，但它却给这一研究领域带来了崭新的思想和方法，并获得不少开拓性的研究成果，如关于滑坡吸引子的特征研究、滑坡的复杂性理论探讨、滑坡稳定性突变理论模型、滑坡孕育的混沌特征和分维特征及其在滑坡的防治与稳定性预测中的意义、滑坡非线性动力学方程的建立及其对滑坡的稳定性预测等。其研究成果已表明：滑坡失稳的发生伴随着其时空分维以及饱和关联维数的降低，且失稳的每次降维过程是自行累加的；滑坡系统在开放和远离平衡的条件下，在与外界环境交换物质和能量的过程中，通过能量耗散过程和内部的非线性力学机制来形成和维持宏观的时序耗散结构；滑坡的变形过程常常表现为一种确定性与不确定性的混沌综合运动，其进入混沌的过程一般是通过倍周期分岔等实现的。当然，这方面的研究才刚刚起步，许多问题仍需要解决，同时，其研究成果还要逐渐经受实际问题的检验。

分岔理论是研究自然现象在某些分岔点发生质变的机理，它既可以获得系统丧失稳定性时的临界参数，又可以对系统分岔以后的特性进行追踪估计。近十几年来，已有一些学者应用分岔理论研究岩质滑坡的变形破坏机理及稳定性，并取得了一些成果。而在应用分岔理论研究土质滑坡的变形破坏机理及稳定性方面，也取得了一定的进展。如 F. Darve 等通过对塑性应变的分岔分析，揭示了滑坡的失稳破坏机制。

在分形理论的滑坡应用方面，易顺民等（1994）、秦四清等（1994）、张子新等（1995）、易顺民（1995）、吴中如等（1996）、Jon D. Pelletier 等（1997）、郑明新等（1998）、毛东明等（1999）、吴树仁等（2000）和李亮等（2000）等学者已进行了深入的研究，并取得了不少成果。如 Jon D. Pelletier 等（1997）采用分形方法研究了边坡的稳定性。

关于混沌理论在滑坡应用方面，近年来也有不少学者进行了相关的研究，并取得了一些成果。如张英等（2002）利用非线性动力学模型方法的动态特性，结合实测资料和数值计算，构建了滑坡时间预测问题的滑坡非线性灰色预测模型和非线性混沌预测模型，通过反演和优化而得出滑坡预测问题的计算结果；李凡等（2002）提出利用混沌变异的演化算法结合基于适应值大小顺序的选择算子，确定边坡最危险滑动面及其对应的安全系数的方法；付义祥等（2003）通过用混沌与分形理论研究边坡变形破坏的演变机理，建立了边坡演变的动力学方程组，通过相空间重构，得出显示边坡系统动态特性的关联维数 D2 的计算公式。

在突变理论的滑坡应用研究方面，国内外学者也进行大量开拓性工作，并取得了不少成果。如龙辉（2001）、龙辉等（2002）和李文广（2004）等已经应用突变理论分析降雨诱发滑坡的机制，并取得了一定的成果；S. Qin 等(2001)提出了一个尖点突变模型用来讨论导致快移和慢移滑坡的条件，发现边坡的不稳定性主要取决于弹脆性介质硬度与应变软化介质构成曲线转折点硬度的比率，当边坡非线性特性等价于环境响应能力时能够实现由倍周期分岔到混沌；龙辉等(2001)基于对任一连续函数至少在较小的邻域内可以用多项式任意逼近的数学理论，运用改进的 Backus 广义线性反演理论，以斜坡位移时间序列为基础，反演建立了斜坡演化的非线性动力学模型，并利用自治梯度系统与突变模型的等价性，通过变量代换得到标准的尖点突变模型，最后以黄茨及卧龙寺滑坡为例对滑坡的发展孕育过程进行分析；李思平等(2002)采用非线性理论和方法来研究边坡的变形破坏机理并建立稳定性评价模型，以分岔和突变理论引出突变级数来表征边坡的状态，并用神经网络从中获取稳定性评价和判断的知识，进而构建系统，并对各类边坡稳定状态作出分析评价；熊传祥等(2000)在应用传统理论的基础上，采用非线性科学理论——突变理论的思想及方法，建立高速岩质滑坡尖点突变模型；房营光等(2004)对土质边坡圆弧滑动稳定性问题采用应力软化模型，由系统能量导出极限平衡方程，运用突变理论方法对土坡失稳进行了分析。

综上所述，虽然已有不少学者应用非线性系统科学方法对滑坡稳定性进行了研究，但是应用非线性系统科学方法对抗滑桩土坡稳定性进行研究，特别是应用尖点突变理论进行研究的极少。

边坡的突发失稳是一种自然现象，是指边坡岩土体系统从一种稳定状态跳跃式地转变到另一种稳定状态。国外学者很早就注意到突变理论在地质学中的应用，国内学者也认识到岩土体稳定性是一个复杂的课题，岩土体系统是一个非线性的动力系统。突变理论特别适用于内部作用尚属未知系统的研究，因此可以解决传统工程地质不能解决的问题。在岩土体失稳突变理论研究中，已经建立了许多突变模型，这些模型成功地应用弹性力学原理建立了坡体的势能函数，为突变理论在工程地质学中的应用奠定了广泛的基础，但是这些模型一般都未考虑降雨的作用。

1.2.5 蠕变对边坡稳定性的影响分析

F. Tavenas 等(1981)、Hirata Tokio 等(1986)通过研究黏土蠕变特性研究蠕变对黏土滑坡稳定性的影响。W. Z. Savage 等(1982)、N. C. Samtani 等(1994)和 C. S. Desai 等(1995)通过建立黏塑性模型研究蠕动滑坡的稳定性。R. O. Davis 等(1990)通过试验研究由于孔隙水流压力导致热膨胀而提高蠕变速率对滑坡整体稳定性损失的影响。Y. K. Zaretskii 等(1990)通过建立计算模型评价蠕动土坡的长期稳定性。

宋克强等(1994)通过野外调查、长期监测、室内试验、模型试验和计算分析,得到了黄土滑坡蠕变规律,提出了预报蠕变滑坡的方法。

阳吉宝等(1995)提出了堆积层滑坡的长期、中期和临滑预报工作的重点及相应对策。

王文星等(1996)利用陈式加载法对取自涔天河水库边坡的雾江古滑坡滑动面的4个试件进行了蠕变试验,并根据遗传蠕变理论对试验结果进行回归分析,最后求出了该黏土的积分蠕变方程的具体核函数形式。

周创兵等(1996)根据滑坡演化的一般规律并考虑外动力因素对斜坡变形破坏的影响,提出了一种蠕变与样条的联合模型。

郑孝玉等(2000)从室内蠕变试验出发,讨论了岩土体的动力学性质及有关的参数特征,重点研究了剪切变形速率与时间的关系。

王琛等(2003、2004)通过泄滩滑坡体滑动带土的三轴排水蠕变试验研究,得到了排水条件下黏性土的 Mesri 蠕变模型、改进的 Mesri 蠕变模型和 Singh Mitchell 蠕变方程。

王建锋(2004)对土体蠕动速率在滑坡爆发之前将随着造成滑坡因素的增加而增加重新进行了理论分析。

陈晶晶等(2005)通过对清江古树包滑坡滑带土进行室内流变试验,对试验结果进行分析,引入 Mesri 模型,采用 Singh Mitchell 应变速率时间关系方程来描述土体的蠕变特性,得出了该滑带土的蠕变形式。

1.2.6 抗滑桩的桩间距分析

周德培等(2004)在对边坡工程中抗滑桩间土拱效应分析的基础上,提出了应以桩间静力平衡条件、跨中截面强度条件以及拱脚处截面强度条件共同控制来确定桩间距,得到了较为合理的桩间距的计算公式,定量地说明了在其他因素不变的情况下,桩间距随桩后土体黏聚力或内摩擦角的增大而增大,却随着桩后坡体推力的增大而减小。

雷文杰等(2006)采用有限元强度折减法对单排桩、桩间距为4m 的抗滑桩在不同设桩位置加固滑坡进行了数值模拟,研究发现,不同的桩位影响滑坡安全系数、滑动面的位置和形状。桩位不同决定了是桩后土体还是桩前土体滑落。桩位选择的一个重要原则是加固后滑坡体安全系数必须大于设计要求的安全系数,否则就会出现桩端越顶破坏或桩前土体滑落。斜坡在同一安全系数下,桩位不同时抗滑桩所受的滑坡推力、桩的内力(剪力、弯矩)和桩的挠度不同。抗滑桩位于斜坡中部时,桩身长度较长,推力和内力大,是不合理的桩位;但桩身挠度大,提供的桩前抗力也大。按常规方法与按有限元法计算桩前无土体的悬臂桩桩上推力是相近的。把桩视作埋入滑坡体中的梁单元,按有限元法算出的推力比较小,因为它已经充分考虑了桩前土体的抗力。

刘颖等(2006)在对滑坡工程中抗滑桩间土拱效应的力学模型分析的基础上,提出了利用杭滑桩间能形成土拱的条件来控制杭滑桩的最大桩间距,并确定出桩前存在稳定土体及不存在稳定土体两种情况下最大桩间距的公式。

王琼(2006)从方桩桩间土拱形成的原理、受力特性入手,从土拱整体稳定性、土拱中最不利受力点达到临界应力状态以及桩的绕流阻力验算三个方面综合考虑桩的最大间距,建立了相应的平面计算模型。

胡晓军等(2007)考虑抗滑桩桩间土拱效应,以桩侧与边坡土体间的摩阻力及黏着力承担滑坡推力的静力平衡条件和土拱跨中与拱脚处截面的强度条件共同控制,建立了适当考虑了滑坡推力分布影响下的抗滑桩间距的计算公式。

1.2.7 抗滑桩的滑坡推力分布分析

杨涛等(2006)针对现有工程中仅能根据滑体的岩性近似确定滑坡推力分布形式为三角形、矩形或梯形的现状,假定自指定点剪出的潜在滑面由部分原滑坡滑面和通过指定剪出点的圆弧面组合而成,提出了以定点剪出稳定性核算为基础的滑坡推力分布形式分析计算方法:首先核算定点剪出滑面的稳定性,得到通过该点潜在滑面的最小安全系数,若该稳定性系数小于设计安全系数,则按照 Janbu 法计算设计滑坡推力。自上而下逐点计算滑坡推力,获得全桩若干点处的滑坡推力以后,可以得到相邻两点间的滑坡推力增量,据此按照自上而下的次序确定桩身滑坡推力的分布形式。

戴自航(2002)根据我国一些抗滑桩模型试验和现场试桩实测试验资料分析结果,针对滑坡体岩土体性质不同,提出和推导了相应的滑坡推力和土体抗力分布函数,并列成了图表。

1.2.8 抗滑桩的锚固深度分析

周春梅、殷坤龙(2006)分析了三峡库区滑坡治理中抗滑桩锚固深度一般取桩长的 1/3 ~ 1/2 存在的问题,用弹性地基系数法计算了弹性桩作用于桩侧岩土体的应力。滑动面为倾斜面时,对桩前岩体中存在的不利结构面进行了抗滑稳定性验算,得出了抗滑桩的最小锚固深度,提出了根据桩周岩土体的性质来确定桩侧岩土体的横向容许承载力,并得出:可以依据桩的不同结构形式、稳定地层的强度、滑坡推力、桩的刚度、桩的截面和间距以及是否考虑桩前滑体的抗力等因素综合确定桩的锚固深度。

1.2.9 抗滑桩边坡数值模拟分析

胡庆安等(2003)应用有限元数值模拟方法,对某黄土滑坡体的抗滑桩加固治理效果进行研究。在数值模拟过程中,采用非线性材料对岩土进行模拟,采用线弹性材料对抗滑桩进行模拟,采用一系列接触单元对滑动面进行模拟。通过对治理前后岩体的位移场和应力场的比较分析,得出:采用抗滑桩进行黄土滑坡治理是完全有效的;采用人工排降水措施,对减缓滑坡体的下滑和降低抗滑桩的受力很有帮助;相邻两抗滑桩间形成一个明显的拱支撑,使得滑体的下滑位移被抑制;垂直于抗滑桩轴线的各个剖面的应力分布完全相同。

夏永成(2006)围绕抗滑桩加固边坡的临界桩间距、内力计算、稳定性分析及土拱效应等问题开展了研究,利用 GEO-SLOPE 计算软件,采用简化 Bishop 法进行抗滑桩加固边坡的稳定性分析,并探讨了抗滑桩的合理加固位置;基于大型有限元分析软件 ABAQUS,对抗滑桩间的土拱效应进行了数值模拟,得出:土拱效应与桩顶约束条件、岩土体的变形模量和泊松比有较大的关系;对各种约束条件下滑动面上、下桩后推力和桩前土体抗力的分布形式及大小进行了分析,发现桩侧作用力不仅与岩土体的性质和变形有关,而且与桩顶约束条件、滑面以下锚固段地层强度等也有密切的关系。

孙常玉(2007)以大型通用有限元软件 ADINA 作为分析平台,对边坡稳定性有限元分析模型及边坡失稳判据进行评价分析,通过变动参数对比计算与分析,探讨了目前所采用的有限元数值计算迭代不收敛、等效塑性应变区相互连通、边坡坡脚至坡顶塑性区贯通、坡面特征点位移陡增四种边坡失稳判据的内在联系及其适用性,指出迭代不收敛判据比较容易使用和判断,具有较广泛的适用性,进而以这种判据为基础,探讨了有限元阶次、土的抗剪强度参数黏聚力 c、内摩擦角 φ、剪胀角和变形模量、泊松比等对边坡稳定安全系数的影响,并就剪胀角对强度参数的敏感性影响进行了分析讨论。

1.2.10 抗滑桩的边坡物理模型

李寻昌(2005)通过均质土体边坡锚杆抗滑桩模型试验,得出了锚杆抗滑桩四种可能的受力分布图式,并在对模型桩桩前滑面以下受力分析的基础上,提出了锚杆抗滑桩模型在正常工作状态下合理的锚固深度。

杨明等(2006)通过离心模型试验,对抗滑桩加固昔格达地层滑坡形成土拱效应的现象进行了研究,再现了桩间土拱形成的现象,并得出:试验条件下的合理桩间净距;采用对比试验方法,研究桩宽度对形成土拱及破坏荷载下拱脚稳定性的影响,发现了桩宽度大小对桩间土拱的形状没有太大影响,但在破坏荷载下对拱脚的稳定性有较大影响。

于玉贞等(2007)为研究抗滑桩加固边坡的地震响应和桩土相互作用规律,利用土工离心机及专用振动台进行了砂土边坡的动力离心模型试验。在 50g 离心加速度条件下,输入 EL Centro 地震波,记录了边坡不同位置的加速度时程并作频谱分析,采集了桩前动土压力和抗滑桩应变等,得出:边坡的地震动力响应自下而上逐渐放大;抗滑桩对周围土体响应有一定的阻滞作用;桩前动土压力随着地震波输入而迅速增大至峰值,此后保持稳定直至地震结束;抗滑桩各截面弯矩的变化规律与动土压力类似,弯矩最大值出现在抗滑桩下部。

1.2.11 抗滑桩土坡流变破坏的相关理论

古滑坡体中抗滑桩土坡稳定性随时间的发展而下降引起破坏的现象,说明了土不仅具有弹性和塑性,还具有流变性,是一种黏弹塑性体。近三十年来,已有一些学者通过野外调查、长期监测、模型试验、滑动带土的蠕变试验等,建立了土的蠕变方程和黏塑性模型,研究了蠕变特性对黏土、黄土边坡稳定性的影响。Chandra S. Desai 等考虑到土体流变对土坡渐进性破坏过程的影响,采用分层单面塑性、黏塑性方法,提出了一个蠕动天然边坡土体和界面的本构模型。

抗滑桩在滑坡推力作用下与土体相互作用,其受力状态相当复杂,是一个三维空间受力问题。随着计算水平的提高、岩土力学和地质力学模拟技术的发展,通过物理模拟和数值模拟,采用离心模型试验、动力极限分析法、有限元强度折减法等方法和手段,围绕抗滑桩边坡的桩位、桩间距、内力计算、土拱效应、桩土相互作用和稳定性分析等问题进行了研究,再现了桩间土拱形成的现象等。但是,在以往的研究中,基本没有讨论土体流变、应力场和损伤场的多场耦合作用及其对抗滑桩土坡稳定性影响的问题。

1.3 滑坡类型及一般破坏机理

1.3.1 滑坡类型

滑坡的实质为公路边坡上的岩土体沿着贯通的剪切破坏面发生滑移,在实际情况下,因各种地形地质条件、气候、水文、地下水发育等因素不同,滑坡体形式多样,其分类方法也有多种。

1)按滑坡体的体积划分

(1)小型滑坡:滑坡体积小于 $10 \times 10^4 m^3$。

(2)中型滑坡:滑坡体积为 $10 \times 10^4 \sim 100 \times 10^4 m^3$。

(3)大型滑坡:滑坡体积为 $100 \times 10^4 \sim 1000 \times 10^4 m^3$。

(4)特大型滑坡(巨型滑坡):滑坡体积大于 $1000 \times 10^4 m^3$。

2)按滑坡的滑动速度划分

(1)蠕动型滑坡:人们仅凭肉眼难以看见其运动,只能通过仪器观测才能发现的滑坡。

(2)慢速滑坡:每天滑动数厘米至数十厘米,人们凭肉眼可直接观察到滑坡的活动。

(3)中速滑坡:每小时滑动数十厘米至数米的滑坡。

(4)高速滑坡:每秒滑动数米至数十米的滑坡。

3)按滑坡体的物质组成和滑坡与地质构造关系划分

(1)覆盖层滑坡:本类滑坡有黏性土滑坡、黄土滑坡、碎石滑坡、风化壳滑坡。

(2)基岩滑坡:本类滑坡根据与地质结构的关系可分为均质滑坡、顺层滑坡、切层滑坡。顺层滑坡又可分为沿层面滑动或沿基岩面滑动的滑坡。

(3)特殊滑坡:本类滑坡有融冻滑坡、陷落滑坡等。

4)按滑坡体的厚度划分

(1)浅层滑坡:10m 以内。

(2)中层滑坡:10 ~ 25m。

(3)深层滑坡:25 ~ 50m。

(4)超深层滑坡:50m 以上。

5)按滑坡体的规模大小划分

(1)小型滑坡。

(2)中型滑坡。

(3)大型滑坡。

(4)巨型滑坡。

6)按形成的年代划分

(1)新滑坡。

(2)古滑坡。

7)按力学条件划分

(1)牵引式滑坡。

(2)推动式滑坡。

1.3.2 滑坡的一般破坏机理

1.3.2.1 水平坡的变形破坏机理

水平坡是指岩层倾向大致与边坡走向一致，而岩层倾角小于软弱岩层面残余摩擦角的一类层状岩质边坡。这类边坡的主要变形机理为滑移-压致拉裂，在这一变形机制下，其可能的破坏模式为转动型滑坡（弧面破坏），具体过程描述如下：边坡形成后由于卸荷回弹或者蠕变，坡体沿平缓结构面向坡前临空方向产生缓慢的滑移。滑移面的锁固点或错列点附近，因拉应力集中生成与滑移面近乎垂直的拉张裂隙，向上（个别情况向下）扩展且其方向渐转至与最大主应力方向趋于一致（大体平行坡面），并伴有局部滑移。这种拉裂面的形成机制与压应力作用下格里菲斯裂纹的形成扩展规律近似，所以它属于压致拉裂。滑移和拉裂变形是由斜坡内软弱结构面处自下而上发展起来的。

据实例分析和模拟研究，这类变形演变过程可分为以下三个阶段（图1-9）。

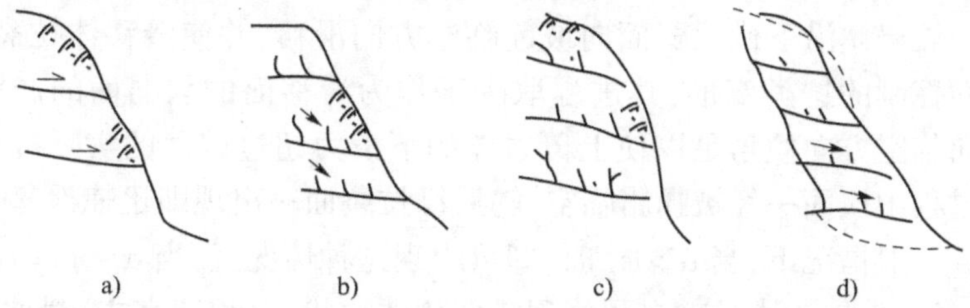

图1-9 滑移-压致拉裂变形演变图

1）卸荷回弹阶段

人工边坡在边坡开挖形成后，由于边坡以外岩土体的卸除，原有的平衡状态被打破，边坡岩土体将向临空面方向发生膨胀变形。对于近水平层状岩质边坡而言，这种变形表现为沿岩层面向临空面方向缓慢滑移，如图1-9a）所示。

2）压致拉裂面自下而上扩展阶段

坡底附近岩层在上面岩土体的高压力作用下，随着滑移变形的发展，逐渐产生近似垂直于岩层面的裂隙，如图1-9b）所示。这种裂隙逐渐贯彻岩层，使原有岩体结构逐渐破坏而松动。受其影响，其上岩层也将逐渐开裂，使裂隙向上扩展，如图1-9c）所示。但这一阶段岩体仍处于稳定破裂阶段。

图1-1所示为一典型实例。花岗岩体中十分发育的产状裂隙近于水平，另有两组陡倾裂隙，其中一组走向与坡面近乎平行。平洞内岩体蠕变松动迹象明显，平行坡面陡倾裂隙普遍被拉开，并出现多条滑移面与陡倾裂断面交替的阶状裂隙，约60m深处可见一条阶状裂面，陡面张开达2.5cm，由其中涌出大量黄泥浆水。与此

同时,邻近钻孔水位普遍下降,表明与滑移相伴的压致拉裂面已与地表贯通。在陡缓交界处可见羽状裂面,说明变形体已有轻微转动。

3)滑移面贯通阶段

该阶段变形进入累进性破坏阶段,变形体开始明显转动,陡倾的阶状裂面成为剪应力集中带,陡缓转角处的嵌合体逐个被剪断、压碎,并伴有扩容,使坡面微微隆起,如图1-9d)所示。待陡倾裂面与平缓滑移面构成一贯通性滑移面,将导致破坏。此外,这类变形体在暴雨作用下,还可造成平推式滑坡。

1.3.2.2 顺向坡的变形破坏机理

1)缓倾层状坡

缓倾层状坡是指边坡走向与岩层走向基本一致,岩层倾角较缓,大于岩层面的残余摩擦角而小于岩层面的基本摩擦角的一类岩质边坡。这类边坡由于岩层倾角较缓,出于经济方面的考虑,设计边坡倾角往往大于岩层倾角。缓倾层状岩质边坡的变形机制主要为滑移-拉裂,在这种变形机制下其可能的破坏形式为沿岩层的顺层滑移。斜坡岩体沿下伏软弱面向坡前临空方向滑移,并使滑移体拉裂解体。受已有软弱面控制的这类变形,其进程取决于作为滑移面的软弱面的产状与特性。当滑移面向临空方向倾角足以使上覆岩体的下滑力超过该面的实际抗剪阻力时,则在成坡过程中该面一经被揭露临空,随后缘拉裂面一出现即迅速滑落,蠕变过程极为短暂。一般情况下,当 $\alpha > \varphi_p$ 时,即可出现这种情况;而当 $\alpha \approx \varphi_r$ 时,变形可向滑动逐渐过渡,发展为由坡前向顶缘逐步解体的块状(又称迷宫式)滑坡。

滑移块体的一侧,如因某种原因(如滑移面产状的变化、侧向切割面的限制等)受阻,可表现为平面旋转式的滑移-拉裂。

2)顺层坡

顺层坡是指边坡走向与岩层走向基本一致,岩层倾角较缓倾边坡陡,大于岩层面的基本摩擦角。这类边坡通常顺着岩层刷坡,形成顺层坡。顺层坡的变形以滑移-弯曲-拉裂为主,其可能的破坏形式为屈曲破坏。

这类斜坡的滑移控制面倾角已大于该面的峰值摩擦角,上履岩体具备沿滑移面下滑的条件。但由于滑移面未临空,使下滑受阻,造成坡脚附近顺层板梁承受纵向压应力,在一定条件下可使梁发生弯曲变形。

变倾角外(椅状)层状体斜坡中,也可发生类似的变形。滑移面前缘虽已临空,但平缓段上覆岩体起阻抗作用。在上部陡倾段滑移体的作用下,可在岩层转缓部位造成弯曲变形。

这类变形演变过程可分为以下三个阶段(以平面滑面为例):

(1)轻微弯曲阶段[图1-10a)]。弯曲部位仅出现顺层拉裂面、局部压碎,坡面轻微隆起,岩体松动。弯曲隆起通常发生在近坡脚而又略高于坡脚的部位,这可能是由于该处顺层压应力与垂直层面的压应力之间压力差较大所致。此外,层状岩体原始起伏弯曲部位,也是有利于发生弯曲的部位。

(2)强烈弯曲、隆起阶段[图1-10b)]。起伏弯曲部位,也是有利于发生弯曲的部位。弯曲显著增强,并出现剖面X形错动,其中一组逐渐发展为滑移切出面。由于弯曲部位岩体强烈扩容,地面显著隆起,岩体松动加剧,往往出现局部的崩落或滑落,这种坡脚附近的"卸载"进一步促进了深部的变形与破坏。

(3)切出面贯通阶段。滑移面贯通并发展为滑坡,具有崩滑特性,有的表现为滑塌式滑坡。"椅"形滑移面情况与平直滑移面的情况有所不同,其强烈弯曲部位发生在滑移面转折处,且不需形成切出面而沿原有靠椅形面滑动,如图1-10c)所示。

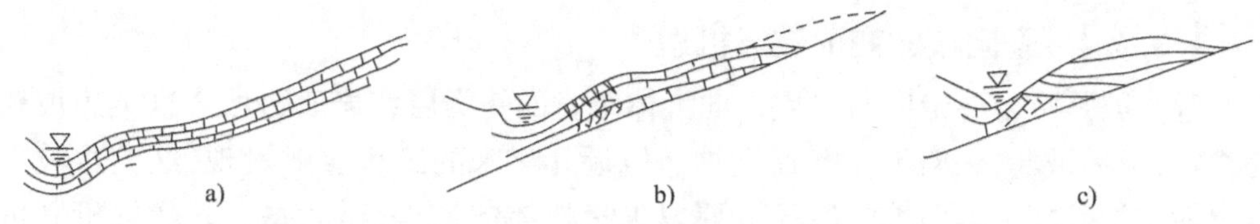

图1-10 滑坡形成过程示意图

3)陡倾层状岩质边坡

陡倾层状岩质边坡指边坡倾向与岩层倾向基本一致,岩层倾角大于边坡倾角的一类层状岩质边坡。这类边坡一般较为稳定,但在一定条件下也可能发生如前所示的滑移-弯曲破坏。倾角较大的陡倾层状岩质边坡经过卸荷回弹或其他复杂作用力的作用还可能发生弯曲-拉裂破坏(即倾倒破坏),这类边坡可能的破坏模式为屈曲破坏及逆向倾倒破坏。

1.3.2.3 切向坡的变形破坏机理

切向坡是指岩层倾角大于软弱岩层面的残余摩擦角,岩层走向与边坡走向有一定夹角的一类层状岩质边坡,其一般夹角为10°~60°。这种边坡的主要可能变形模式可概括为滑移-拉裂-剪切变形,在这种变形机制下产生的破坏模式为楔形体的滑移破坏。若岩体较为破碎,也可能发生岩块体的崩塌破坏。岩体完整、岩性较好的切向层状岩质边坡一般情况下是较为稳定的,不易发生破坏。但自然状态下的边坡处于大气和水的循环交替作用下,与外界不断进行物质与能量的交换,岩石强度会逐渐降低,岩体抵抗变形破坏的能力也会不断下降。切向层状岩质边坡形成后,由于卸荷回弹的作用会在边坡后缘一定范围产生张裂拉力。随着岩石强度的降低,切向层状岩质边坡抵抗沿软弱岩层面滑移变形的能力就会降低,在边坡坡顶一定深度和范围内出现拉裂裂缝,如图1-11a)所示。当裂缝发展到一定程度,未拉裂岩体强度及岩层面强度不足以抵抗重力及其他因素综合破坏作用时,便会形成贯穿岩层的剪切破裂面,发生如图1-11b)所示的楔体破坏。

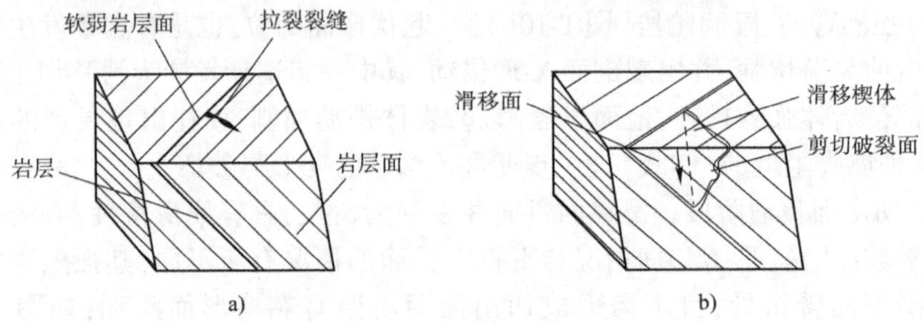

图1-11 切向层状岩质边坡破坏楔体的形成过程示意图

1.3.2.4 垂向坡的变形破坏机理

垂向坡是指岩层走向与边坡走向大体垂直的一类层状岩质边坡。这类边坡较为稳定,不易破坏,一般不作特别支护。但近几年来的工程实践发现,这类边坡也有可能发生破坏。垂向坡的破坏主要以失稳块体的崩塌破坏为主,其变形机制可以根据其变形过程概括为碎裂-滑移。岩体破坏的块体理论,为此类边坡变形破坏的理论研究提供了有力的工具。

垂向坡的块裂变形过程,可分为以下三个阶段。

1)边坡形成阶段

边坡形成阶段,边坡的变形主要表现为裂隙的产生与发展。天然条件下的岩体结构中或多或少存在大大小小的裂隙。当这些裂隙的存在不会对岩体的整体结构稳定性产生太大影响时,可以认为岩体结构是完整的。然而,人工边坡的开挖,特别是采用岩体爆破方法时,对岩体的扰动作用会加剧裂隙的产生及使原有裂隙进一步扩展。边坡形成后的卸荷回弹,使岩体变得松动,也为裂隙的产生与扩张提供了便利。

2)块体形成阶段

块体形成阶段是边坡块裂变形演化时间最长的阶段,岩体在这一阶段的变形主要为裂隙的扩展贯通。其实在前一阶段可能已经产生了一些基本贯通的裂隙,只是这类贯通性裂隙数量极少,还不足以影响整个边坡的稳定。而在这一阶段,经过漫长的演化,这些裂隙开始普遍贯通,与边坡临空面一起将原来完整的岩体分割成许多大小、形状不一的块体结构。在这一阶段,由于在结构面上各岩块接触比较充分，尚未形成规模较大的岩块崩塌破坏。

3）块体崩塌阶段

块体崩塌阶段，由于结构面处的应力集中，结构面附近岩体开始破碎成屑，使结构面的力学强度大大降低，再加上日积月累的雨水下渗侵蚀以及岩屑的流失，使得结构面失去了对岩石块体的支撑阻滑作用，岩块体开始较大规模塌落破坏。当然，这种崩塌破坏的发生主要与早期边坡形成阶段岩体的破碎程度有关。一般来说，岩性（包括岩体的裂隙发育程度及岩石的力学特性）较好的岩体不易发生块体的崩塌失稳破坏。

1.3.2.5　反向坡的变形破坏机理

反向坡是指岩层倾向与边坡倾向相反，且岩层走向与边坡走向夹角不大（一般不大于20°）的一类层状岩质边坡。反倾坡主要以弯曲-拉裂（即倾倒破坏）破坏为主。

反向坡的弯曲-拉裂破坏主要发生在斜坡前缘，陡倾的板状岩体在自重弯矩作用下，于前缘开始向临空方向做悬臂梁弯曲，并逐渐向坡内发展。弯曲的板梁之间互相错动并伴有拉裂，弯曲体后缘出现拉裂缝，形成平行于走向的反坡台阶和槽沟。板梁弯曲剧烈部位往往产生横切板梁的折裂（图1-12）。硬而厚的板梁的变形发展如图1-13所示。

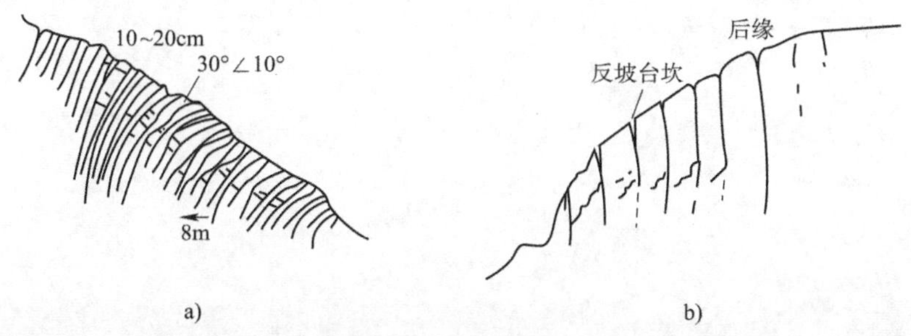

图1-12　弯曲-拉裂变形

（1）卸荷回弹陡倾面拉裂阶段。

（2）板梁弯曲、拉裂而向深部扩展并向坡后推移阶段。如果坡度很陡，此阶段大多伴有坡缘、坡面局部崩落。

（3）板梁根部折裂、压碎阶段。岩块转动、倾倒，导致崩塌。

随板梁弯曲发展，作用于板梁的力矩也随之而增大，这类变形一旦发生，通常均显示累进性和破坏特性。薄而较软的层状岩体因弯曲变形角度可以很大，最大弯折带常形成倾向坡外断续的拉裂面，岩层中原有的垂直层面的裂隙转向坡外倾斜。在这种情况下，继续变形将主要受这些倾向坡外的破裂面所控制，实际上已转为滑移(或蠕滑)-拉裂变形，最终发展为滑坡，这一演化过程已被再现模拟所证实。需要注意的是，倾内层状体斜坡演化过程中具有双重潜在滑移面特征，可分别形成表层滑塌和深部滑坡。

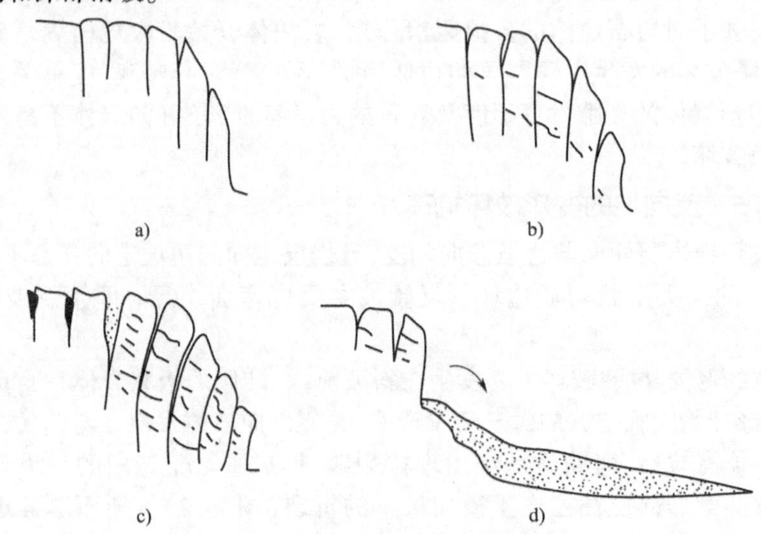

图 1-13　弯曲-拉裂变形演进图

第2章 滑坡体的稳定性分析方法

判断山岭地区复杂地质条件下的边坡稳定性情况，是预测滑动的可能性和判断现有滑坡稳定性的重要途径。一般情况下，我国公路建设单位或院校的学术研究部门，对于滑坡的稳定性分析往往采用以地质、地貌为主的综合分析判断方法，即从滑坡的地貌形态演变、斜坡的地质条件对比、滑动前的迹象观测、滑动因素的变化分析、斜坡平衡核算、斜坡稳定性计算、坡脚应力与强度对比、工程地质比拟计算等方面进行分析判断。

2.1 工程地质调查法

工程地质调查法是对山区滑坡稳定性分析较为直观与可靠的分析方法。滑坡是否稳定，首先需要观察滑坡体及其周边的环境、诱发因素与表现形式，通过逐一判断，最终来评价所分析滑坡是否稳定。山区滑坡的稳定性表现形式见表2-1。

山区滑坡的稳定性表现形式　　表2-1

稳定滑坡的一般表现形式	不稳定滑坡的一般表现形式
(1)滑坡后壁较高，长满了树木，找不到擦痕和裂缝	(1)滑坡后壁高陡，未长草木，常能找到擦痕和裂缝
(2)滑坡台地基宽大且已夷平，土体密实，无陷落不均现象	(2)滑坡台地尚保持台坎，土地松散，地表有裂缝且陷落不均
(3)滑坡前缘的斜坡较缓，土体密实，长满草木，无松散坍塌现象	(3)滑坡前缘的斜坡较陡，土体松散，未生草木，不断产生少量坍塌现象
(4)滑坡两侧的自然沟谷切割很深，谷底基岩出露	(4)滑坡两侧多是新生沟谷，切割较浅，沟底多松散物质
(5)滑坡体较干，地表多无泉水和湿地，滑坡舌部泉水清澈	(5)滑坡体湿度很大，地表泉水和湿地较多，滑坡舌部泉水流量不稳定
(6)滑坡前缘舌部有河水冲刷的痕迹，滑坡舌部有些土石已被冲走，残留一些大块孤石	(6)滑坡前缘处在河水冲刷的条件下

2.1.1 滑坡滑动前的迹象

(1)斜坡中地下水的水位和水质发生显著变化,有些干泉突然流出浑水,斜坡坡脚附近湿地增多且范围扩大。

(2)斜坡上部出现弧形裂缝,坡脚附近土、石被挤紧并出现大量鼓胀裂缝,斜坡中部被纵、横裂缝所分割。

(3)斜坡上部不断下陷,其上树木开始倾斜,建筑物开裂并变形。

(4)斜坡下部的路基不断上拱,斜坡前缘土、石零星下落。

(5)大规模岩石滑坡滑动之前,由于岩层面错动挤压会发出声响。

2.1.2 滑坡体缓慢滑动的迹象

(1)路基和行道树逐年下移。

(2)山坡上的农田变形,水田漏水,水田变为旱地,或大块田变为小块田。

(3)斜坡上一些灌溉渠道不断破坏或逐年往下移动。

2.2 极限平衡法

极限平衡法以摩尔-库仑的抗剪强度理论为基础,首先假定土体或岩体的滑裂面,将滑坡体划分成若干垂直条块,假定这些条块为刚体,建立作用在这些垂直条块上的力平衡方程式,求解安全系数。当滑裂面为任意形状时,该问题通常是不确定的,需要对条块间的内力作某些假定,从而又形成了各种各样的分析方法。

2.2.1 瑞典圆弧滑动(Fenenjus)法

滑裂面形状:圆弧滑裂面。

假定:不考虑土条两侧的作用力。

采用 Fenenjus 法一般求出的安全系数偏低(10% ~20%),这种误差随着滑裂面圆心角和孔隙压力的增大而增大。该法被誉为岩土工程界的一个里程碑,目前仍作为一种古典方法被纳入各国高校的土力学教材。

2.2.2 简化毕肖普(Bishop)法

滑裂面形状:圆弧滑裂面。

假定:条间力的合力是水平的。

Bishop 法一般需要通过迭代的方法求得安全系数。在简化 Bishop 法中,要求满足整体力矩平衡和垂直力矩平衡,如果可近似地将破坏面看作圆弧,则该法是令人满意的,被推荐为最常规的方法。简化 Bishop 法和较精确的满足全部平衡条件的方法所得到的安全系数相比较,误差一般小于 1%。

2.2.3 简布(Janbu)法

滑裂面形状:任意形状滑裂面。

假定:条间内力的位置(推力线)。

Janbu 法一般需要迭代求得安全系数。对无黏性土,推力线应选择在三分点或靠近该点处;对于黏性土,在压缩区(被动条件),推力线位置应高于下三分点,在膨胀区(主动条件),则应低于下三分点。该法比较容易使用且无须像摩根斯坦-普莱斯(Morgenstern-Price)法那样须逐个判断。

2.2.4 斯宾塞(Spencer)法

滑裂面形状:任意形状滑裂面。

假定:条间力合力的方向相互平行。

Spencer 法对整个滑动土体来说,满足力和力矩的平衡。考虑每一条块力和力矩的平衡,然后推导出两个循环公式以确定两个未知数 F 和 σ。该法所得的安全系数从工程角度来看已足够精确。

2.2.5 摩根斯坦-普莱斯(Morgenstern-Price)法

滑裂面形状:任意曲线形状滑裂面。

假定:两相邻土条法向条间力和切向条间力之间存在对水平方向坐标的函数关系。该方法中,土条满足力和力矩平衡条件。鉴于此假定,须对全部计算机求得的量进行合理性检验。若不合理,须重新假定。

中国水利水电科学研究院陈祖煌教授(1984)对边坡稳定分析的 Morgenstern-Price 法进行了改进,在其基础上建立了具有普遍意义的土体力和力矩平衡方程,提出在极限平衡分析方法中引入的对土条侧向作用力的假定必须满足的限制条件,以保证滑动土体端点的剪力成对的原理不被破坏;论证了关于受物理合理性条件限制的各种假定下计算得出的相应的安全系数相差不大,并且用最优化方法寻找具有最小安全系数的滑裂面;同时编制了土石坝边坡稳定设计专用程序 STAB,该程序提供了边坡稳定分析领域中传统的各种分析方法的计算功能,并可以对圆弧或任意形状滑裂面搜索对应于最小安全系数的临界滑裂面,而且对任意形状滑裂面纳入了应用随机搜索方法求解极值的加强功能。

2.2.6 萨尔马(Sarma)法

滑裂面形状:任意形状滑裂面。

假定:沿条块侧面达到极限平衡。

Sarma 法对滑坡体进行斜条分,可以模拟断层节理等不连续面,用于任何形状的滑坡。

2.3 力学验算法

2.3.1 恢复山体极限平衡状态的检算

对于常见滑坡,可将山坡轮廓恢复至开始滑动瞬间的形状,并认为它处于极限平衡状态,即稳定系数 $K=1$。按测定的滑面形状反求滑面或带上的综合抗剪强度值,然后将此值用于滑动后的山坡的稳定计算,以判断其稳定性。此法因将全部滑带土强度指标按平均值考虑,故其精度较差。

2.3.1.1 综合 c 法

适用于滑带的成分以黏性土为主,且土质较均匀,尤其是在滑带饱水且排水困难的条件下,即认为 $\varphi\approx0°$。

(1)当滑面为圆柱面时(图 2-1),抗滑稳定系数 K 的计算公式为:

$$K=\frac{G_2d_2+cLR}{G_1d_1} \tag{2-1}$$

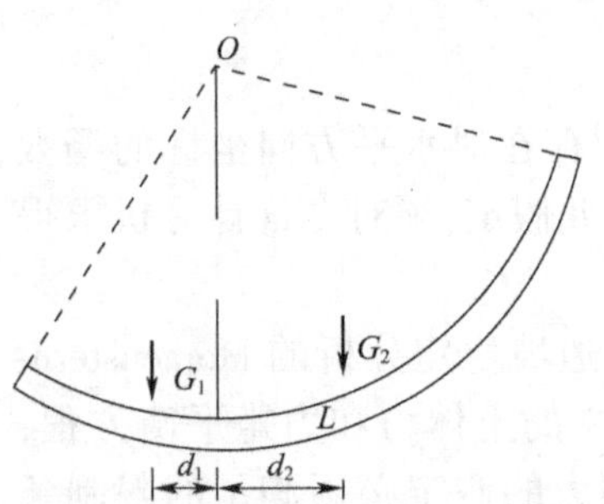

图 2-1 滑面为圆柱面时的滑坡体受力

式中:G_1——滑体下滑部分的重力,kN/m;

d_1——G_1 重心至滑动圆心铅垂线的水平距离,m;

G_2——滑体阻滑部分的重力,kN/m;

d_2——G_2 重心至滑动圆心铅垂线的水平距离,m;

L——滑动圆弧全长,m;

R——滑动圆弧的半径,m;

c——滑动圆弧面上的综合单位黏聚力,kPa。

(2)当滑面为折面时,根据主轴断面上折线的边坡点将滑体分为若干条块,分段将下滑段与抗滑段的力投影到水平面上。根据水平力的平衡条件求稳定系数 K 的计算公式为:

$$K=\frac{\sum G_{2j}\sin\alpha_j\cos\alpha_j+\sum c(l_i\cos\alpha_i+l_j\cos\alpha_j)}{\sum G_{1i}\sin\alpha_i\cos\alpha_i} \tag{2-2}$$

式中：G_{1i}——滑体下滑部分第 i 个条块的重力，kN/m；

G_{2j}——滑体下滑部分第 j 个条块的重力，kN/m；

α_i——滑体下滑部分第 i 个条块所在线段滑面的倾角，°；

α_j——滑体下滑部分第 j 个条块所在线段滑面的倾角，°；

l_i——滑体下滑部分第 i 个条块所在线段滑面的长度，m；

l_j——滑体下滑部分第 j 个条块所在线段滑面的长度，m；

c——折线形滑面上的综合单位黏聚力，kPa。

2.3.1.2 综合 φ 法

综合 φ 法适用于滑带土以粗粒岩屑或残积物为主，且滑动时能拍出滑带水的情况，即认为 $c\approx0$。这种情况的滑面一般为折面，其稳定系数为：

$$K=\frac{\sum G_{2j}\sin\alpha_j\cos\alpha_j+(\sum G_{2j}\cos^2\alpha_j+\sum G_{1i}\cos^2\alpha_i)\tan\varphi}{\sum G_{1i}\sin\alpha_i\cos\alpha_i} \tag{2-3}$$

式中：φ——滑面上的综合内摩擦角，°；

其余符号意义同前。

2.3.1.3 c、φ 法

c、φ 法适用于滑带土为含黏性土与岩屑碎粒的混合物，即认为 $c\neq0,\varphi\approx0$。这种情况的滑面一般为折面。在反求 c、φ 时，必须找出两个不同的断面，由联立方程解出 c、φ。其稳定系数为：

$$K=\frac{\sum G_{2j}\sin\alpha_j\cos\alpha_j+(\sum G_{2j}\cos^2\alpha_j+\sum G_{1i}\cos^2\alpha_i)\tan\varphi+\sum c(l_i\cos\alpha_i+l_j\cos\alpha_j)}{\sum G_{1i}\sin\alpha_i\cos\alpha_i} \tag{2-4}$$

式中符号意义同前。

由以上计算所得的抗滑稳定系数值可判断滑坡是否处于稳定状态，从而确定是否需要对滑坡进行治理，以增强其稳定性。分析中应注意其受力状况和环境因素与今后工程中的最不利工作条件有何不同。例如，滑动当年的降雨量与暴雨集中程度与历年最大降雨量和暴雨状况有何差别；当年的洪水频率与工程设计的洪水频率有何差别；当时滑动瞬间的地震烈度与可能发生的最大地震烈度有何差别；等等。由此来考虑必要的稳定系数值，作为是否需要治理的依据。一般当 K 值大于1.5时，可认为是稳定的。

2.3.2 滑坡当前稳定程度的验算

就古滑坡而言，当恢复其开始滑动瞬间的极限状态较为困难时，则可利用滑坡土体进行实测，通过试验求得其抗剪强度指标，考虑将来可能发生的变化与最不利

的影响因素的组合条件，加以分析与优化调整，最终判断滑坡体的稳定性。

由于滑坡体稳定性指标所在部位不同，且滑坡所处的发展阶段不同，在检算其稳定性时，应选取合适的指标值。

(1)滑坡体厚度大致均等，滑床为单一坡度平面的滑坡。

当滑床隔水良好，滑体及滑带土的湿度变化不大时，可按式(2-5)验算其稳定性：

$$K=\frac{\gamma h\cos\alpha\tan\varphi+c\cdot\sec\alpha}{\gamma h\sin\alpha} \tag{2-5}$$

式中：h——滑体的厚度，m；

γ——滑体土的重度，kN/m^3；

c——滑带土的单位黏聚力，kPa；

φ——滑带土的内摩擦角，°；

α——滑床的倾角，°。

当滑床相对隔水，滑体上裂隙贯通至滑带时，应考虑雨季滑体全部为饱水的情况。可按式(2-6)验算其稳定性：

$$K=\frac{(\gamma_s-\gamma_w)h\cos\alpha\tan\varphi+c\cdot\sec\alpha}{\gamma_s h\sin\alpha} \tag{2-6}$$

式中：γ_s——滑体土的饱和重度，kN/m^3；

其余符号意义同前。

若滑体仅部分饱和，应按饱和深度分别考虑滑坡体饱和及不饱和部分的重度来计算稳定系数。

由软硬岩层组成的滑坡体沿某一软弱层滑动，当滑体有贯通裂缝时，在强降雨情况下，应考虑裂隙中的静水压力作用。在地震地区，还须考虑到地震力的影响，则有：

$$K=\frac{\gamma h\cos\alpha\tan\varphi+c\cdot\sec\alpha}{\gamma h\sin\alpha+\frac{1}{2}\gamma_w h^2\eta+p_d} \tag{2-7}$$

式中：$\frac{1}{2}\gamma_w h^2\eta$——贯通裂隙中的静水压力；

η——滑动岩体的裂缝系数，指每延米长距离内贯通裂缝的数目，等于$1/(l\cdot\cos\alpha)$；

p_d——地震作用力，kN/m。

(2)滑体不等厚、滑床为折线形时，可按已知滑动面法验算滑坡的稳定性。

2.3.3 坡脚应力与坡脚岩土的强度对比

由较坚实的岩土所组成的山坡，当下伏地区为软弱土层或破碎松散岩层时，易产生深层滑动，形成深层滑坡。这类滑坡在形成过程中，往往由于外界条件的变化，使软弱松散层在上层山坡的荷载作用下形成塑性变形区。当上部荷载因水的渗入而加大，或者塑性区内软弱松散层的极限抗剪强度降低时，塑性变形区将扩大，进而逐步形成贯通的滑动面而发生滑动。因此，可用坡脚应力与坡脚岩土强度的对比作为判断山坡稳定状态的依据。

具体做法是：一般先在有代表性的山坡地质断面图上用路基基底应力的计算方法，计算坡脚松软地层内的应力分布，并绘出最大剪应力等值线图；再按地层分层取样的试验资料绘出相应部位的岩土等强度系数图，对比两图并圈出塑性变形区。根据塑性变形区域的大小即可判断当前山坡（或滑坡）的稳定程度。考虑到今后可能发生的变化及对岩、土应力与强度的影响，亦可分析滑坡今后的发展趋势，判断其今后的稳定性。对已有滑坡进行地质勘查、量测坡脚应力，观测其变化，常能直接判断滑坡的稳定性并预测滑坡的发展趋势。

2.4 有限元法

极限平衡法和极限分析法均将滑裂面以上岩土体作为刚体，不满足变形协调条件，而有限元法则将岩土体看作变形体，可以有效地模拟材料的应力-应变关系，还可以处理复杂的边界条件以及材料的非均匀性和各向异性，对边坡的应力分布、塑性区范围和位移等进行有效的模拟，弥补了极限平衡法的不足。此外，采用有限元法还可详细了解加固处理措施，如锚索、抗滑桩等的作用机理和局部应力状态等。该法通过求得每一计算单元的应力及变形，根据不同的强度指标确定破坏区的位置及破坏范围的扩展情况，并设法将局部破坏与整体破坏联系起来，求得合适的临界滑裂面位置，再根据极限平衡分析推求整体安全系数。该类方法较好地考虑了土的非线性应力-应变关系。现阶段边坡工程界使用较多的有限元程序软件有 FLAC、ANSYS 等，这些软件已在边坡的稳定性分析计算中得到了应用。

有限元法的突出优点是适于处理非线性、非均质和复杂边界等问题，而土体应力变形分析中的难点正在于此。有限元法的应用能较好地解决这些困难，为处理边坡稳定分析开辟了新的途径。

有限元法是指用有限个单元体所构成的离散化结构代替原来的连续体结构来分析土体的应力和变形，这些单元体只在节点处有力的联系。一般材料应力-应变关系或本构关系可表示为：

$$\{\boldsymbol{\sigma}\} = [\boldsymbol{D}]\{\boldsymbol{\varepsilon}\} \tag{2-8}$$

由虚位移原理可建立单元体的节点力与节点位移之间的关系,进而得出总体平衡方程:

$$[\boldsymbol{K}]\{\boldsymbol{\delta}\}=\{\boldsymbol{R}\} \tag{2-9}$$

式中:$[\boldsymbol{K}]$——劲度矩阵;

$\{\boldsymbol{\delta}\}$——节点位移列向量;

$\{\boldsymbol{R}\}$——节点荷载列向量。

利用有限元法,可考虑土的非线性应力-应变关系,求得每一个计算单元的应力及变形后,即可根据不同强度指标确定破坏区的位置及破坏范围的扩展情况。若设法将局部破坏与整体破坏联系起来,求得合适的临界滑面位置,再根据力的平衡关系推得安全系数,这样就能将稳定问题与应力分析结合起来。或者求出在各种工作状态下边坡内部的应力分布状况,由边坡土的性质确定一个破坏标准,以此来衡量边坡的安全程度。

土体的应力-应变关系是非线性的,反映到式(2-8)中,矩阵$[\boldsymbol{D}]$不是常量,而是随着应力或应变的变化而变化,由此推得的劲度矩阵$[\boldsymbol{K}]$也将发生变化,这使得土体有限元的计算比一般弹性有限元计算要复杂得多。

影响土体应力-应变关系的因素很多,有土体结构、孔隙、密度、应力历史、荷载特征、孔隙水及时间效应等。这些因素使得土体在受力后的行为非常复杂,而且往往是非线性的。

岩土体在应力作用下产生的变形一般是非线性的,在各种应力状态下都有塑性变形;岩土体在受力后有明显的塑性体积变形,而且在剪切时也会引起塑性体积变形(剪胀性);岩土体受剪时发生剪应变,其中一部分为弹性剪应变,另一部分与土颗粒间相对错动滑移而产生塑性剪应变,应力引起剪应变,体积应力也会引起剪应变;岩土体还表现出硬化和软化特性,应力路径会影响变形,其中主应力和固结压力对变形也有影响,而且表现出各向异性。一般根据土的变形特性建立土的本构模型。

2.4.1 土体弹性非线性模型

土体可采用弹性非线性模型来反映其本构关系,弹性非线性模型根据广义虎克定律建立刚度矩阵$[\boldsymbol{D}]$。由于其非线性性质,包含在矩阵$[\boldsymbol{D}]$中的弹性常数E、μ不再是常量,而是随应力状态而改变的量。当土体处于某一应力状态$\{\boldsymbol{\sigma}\}$时,若施加一微小的应力增量$\{\Delta\boldsymbol{\sigma}\}$,则可用该应力状态下的弹性常数形成矩阵$[\boldsymbol{D}]$,或者其逆矩阵$[\boldsymbol{C}]$,来计算其相对应的应变增量$\{\Delta\boldsymbol{\varepsilon}\}$,即:

$$\{\Delta\boldsymbol{\sigma}\}=[\boldsymbol{D}]\{\Delta\boldsymbol{\varepsilon}\} \tag{2-10}$$

或

$$\{\Delta\varepsilon\} = [\boldsymbol{C}]\{\Delta\sigma\} \tag{2-11}$$

式中：

$$\{\Delta\varepsilon\} = [\Delta\sigma_x, \Delta\sigma_y, \Delta\sigma_z, \Delta\tau_{yz}, \Delta\tau_{xz}, \Delta\tau_{xy}]^{\mathrm{T}}$$

$$\{\Delta\varepsilon\} = [\Delta\varepsilon_x, \Delta\varepsilon_y, \Delta\varepsilon_z, \Delta\gamma_{yz}, \Delta\gamma_{xz}, \Delta\gamma_{xy}]^{\mathrm{T}}$$

$$[\boldsymbol{C}] = \frac{1}{E}\begin{bmatrix} 1 & -\mu & -\mu & 0 & 0 & 0 \\ -\mu & 1 & -\mu & 0 & 0 & 0 \\ -\mu & -\mu & 1 & 0 & 0 & 0 \\ 0 & 0 & 0 & 2(1+\mu) & 0 & 0 \\ 0 & 0 & 0 & 0 & 2(1+\mu) & 0 \\ 0 & 0 & 0 & 0 & 0 & 2(1+\mu) \end{bmatrix} \tag{2-12}$$

弹性常数 E、μ 是应力状态$\{\Delta\sigma\}$的函数。

关于土体的 E、μ 如何随应力变化而变化，怎样建立其关系表达式，即可通过 Duncan-Chang 模型（弹性非线性模型）的建立来获取土的本构模型。

2.4.2　Duncan-Chang 模型

对于 Duncan-Chang 模型，若要正确地运用，必须对参数有较深入的了解，了解参数的意义、变化范围、相互联系和影响因素。用三轴试验曲线整理参数时，具有相当的灵活性，如不掌握参数的规律，则即使有三轴试验曲线也可能确定出不合理的参数。如果对参数有较深入的了解，在缺乏资料时也能估计出较为实际的参数。

Duncan-Chang 模型参数需由三轴试验确定。但有些工程缺乏三轴试验资料，而又希望作非线性应力-应变分析，这就需要一种近似的估计方法。Duncan 等曾对该模型的参数作了初步讨论，对几种不同类型的土给出了参数的大致范围，并编制了图表，供缺乏试验资料时参考。一种由直剪试验和压缩试验结果来推求 Duncan-Chang 模型参数的实用方法使 Duncan-Chang 模型得到了更广泛的应用。

Duncan-Chang 双曲线模型包含切线模量 E_{t} 和切线泊松比 ν_{t} 两个公式：

$$E_{\mathrm{t}} = KP_{\mathrm{a}}\left(\frac{\sigma_3}{P_{\mathrm{a}}}\right)^n\left[1 - \frac{R_{\mathrm{f}}(1-\sin\varphi)(\sigma_1-\sigma_3)}{2c\cos\varphi + 2\sigma_3\sin\varphi}\right]^2 \tag{2-13}$$

$$\nu_{\mathrm{t}} = \frac{G - F\lg(\sigma_3/P_{\mathrm{a}})}{(1-A)^2} \tag{2-14}$$

式中：

$$A=\frac{D(\sigma_1-\sigma_3)}{KP_a\left(\frac{\sigma_3}{P_a}\right)^n\left[1-\frac{R_f(1-\sin\varphi)(\sigma_1-\sigma_3)}{2c\cos\varphi+2\sigma_3\sin\varphi}\right]^2} \tag{2-15}$$

式中包含 c、φ、R_f、K、n、G、F 和 D 共 8 个参数，其中强度指标 c、φ 的意义是很明确的，在有限元计算中，它们对变形有很大的影响。若强度指标较低，在偏应力不太大时就能达到较高的应力水平，使算得的 E_t 较低，变形较大，因此正确确定土层的强度指标对有限元计算结果的合理性有着决定性的影响。需要注意的是，在稳定性计算中所选的强度指标通常偏低，使得计算偏于保守；而在有限元计算中，c 和 φ 则不宜取得过于保守，取值的试验平均值为宜，取值保守会使变形计算失真。

Duncan-Chang 模型中所包含的强度指标 c、φ，除了由三轴试验测定外，也可以用直剪试验确定（取慢剪指标）。至于其他几个变形参数，则必须用变形试验来推算。最简单的变形试验即一维的固结试验，该试验所得的 e-p 曲线形状在一定程度上体现了非线性特性，可用于推算非线性变形参数。

固结仪中的土体处于无侧向变形状态，即 K_0 状态。静止侧压力系数 K_0 与强度指标有关，有许多计算公式，其中用得最普遍的是 $K_0=1-\sin\varphi$（缺乏资料时可用此式），相应的泊松比 $\nu_0=K_0/(1+K_0)$。把压缩曲线 e-p 划分为若干增量，对某一增量，有 $\Delta\sigma_1=\Delta p$，$\Delta\sigma_2=\Delta\sigma_3=K_0\Delta p$。由广义虎克定律可求得轴向应变增量为：

$$\Delta\varepsilon_1=\frac{\Delta\sigma_1-2\nu_0\Delta\sigma_3}{E_0}=\frac{(1-2\nu_0K_0)\Delta p}{E_0} \tag{2-16}$$

由于无侧向应变，此时轴向应变即等于体积应变，并有：

$$\Delta\varepsilon_1=\frac{\Delta e}{1+e_1} \tag{2-17}$$

式中：e_1——初始孔隙比；

Δe——该荷载增量在压缩曲线上所对应的孔隙比的变化。

由式(2-16)、式(2-17)可求得 K_0 状态下的弹性模量：

$$E_0=\frac{(1+e_1)(1-2K_0\nu_0)\Delta p}{\Delta e}=\frac{(1+e_1)\left(1-\frac{2\nu_0^2}{1-\nu_0}\right)\Delta p}{\Delta e} \tag{2-18}$$

E_0 不同于各向等压时的初始弹性模量 E_i，它与 E_i 的关系可由 Duncan-Chang 公式表示：

$$E_0=E_i\,(1-R_f\cdot S_0)^2 \tag{2-19}$$

式中：S_0——无侧向变形条件下的应力水平。

加荷过程中，$\sigma_1 = p$，$\sigma_3 = K_0 p$，则应力水平为：

$$S_0 = \frac{(\sigma_1 - \sigma_3)_0}{(\sigma_1 - \sigma_3)_f} = \frac{(1 - \sin\varphi)(1 - K_0)p}{2c \cdot \cos\varphi + 2K_0 p \cdot \sin\varphi} \tag{2-20}$$

R_f 可根据直剪试验测量的 τ-γ 关系曲线形状来估计，一般为双曲线，而且曲线形状与土体种类的关系和三轴试验曲线 $(\sigma_1 - \sigma_3)$-ε_a 形状与土类关系一致，因此可用 τ-γ 曲线确定 R_f。对几条曲线取其平均值。在缺乏 τ-γ 资料时，可取 $R_f = 0.8$。

由式(2-18)，初始切线模量可表示为：

$$E_i = \frac{E_0}{(1 - R_f S_0)^2} \tag{2-21}$$

它与某一荷载 p 相对应，或者说与某一 $\sigma_3 = K_0 p$ 相对应，从 e-p 曲线上取几个不同的荷载增量，可定出不同的 E_i。在双对数纸上点绘 E_i 与 σ_3 的关系，可确定 Duncan-Chang 模型的参数 K 和 n。

计算 E_0 的另一种方法是通过 E_0 与压缩模量 E_S 的关系：

$$E_0 = E_S\left(1 - \frac{2\nu_0^2}{1 - \nu_0}\right) \tag{2-22}$$

压缩模量：

$$E_S = \frac{1 + e_1}{a} = \frac{(1 + e_1)\Delta p}{\Delta e} \tag{2-23}$$

将式(2-23)代入式(2-22)，可推导出与式(2-17)相同的结果。

关于非线性泊松比的参数，由 Duncan-Chang 公式，有：

$$\nu_t = \frac{\nu_i}{(1 - A)^2} = \frac{\nu_i}{(1 - D\varepsilon_a)^2} \tag{2-24}$$

式中，$A = D\varepsilon_a$，ε_a 对应于三轴试验的轴向应变，根据双曲线关系，ε_a 可表示为：

$$\varepsilon_a = \frac{\sigma_1 - \sigma_3}{E_i(1 - R_f S)} \tag{2-25}$$

式(2-24)中包含 ν_i 和 D 两个参数。对于 K_0 状态，$\nu_t = \nu_0$，而 ε_{a0} 可由 $S = S_0$，$\sigma_1 - \sigma_3 = (1 - K_0)p$ 用式(2-24)求得，则式(2-24)变为：

$$\nu_0 = \frac{\nu_i}{(1 - D\varepsilon_{a0})^2} \tag{2-26}$$

对于破坏状态，假定无体积应变，$\nu_f = 0.5$，则：

$$0.5 = \frac{\nu_i}{(1 - D\varepsilon_{af})^2} \tag{2-27}$$

式中，破坏时的轴向应变 ε_{af} 可参照直剪试验曲线确定，对于松软的土，直剪试

验的剪应力 τ 与相对位移 ϖ 的关系为一上升曲线，破坏时的相对位移 ϖ_f 一般取 4mm，这种情况下，三轴试验的破坏轴向应变一般取 $\varepsilon_{af}=15\%$；若土质紧密、坚硬，τ-ϖ 曲线在达到 4mm 之前出现破坏（峰值）。如破坏相对位移为 ϖ_f，则三轴试验中 $(\sigma_1-\sigma_3)$-ε_a 曲线一般也在 ε_a 达到 15% 以前破坏，故可近似地认为其成比例，破坏时的轴向应变为：

$$\varepsilon_{af}=\frac{\varpi_f}{4}\times 15\% \tag{2-28}$$

在缺乏资料的情况下，即直剪试验的 ϖ_f 无记录，可取 $\varepsilon_{af}=8\%$。

$$\begin{cases}1-\varepsilon_{a0}D=\sqrt{\nu_i/\nu_0}\\ 1-0.5D=\sqrt{\nu_i/\nu_0}\end{cases} \tag{2-29}$$

解此联立方程可得 D 和 $\sqrt{\nu_i}$，进而求得 ν_i。对于不同的增量，有不同的 σ_3 和 ν_i 值，在对数纸上点绘 ν_i-$\lg(\sigma_3/p_a)$ 关系可得 G 和 F 值。

2.4.3 Drucker-Prager 模型

Drucker-Prager 模型是建立在弹塑性非线性基础上的新型本构关系，其屈服准则是对 Mohr-Coulomb 准则的近似，以此来修正 Von Mises 屈服准则，即在 Von Mises 表达式中包含一个附加项。分析表明，Drucker-Prager 模型的屈服面并不随着材料的逐渐屈服而改变，因而没有强化准则。然而其屈服强度随着侧限压力（静水压力）的增加而相应增加，其塑性行为被假定为理想弹塑性。另外，这种材料模型考虑了由于屈服而引起的体积膨胀，但不考虑温度变化的影响。此模型可以用于混凝土、岩石和土等颗粒状材料。

对于 Drucker-Prager 材料，其等效应力的表达式为：

$$\sigma_e=3\beta\sigma_m+\left[\frac{1}{2}\{S\}^{\mathrm{T}}[M]\{S\}\right]^{\frac{1}{2}} \tag{2-30}$$

式中：σ_m——平均应力或静水压力，$\sigma_m=\frac{1}{3}(\sigma_x+\sigma_y+\sigma_z)$；

$\{S\}$——偏差应力；

β——材料常数，$\beta=\frac{2\sin\varphi}{\sqrt{3}(3-\sin\varphi)}$；

$[M]$——Von Mises 屈服准则中的 $[M]$。

材料的屈服参数定义为：$\sigma_y=\frac{6c\cos\varphi}{\sqrt{3}(3-\sin\varphi)}$。

屈服准则的表达式如下：

$$F = 3\beta\sigma_{m} + \left[\frac{1}{2}\{S\}^{T}[M]\{S\}\right]^{\frac{1}{2}} - \sigma_{y} = 0 \tag{2-31}$$

对于 Drucker-Prager 材料，当材料参数 β、σ_y 给定后，其屈服面为一圆锥面，此圆锥面是六角形的摩尔-库仑屈服面的外切锥面，如图 2-2 所示。

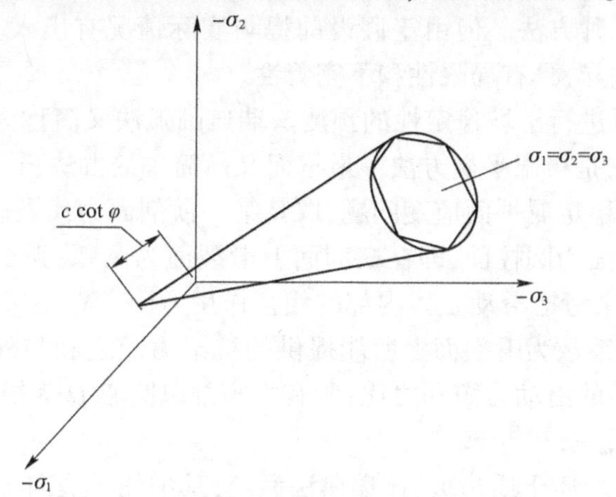

图 2-2 Drucker-Prager 屈服面

2.5 基于瑞典法的滑坡稳定性分析计算方法

目前，国内外对于边坡滑坡地质灾害空间预测经历了定性—半定量—定量，以及确定性—非确定性—概率论的过程。滑坡预测方法可分为三大类：定性分析法、定量分析法（数学模型法）、模型试验法和监测分析法。

数学模型法的预测思路是：在进行定性分析的基础上，建立预测对象的地质模型，通过合理的假设或简化，将复杂的研究对象抽象成可以求解的数学模型，进而选取合理的参数，进行预测计算，获得预测结果。目前预测数学模型可分为两大类：非确定性法和确定性法。非确定性法主要有模糊数学分析法、灰色理论分析法、灰色模糊综合法及概率分析法等。

确定性分析法包括解析法和数值分析法，其中解析法主要是基于极限平衡理论的刚体极限平衡分析法。对于散体介质边坡，常用圆弧滑动法（Fillenius 法和 Bishop 法）、Push 法、Janbu 法、Morgenstrn-Price 法、Spencer 法等分析方法；对于岩质边坡，分析方法主要有自然历史分析法、单一滑面极限平衡法、双滑面的等 K 法和刚体平衡法、不平衡推力法等；对顺层滑岩体边坡，多采用滑体内存在结构面的分块极限平衡法等。此外，还有既适用于岩质边坡又适用于土质边坡稳定性分析的 Sarma 法。

刚体极限平衡分析法根据滑体或滑体分块的静力平衡原理分析滑坡的各种破坏模式下的受力状态，以及滑体上的抗滑力和下滑力之间的定量关系来评价滑坡的稳定性。刚体极限平衡分析法是滑坡稳定性分析计算的主要方法，也是工程实践中应用最多的一种方法。但由于假设前提与实际情况有出入，该类方法的结果与实际存在一定差异，具有局限性和不完善性。

利用瑞典法可进行滑坡稳定性的预测。瑞典圆弧法又简称为瑞典法或费伦纽斯(Fillenius)法，它是极限平衡方法中最早而又最简单的方法，其基本假定如下：

(1)假定土坡稳定属平面应变问题，取其某一横剖面为代表进行分析计算。

(2)假定滑裂面为圆柱面，即在横剖面上滑裂面为圆弧；弧面上的滑动土体视为刚体，即计算中未考虑滑动土体内部的相互作用力(E_i，X_i 不考虑)。

(3)定义安全系数为滑裂面上所能提供的抗滑力矩之和与外荷载及滑动土体在滑裂面上所产生的滑动力矩和之比；所有力矩都以圆心 O 为矩心。

(4)采用条分法进行计算。

图 2-3 表示一均质土质边坡，按瑞典法假定，其中任一竖向土条 i 上的作用力。土条高为 h_i，宽为 b_i；W_i 为土条本身的自重力；N_i 为土条底部的总法向反力；T_i 为土条底部(滑动面)上的总的切向阻力；土条底部坡角为 α_i；长为 l_i，坡体重度为 γ_i，R 为滑动面圆弧半径，AB 为滑裂圆弧面，x_i 为土条中心线到圆心 O 的水平距离。

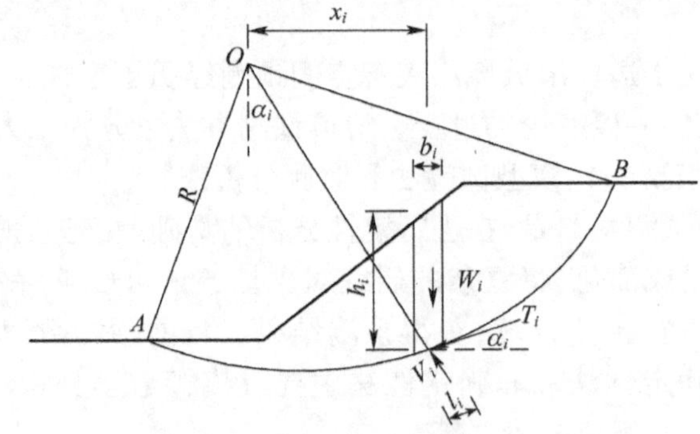

图 2-3 瑞典法计算图示

根据摩尔-库仑准则，滑裂面 AB 上的平均抗剪强度为：

$$\tau_f = c' + (\sigma - u)\tan\varphi' \tag{2-32}$$

式中：σ——法向总应力；

u——孔隙应力；

c'、φ'——坡体有效抗剪强度指标。

如果整个滑裂面上的平均安全系数为 F_s，按照式(2-32)的定义，土条底部的切向阻力 T_i 为：

$$T_i = \tau l_i = \frac{\tau_f}{F_s} l_i = \frac{1}{F_s}[c'_i + (N_i - u_i)\tan\varphi'_i] l_i \tag{2-33}$$

取土条底部法线方向力的平衡，可得：

$$N_i = W_i \cos\alpha = \gamma_i b_i h_i \cos\alpha_i \tag{2-34}$$

取所有土条对圆心的力矩平衡，有：

$$\sum W_i x_i - \sum T_i R_i = 0 \tag{2-35}$$

如图 2-2 所示，根据几何关系 $x_i = R\sin\alpha_i$，将式(2-33)、式(2-34)代入式(2-35)中，整理后得：

$$F_s = \frac{\sum [c'_i l_i + (W_i \cos\alpha_i - u_i l_i)\tan\varphi'_i]}{\sum W_i \sin\alpha_i} \tag{2-36}$$

计算时，土条厚度均取单位宽度，即 $W_i = \gamma_i h_i b_i$，因此式(2-36)可写为：

$$F_s = \frac{\sum [c'_i + \gamma_i h_i \cos^2\alpha - u_i] b_i \sec\alpha_i \tan\varphi'_i}{\sum \gamma_i h_i b_i \sin\alpha_i} \tag{2-37}$$

式(2-36)、式(2-37)即瑞典法土坡稳定计算公式，该式也可以从第(4)条假定中直接导出。

设计计算时，滑裂面是任意给定的，即前述的虚拟工作状态。因此，需要对各种可能的滑裂面均进行计算，从而找出安全系数最小的滑裂面，即被认为是潜在滑动最危险的(或最有可能的)滑裂面。这种计算工作量是相当大的，特别是当边坡外形和土层分布都比较复杂时，寻找最危险滑裂面位置是相当困难的。以前，在计算手段有限的情况下，许多学者在寻找最危险滑裂面位置方面做了很多努力，通过各种途径探索最危险滑弧位置的规律，制作图表、曲线，或将某类边坡归类分别总结出滑弧圆心的初始位置，以减少试算工作，从而尽可能找到最危险滑裂面。在计算机普遍应用的今天，这些问题已经变得很容易解决。我们可充分利用计算机编制的相应程序，使这种计算变得非常简单，即使对复杂边坡和复杂土层情况，以前担心多个 F_s 极小值区的问题现在也很容易解决。

2.6 基于不平衡推力传递法的滑坡体稳定性分析

2.6.1 计算模型概化

根据滑坡区的工程地质条件及滑坡的特征，将滑坡概化为下述条件：

(1)滑坡体为均质土层。

(2)滑面为弧线形,滑面倾向与坡向一致。

(3)由于滑坡体无统一自由水位,不考虑水的渗透压力及浮托力。

(4)考虑地震作用对滑坡的影响。

(5)计算时考虑下述工况条件:自重工况、暴雨工况、支护工况。

2.6.2 计算参数的选择

计算时,可根据滑移带土工试验结果及反演分析结果,滑移带土在天然状态下的抗剪强度指标 c、φ 值,滑体天然重度取 γ,暴雨工况下滑带土抗剪强度指标等。

2.6.3 不同工况条件的计算

(1)天然状态(干旱或少雨)下。

(2)自重+暴雨工况下,滑体抗滑力和下滑力计算公式同上,仅对滑带土抗剪强度进行折减。

(3)支护工况下。

根据稳定性计算结果,包括:

(1)在天然自重工况下,滑坡体稳定性系数 F_s。

(2)在自重+暴雨工况条件下,滑坡体稳定性系数 F_s。

2.6.4 滑坡推力计算

滑坡推力按传递系数分析法计算:

$$P_i = P_{i-1} \cdot \Psi + F_{st} \cdot T_i - R_i \tag{2-38}$$

式中:P_i——第 i 条块的推力,kN/m;

P_{i-1}——第 i 条块的剩余下滑力,kN/m;

T_i——作用于第 i 条块滑动面上的滑动分力,kN/m;

R_i——作用于第 i 条块滑动面上的抗滑分力,kN/m;

F_{st}——设计安全系数。

2.6.5 案例1:都香高速某坡体稳定性分析

以贵州都香高速公路六盘水至威宁段 K106 ~ K109 段滑坡体为例,进行稳定性分析计算。

2.6.5.1 计算参数的选择

根据探井中滑移带土工试验结果及反演分析结果,滑移带土在天然状态下抗剪

强度指标 c 取 1kPa,φ 取 12.5°,滑体天然重度取 $\gamma = 19.0\text{kN/m}^3$。暴雨工况下,滑带土抗剪强度指标取值分别降低20%,c 取 11kPa,φ 取 10°,饱和重度$\gamma = 20.0\text{kN/m}^3$。

2.6.5.2 工况分析

本滑坡体体积为 1375m^3,属小型浅层土质滑坡,公路位于滑坡的前缘,路基未发现变形,因此治理的重点是挡墙上部的滑坡体。

根据滑坡的滑坡推力大小及场区工程地质条件,计算分析不同工况条件下的滑坡稳定性系数,见表2-2。

滑坡稳定性系数(F_s)　　表2-2

工况	自重	暴雨	支护
安全系数	1.03	0.90	1.35

根据稳定性计算结果,在天然自重工况下,滑坡体稳定性系数 F_s 为1.03,滑坡处于蠕变状态。在自重＋暴雨工况条件下,滑坡体稳定性系数 F_s 为0.90,$F_s >$ 1.0,判定滑坡体不稳定。进行抗滑桩支护后,滑坡体稳定性系数 F_s 为1.35,滑坡保持稳定。

2.6.5.3 滑坡推力计算

滑坡推力按传递系数分析法计算:

$$P_i = P_{i-1} \cdot \Psi + F_{st} \cdot T_i - R_i \tag{2-39}$$

根据现场实测,自重工况时 $F_{st} = 1.20$,暴雨工况时 $F_{st} = 1.15$。

计算公路内侧挡墙处的滑坡推力,结果见表2-3。

滑坡推力 P_i 计算成果　　表2-3

工况	自重	暴雨
滑坡推力(kN/m)	78	180

2.6.6 案例2:杭州二绕富阳段某公路边坡稳定性分析

2.6.6.1 计算剖面选取及模型概化

根据滑坡地质条件及变形空间特征,选取主滑剖面1-1′作为滑坡的典型计算剖面,结合地面坡形和滑面的变化特点,将计算剖面划分为若干个条块,剖面条块划分如图2-4所示。

根据滑坡区的工程地质条件、滑坡的特征,将滑坡计算模型概化为下述条件:

(1)滑坡体为均质含碎石粉质黏土。

(2)滑面为弧线形,滑面倾向与坡向基本一致。

(3)由于滑体未形成统一的地下水面,不考虑滑体的动水压力和浮托力影响。

(4)房县为Ⅶ度地震区,须考虑地震作用对滑坡的影响。

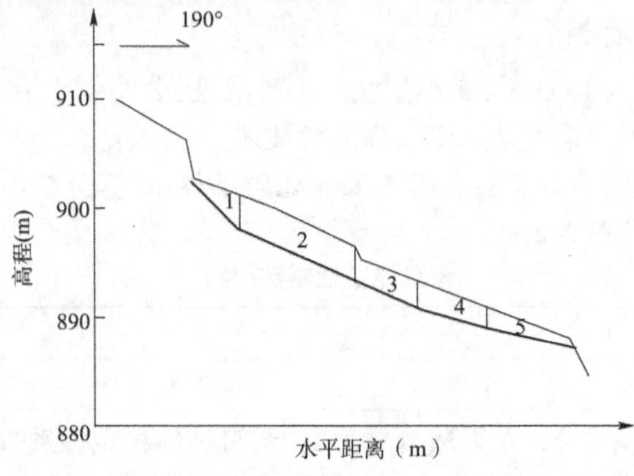

图 2-4　滑坡计算简图

计算时考虑下述工况条件:

(1)自重。

(2)自重+暴雨。

(3)自重+暴雨+地震三种工况。

2.6.6.2　计算参数的选择

勘察中取滑带土做抗剪强度试验,由于滑坡已多次产生滑动,滑坡稳定性计算应取残余强度,试验结果滑带土抗剪强度残余值平均为 $c=5.0\text{kPa}$,$\varphi=13.5°$。暴雨工况下抗剪强度减小 20%,$c=4.0\text{kPa}$,$\varphi=10.8°$,滑体天然重度取平均值 $\gamma=20.5\text{kN/m}^3$,饱和重度计算值 $\gamma=20.7\text{kN/m}^3$。

2.6.6.3　计算结果及滑坡稳定性评价

根据自重、自重+暴雨工况,对计算剖面按上述公式分别进行计算,计算结果见表 2-4。

滑坡稳定系数 F_s 计算成果表　　表 2-4

工况	自重	自重+暴雨	暴雨+地震
稳定系数 F_s	0.90	0.72	0.67

由上表所示稳定性计算结果,可以看出:在自重、自重+暴雨两种工况下,滑坡体稳定性系数 F_s 为 0.67~0.90,$F_s<1.0$,滑坡体是不稳定的。

上述计算结果与实际情况一致。滑坡后缘山体为土质边坡,土层厚度为 3m 左右,地面坡度在 30°以上,下部滑坡体失稳后,形成临空面,上部坡体将产生牵引式滑坡。

2.6.6.4 滑坡推力计算

滑坡推力按传递系数分析法计算，当上块段剩余下滑力为负值时按零处理。滑坡推力计算公式如下：

$$P_i = P_{i-1} \cdot \Psi + F_{st} \cdot T_i - R_i \tag{2-40}$$

式中：P_i——第 i 条块的推力，kN/m；

P_{i-1}——第 i 条块的剩余下滑力，kN/m；

T_i——作用于第 i 条块滑动面上的滑动分力，kN/m；

R_i——作用于第 i 条块滑动面上的抗滑分力，kN/m；

F_{st}——设计安全系数，自重工况下 $F_{st}=1.20$，暴雨工况下 $F_{st}=1.15$，暴雨+地震工况下，$F_{st}=1.05$。

不同工况条件下计算的滑坡推力 P_i 结果见表2-5。

滑坡推力 P_i 计算结果(kN/m)　　表2-5

块段号	计算工况		
	自重	暴雨	暴雨+地震
1	61.62	67.88	61.76
2	186.86	220.00	204.13
3	218.54	264.90	245.91
4	211.65	357.64	254.70
5	177.59	256.26	237.84

2.7 基于 Sarma 法的岩质边坡稳定性分析

2.7.1 Sarma 法计算原理

岩质边坡的失稳大都是沿各种软弱结构面发生的。滑体在滑动过程中侧向节理面也常常发生相对滑移，而且侧向(竖向)节理面并不总是垂直的。这时，传统条分法已不再适用。Sarma 博士针对节理岩体边坡失稳这一特点，提出并推导了适应这种特点的 Sarma 分析计算方法，这种方法具有以下三个特点：

(1)可根据滑体的地质特性、结构面构造，对滑体进行按节理构造的斜分条及不等距分条，使各条块尽量模拟实际风化岩体。

(2)可较详尽地模拟侧面节理、断层造成的滑体强度特点。

(3)滑体滑动时,不仅滑动面上的各种应力达到了极限平衡,侧面也达到了极限平衡。

Sarma 法的分析原理与计算格式可参见式(2-41)及图 2-5,式中各符号意义如图 2-5 所示。

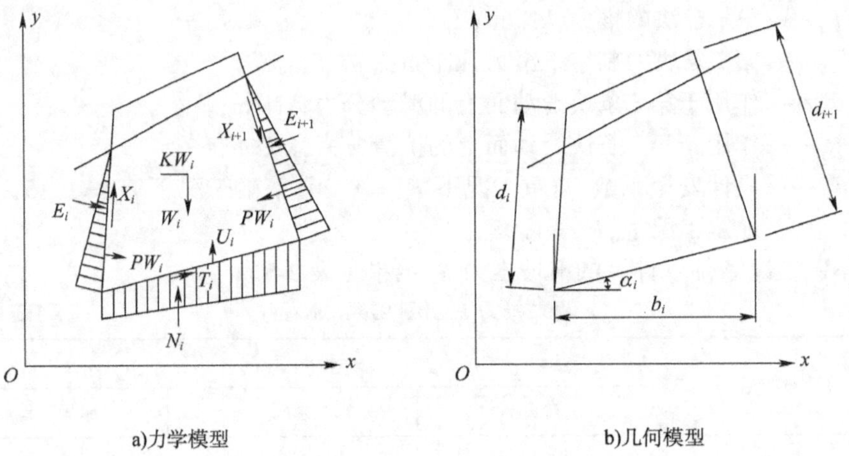

图 2-5　第 i 块的受力情况及几何模型

W_i-第 i 条块的重力;KW_i-由于地震水平加速度所产生的在第 i 条块重心的水平力;PW_i-作用在第 i 条块第 i 侧面的水压力;U_i-作用在第 i 条块底面的水压力;E_i、E_{i+1}-作用在第 i 条块第 i 侧面和第 $i+1$ 侧面的正压力;X_i、X_{i+1}-作用在第 i 条块第 i 侧面和第 $i+1$ 侧面的剪切力;N_i-作用在第 i 条块底面的正压力;T_i-作用在第 i 条块底面的剪切力;d_i、d_{i+1}-第 i 条块第 i 侧面和第 $i+1$ 侧面长度;b_i-第 i 条块底面在水平面上的投影宽度;α_i-第 i 条块底面与水平面的夹角

由图 2-4 所示,根据各块体的平衡条件可得:

$$E_{i+1} = \alpha_i - p_i K + E_i e_i \tag{2-41}$$

其中:

$$\alpha_i = Q_i[R_i\cos\varphi_{bi} + W_i\sin(\varphi_{bi} - \alpha_i) + S_{i+1}\sin(\varphi_{bi} - \delta_{i+1} - \alpha_i) - S_i\sin(\varphi_{bi} - \alpha_i - \delta_i)]$$

$$p_i = Q_i W_i \cos(\varphi_{bi} - \alpha_i)$$

$$e_i = Q_i[\cos(\varphi_{bi} - \alpha_i + \varphi_{si} - \delta_i)\sec\varphi_{bi}]$$

$$Q_i = \sec(\varphi_{bi} - \alpha_i + \varphi_{si+1} - \delta_{i+1})\cos(\varphi_{si+1})$$

$$R_i = c_{bi}d_i - PW_i\tan\varphi_{si}$$

$$S_i = c_{si}d_i - PW_i\tan\varphi_{si}$$

$$S_{i+1} = c_{si+1}d_{i+1} - PW_{i+1} \cdot \tan\varphi_{si+1}$$

式中： c_{bi}、φ_{bi}——第 i 条块底面抗剪强度指标；

c_{si}、φ_{si}、c_{si+1}、φ_{si+1}——第 i 条块第 i 侧面和第 $i+1$ 侧面抗剪强度指标。

$$E_i = \alpha_{i-1} - p_{i-1}K + E_{i-1}e_{i-1} \quad (i=1,2,\cdots,n) \tag{2-42}$$

由边界条件可知 $E_{n+1}=0$。

所以水平地震加速度 K 可以写成：

$$K = \frac{\alpha_n + \alpha_{n-1}e_n + \alpha_{n-2}e_{n-1}e_{n-2} + \cdots + \alpha_1 e_{n-1}e_{n-2} + \cdots + e_2}{p_n + p_{n-1}e_n + p_{n-2}e_{n-1}e_{n-2} + \cdots + p_1 e_{n-1}e_{n-2} + \cdots + e_2} \tag{2-43}$$

最初可假定安全系数 $F=1.0$，此时可得到极限平衡状态时水平地震加速度尺，若 $K\neq 0$，则调整 F 值且每次都令 $C'_{\mathrm{b}}=C_{\mathrm{b}}/F$、$C'_{\mathrm{s}}=C_{\mathrm{s}}/F$、$\tan\varphi'_{\mathrm{b}}=\tan\varphi_{\mathrm{b}}/F$、$\tan\varphi'_{\mathrm{s}}=\tan\varphi_{\mathrm{s}}/F$，重新计算式(2-41)中各参数，再代入式(2-43)可得到一新的 K 值，如此反复迭代计算，直至 K 值为0，此时即无地震力时的边坡安全系数。

2.7.2 案例1：杭宁高速某边坡稳定性分析

2.7.2.1 模型概化

该边坡滑坡体(K165～K172)滑坡计算简化为碎裂岩石沿层理面产生的平面滑动，并将滑坡计算模型概化为下述条件：

(1)坡体为均质刚性块体。

(2)暴雨工况下考虑后缘裂隙水压力和地下水扬压力。

(3)计算时考虑下述工况条件：①自重；②自重+暴雨。

2.7.2.2 计算参数的选择

根据岩石抗剪强度试验结果，室内岩块黏聚力平均值 $c=0.3\text{MPa}$，内摩擦角 $\varphi=35.2°$。由于滑坡为碎裂岩体，已产生过滑动，对岩块抗剪强度进行折减，同时根据反演分析对比，确定滑面的抗剪强度建议值为：天然工况 $c=35\text{kPa}$，$\varphi=17°$，暴雨工况 $c=30\text{kPa}$，$\varphi=13.5°$，岩体重度取平均值 $\gamma=25.0\text{kN/m}^3$。

2.7.2.3 计算结果及滑坡稳定性评价

根据自重、自重+暴雨两种工况，对主剖面按上述公式分别进行计算，计算结果见表2-6。

滑坡稳定系数 F_s 计算成果表　　表2-6

工况	自重	自重+暴雨
稳定系数 F_s	1.30	0.96

根据稳定性计算结果，在天然自重工况下，滑坡体稳定性系数 F_s 为1.30，滑坡处于稳定状态；在自重+暴雨工况下，滑坡体稳定性系数 F_s 为0.96，$F_s<1.0$，判定滑坡体不稳定，上述计算结果与实际情况相一致。

2.7.2.4 滑坡推力计算

滑面为单一平面时的滑坡推力按式(2-44)计算：

$$F=K_f\cdot(W\cdot\sin\alpha+V\cdot\cos\alpha)-(W\cos\alpha-V\sin\alpha-U)\tan\varphi-cL \quad (2\text{-}44)$$

式中：F——滑坡推力，kN/m；

K_f——设计安全系数，自重工况时 $F_{st}=1.20$，暴雨工况时 $F_{st}=1.15$；

其他符号意义同前。

计算暴雨工况下的滑坡推力 P_i 为485kN/m。

2.7.3 案例2:330国道瓯青公路边坡稳定性分析

2.7.3.1 滑坡稳定性定性分析

330国道瓯青公路复线21km处为一堆积体滑坡，经现场勘察，该滑坡已产生滑动，滑坡体上堆积松散的块石堆积体，雨季表层的滑坡堆积物会产生滑动。滑坡后缘目前形成高约15m的陡崖，形成高陡的临空面，后缘山体为潜在不稳定斜坡，可能会产生边坡的整体性失稳和局部的崩塌变形。桃园滑坡为一顺层岩质滑坡，斜坡稳定性受结构面控制，根据野外地质调查，对各种结构面进行分组统计分析，作结构面走向玫瑰花图，如图2-6所示。

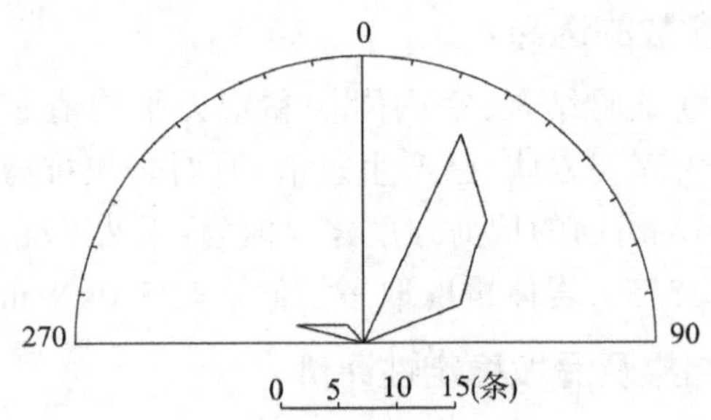

图2-6 节理走向玫瑰花图

经节理玫瑰花图分析，节理优势产状为节理J1：135°~158°∠75°~90°，节理J2：295°~305°∠77°~80°，节理延展性好，延伸长度5~50m；岩层产状5°∠32°~35°，边坡走向94°，倾向北。

对滑坡控制性结构面采用赤平投影分析，如图2-7所示。

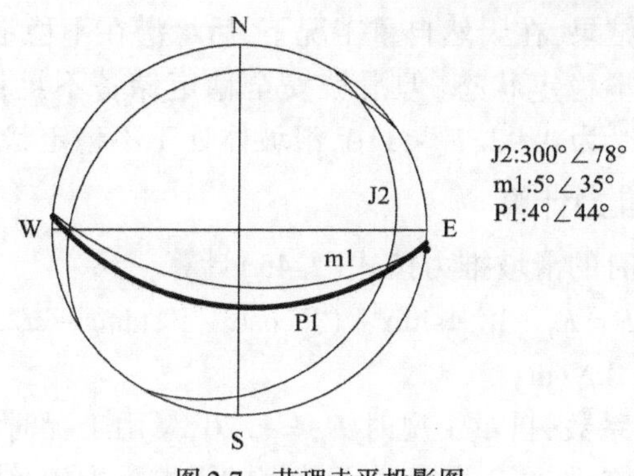

图 2-7 节理赤平投影图

根据赤平投影图分析可以得出如下结论：滑坡稳定性主要受岩石层面控制，岩层面 m1 倾向与边坡 P1 坡向近乎一致，岩层倾角小于坡角，节理面 J1 与 J2 为滑坡东部及南部的切割面，该岩质边坡为顺向坡，边坡北部有临空面，边坡具备形成滑坡的地质条件。

2.7.3.2 计算剖面选取及模型概化

该滑坡目前已产生滑动，其后缘形成高约 15m 的陡崖，后缘山体为潜在不稳定斜坡，可能产生单平面直线形滑动。取滑坡后缘的潜在不稳定斜坡主滑剖面进行计算，并将滑坡计算模型概化为下述条件：

(1)坡体为均质刚性块体。

(2)暴雨工况下考虑裂隙水压力。

(3)计算时考虑下述工况条件：①自重；②自重 + 暴雨。

2.7.3.3 计算参数的选择

根据岩石抗剪强度试验结果，室内岩块黏聚力平均值 $c = 0.3\text{MPa}$，内摩擦角 $\varphi = 35.2°$，岩体抗剪强度按裂隙发育程度进行折减，其中 c 乘以 0.2，内摩擦系数乘以 0.8 作为岩体的 c、φ，同时根据已滑动岩体按恢复山体极限平衡法进行反演分析对比，片理面抗剪强度建议值为：$c = 60\text{kPa}$，$\varphi = 28°$，暴雨工况下按 85% 的强度折减，$c = 50\text{kPa}$，$\varphi = 24°$，岩体重度取平均值 $\gamma = 25.0\text{kN/m}^3$。

2.7.3.4 计算结果及滑坡稳定性评价

按自重、自重 + 暴雨两种工况，对主剖面按上述公式进行计算，计算结果见表 2-7。

边坡稳定系数 F_s 计算结果　　表 2-7

工况	自重	自重 + 暴雨
稳定系数 F_s	1.15	0.92

根据稳定性计算结果，在天然自重工况下，后缘潜在不稳定斜坡稳定性系数 F_s 为1.15，边坡处于基本稳定状态，但滑坡安全稳定储备不足；在自重＋暴雨工况下，边坡稳定性系数 F_s 为0.92，$F_s<1.0$，滑坡体处于不稳定状态。

2.7.3.5 滑坡推力计算

滑面为单一平面时的滑坡推力按式(2-45)计算：

$$F = K_f \cdot W \cdot \sin\alpha - (W\cos\alpha - V)\tan\varphi - cL \tag{2-45}$$

式中：F——滑坡推力，kN/m；

K_f——设计安全系数，自重工况时 $F_{st}=1.20$，暴雨工况时 $F_{st}=1.15$。

其他符号意义同前，不同工况条件下计算的滑坡推力 P_i 结果见表2-8。

滑坡推力计算结果 表2-8

工况	自重	自重＋暴雨
滑坡推力(kN/m)	415	3270

2.8 基于灰色理论的高速公路高边坡滑坍预测

近三十年来，对滑坡的研究已由过去的针对单个滑坡现象的描述、分类治理，发展到现在以定性描述为基础的定量预测预报研究。在各种边坡稳定性分析计算方法中都将其边界条件大大地进行了简化。计算中选用的各种参数被认为是确定的或线性变化的。对复杂现象的简单处理方法，在具体的工程实例中起到了一定的作用。然而，暴露出来的缺点也毋庸置疑。实际上，不仅边坡中的各种计算参数是不确定的，而且边坡系统本身就是一个不平衡、不稳定、充满不确定性的复杂系统，其与外界环境有着不断的物质、能量、信息的交换，具有类似于天气预报的不可长期确定性、预报性和短期统计失效的复杂特点。由此产生了对边坡稳定分析评判的新思路、新理论，包括混沌理论、分形理论、灰色系统理论、数学模糊理论、突变理论等。

2.8.1 灰色系统理论

在现实生活中，由于事物本身的复杂性和人们知识的局限性，人们只能把握研究对象的部分信息所呈现的大致范围，而不是其全部信息或确切信息。这种部分信息已知，部分信息未知的系统统称为灰色系统(Grey System)。灰色系统即信息不完全的系统。

所谓“信息不完全”，一般是指：①系统因素不完全明白；②因素关系不完全清楚；③系统结构不完全清楚；④系统的作用不完全明了。例如，“该处黏土的黏聚力为 30kPa 左右”,而不能说出真实的值。黏土的凝聚力与许多因素有关,其与这些因素的关系是不完全清楚的,故属于灰色数,这些灰色数体就构成了灰色系统。

灰色系统理论认为,系统的庞大性、复杂性仅仅是“标”,而不是“本”,系统的“本”是灰性。承认灰性,是灰色理论的宗旨。

信息不完全与非唯一性是“灰”的主要含义,人们在认识世界与改造世界的过程中常常自觉或不自觉地通过已经掌握的部分信息对事物进行整体的剖析,通过对少量的已知信息的加工并延伸、扩展到对系统进行处理。人们在开创新局面寻找优化对策时,往往有意无意地运用“非唯一性”来探讨各种有效途径,获得最佳效果。

灰色系统理论是 20 世纪 80 年代初由我国学者邓聚龙教授首先提出来的,经过近四十年的发展,现已基本建立起一门新兴学科的结构体系。其主要内容包括以灰色朦胧集为基础的理论体系,以灰色关联为依托的分析体系,以灰色序列生成为基础的方法体系,以灰色模型(GM)为核心的模型体系,以评估、建模、预测、决策、控制和优化为主体的技术体系。它把一般系统论、信息论以及控制论的观点和方法延伸到社会、经济、生态等抽象系统,结合数学方法,发展成了一套解决信息不完全及灰色系统的理论和方法。该理论认为,对既含有已知信息又含有未知或非确定信息的系统进行预测,就是对在一定方位内变化的、与时间有关的灰色过程的预测。尽管过程中所显示的现象是随机的、杂乱无章的,但从统计学原理而言,这一数据的集合存在较好的有序性和界限性,具备潜在的规律。通过对“部分信息已知,部分信息未知”的小样本进行开发,提取出有价值的内容,实现对演化规律的正确描述和有效监控。灰色预测就是利用这种规律建立灰色模型对灰色系统进行预测。

岩土工程系统本身就是一个庞大的灰色系统,比如岩土体的参数取值就存在很大的灰性;边坡稳定性是多种因素综合作用的结果,其影响因素往往难以搞清楚,存在高度非线性,其本身就是一个灰色系统。因此灰色系统理论在岩土工程的各个领域中都有着广泛的应用。目前,灰色系统理论在岩土工程中的应用主要有:运用灰色系统理论处理建筑施工过程中沉降变形的监测资料,建立外推型的预测模型,对后续施工中的沉降量进行预测,并绘制出外推型的沉降变形曲线;应用隶属度给地质变量赋值的问题,并在此基础上进行灰色系统理论的分析,从而达到将模糊数学与灰色系统理论结合起来解决地质问题的目的;利用灰色优化模型对地下工程围岩稳定性进行了分类;利用灰色 GM(1,1)模型结合钻孔灌注桩静荷载试验资料,对几种常用的单桩承载力预测模型进行对比分析,提出了单桩承载力预测模型;对岩质边坡稳定性进行灰色聚类,针对岩体边坡稳定性与影响因素之间的非线性关系,提出了基于神经网络的岩体边坡稳定性的灰色聚类空间预测法。

一个边坡坍塌与否与许多因素相关,有些因素可以通过地质勘察分析确定,有些因素则不太明确。并且,坍塌现象与影响边坡稳定的各种因素之间并没有确定的映射关系和明确的作用原理,因此可以把边坡看作一个灰色系统,利用灰色理论来判定边坡的稳定性。通过大量的边坡坍滑调查,利用已知的坍塌现象及其相关因素来判定边坡的稳定性,从而对边坡的稳定性发展趋势作出预测。

例如,通过多次现场实地考察和分析,对305省道襄关线路段11处滑塌边坡进行滑坡成因分析,参照岩石力学的节理度的概念,提出裂隙度(裂隙率)的概念,把影响土边坡最主要的因素如裂隙、地质构造等进行量化,并提出基于灰色聚类预测理论的边坡稳定性预测方法。

2.8.2 灰色聚类指标的选择

由于整个襄关线路段边坡的坡比较陡,通过对陡口滑坡、霍山坡滑坡等四处滑坍边坡进行勘察分析,发现该路段任何坡度、坡高、坡面形状的边坡都易发生滑坍破坏。影响其边坡稳定性的主要因素为:①边坡土体含水率 w;②岩(土)体结构面发育程度,即裂隙率(每单位面积内裂隙的累积长度,cm/m^2);③岩(土)地质构造(走向、倾向与坡面走向、倾向的关系),即构造面倾角;④人类工程活动因素;⑤大气降雨量。故在灰色聚类分析中,只选取以上5个影响边坡坍塌的主要因素,建立灰色聚类模型,见表2-9。

影响边坡破坏的主要因素 表2-9

含水率			降雨			裂隙率			构造面倾角			人类工程活动影响		
大	中	小	大雨	中雨	小雨	大	中	小	顺坡	斜向坡	反向坡	坡顶荷载	坡顶有水	部分防护

按照极易滑坍、易滑坍和不易滑坍对表2-9中4个指标进行分析量化,利用统计方法来计算其影响边坡坍塌的概率。

根据实际勘察资料,以上4个指标在边坡稳定性影响因素中所占的百分率计算结果见表2-10。

各滑坍因素出现坍塌频率 表2-10

影响因素	含水率(%)			降雨(mm/日)			裂隙率(cm/m^2)			构造面倾角(°)		
等级区分	<24	24~35	>35	<0.1	0.1~30	>30	>100	10~100	<10	5~30	0~5	<0
滑坍频数	0	7	20	1	4	18	17	3	1	19	4	1
滑坍规律	0	21.7	78.3	4.3	10.1	85.6	84.1	11.6	4.3	78.9	11.2	9.9

根据表2-10中的滑坍频率可以进一步算出各因素从低到高的累计频率,得到4个影响因素的累计频率图,如图2-7所示。

在各条曲线上，把滑坍累计频率80%对应的横坐标上的点的数值作为极易滑坍值，把滑坍频率20%对应的横坐标上的点的数值作为不易滑坍值，把滑坍累计频率为20% ~80%所对应的各个值作为易滑坍数值。根据图2-8找出各因素对滑坍等级划分的影响值，见表2-11。

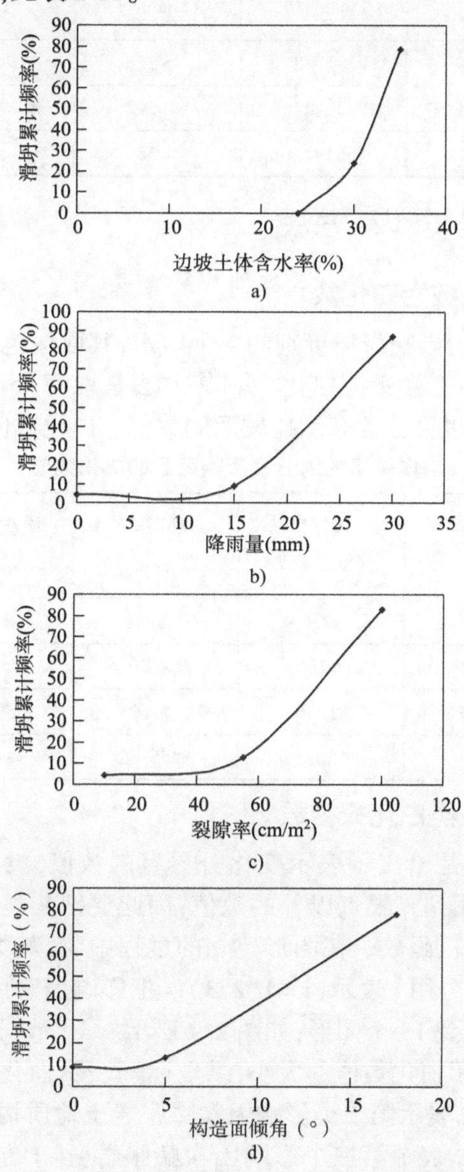

图2-8 影响边坡稳定的各因素滑坍频率累计曲线

滑坍等级划分及影响因素数值　　表 2-11

稳定性类别	影响因素				
	含水率（%）	降雨（mm/日）	裂隙率（cm/m^2）	构造面倾角（°）	人类工程活动影响与坍塌率（%）
极易滑坍	>38	>27.8	>92	>17.6	坡顶加载 80
易滑坍	26～38	19.2～27.8	54～92	3.2～17.6	坡顶有水源 70
不易滑坍	<26	<19.2	<54	<3.2	部分防护 40

2.8.3 灰色聚类计算方法

2.8.3.1 变灰色数为白化数

表 2-11 中所指出的影响滑坍级别的 4 个因素，其取值范围、数值大小各异，为了便于数据比较，把灰色数变为白化数。其方法是取每个影响因素的最大值为 100，其他值与其比较，以百分数表示比较后的数值。白化数值结果见表 2-12。

坍塌等级的划分及影响因素的白化数值　　表 2-12

影响因素		含水率（%）	降雨（mm/日）	裂隙率（cm/m^2）	构造面倾角（°）	人类工程活动影响与坍塌率（%）
比照值		36	29.6	98	18.5	90
稳定性类别	极易滑坍	>100	>100	>100	>100	>100
	易滑坍	88.92	81.36	77.62	59.03	86.26
	不易滑坍	81.21	≤60.56	≤55.42	≤11.89	≤35.22

2.8.3.2 建立灰类白化权函数

表 2-12 中数值只是给出了表示变化分界点的数值，没有给出连续变化的数值，但在使用时，必须用到界限点以外的数值，因此要把灰类白化数用函数图形表示出来，称作灰类白化权函数。在图形建立的过程中，把灰类对象极易滑坍、易滑坍、不易滑坍的类别划分用 i 表示（$i=1,2,3$）。把影响因素用 j 表示（$j=1,2,3,4,5$）。经过两者组合，得到 15 个图形，如图 2-9 所示。

图形横坐标 λ 表示白化数值的大小，纵坐标 y_{ij} 表示白化数对某类滑坍等级灰类所贡献的权重，如 y_{12} 表示第二个影响因素膨胀岩土地质构造面倾角对第一类极易滑坍提供的权重。y_{23} 表示第三个影响因素膨胀岩（土）结构面发育程度对第二类易滑坍提供的权重，依次类推。

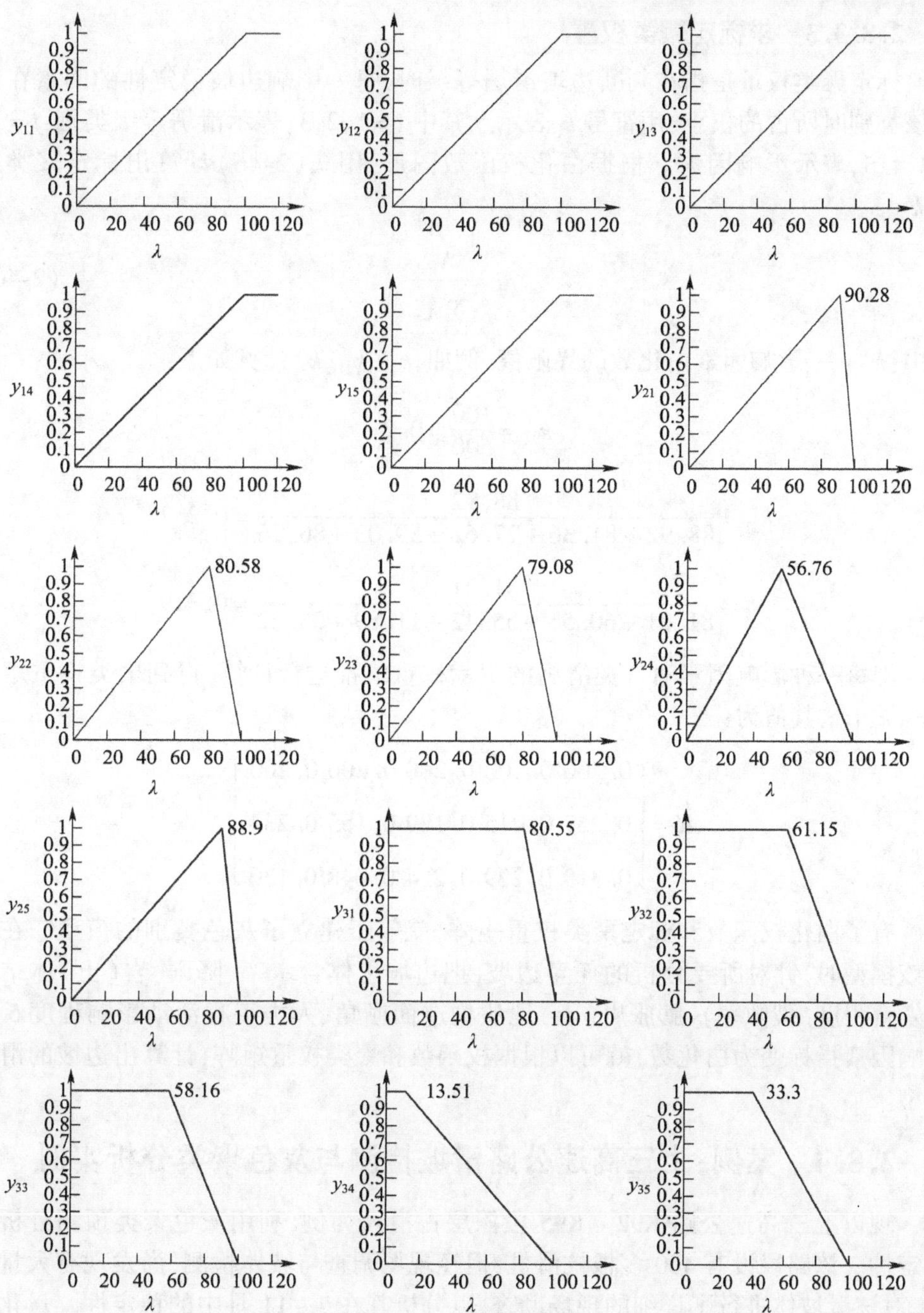

图2-9　灰类白化权函数图形

2.8.3.3 求标定聚类权重

标定聚类权重是指在判断边坡滑坍等级时，每一影响边坡稳定性的因素在判断该类别时所占的权重，用符号 k_{ij}表示。其中 $i=1,2,3$，表示滑坍等级类别；$j=1,2,3,4,5$，表示影响因素。根据白化权函数图形，用式(2-46)计算出标定聚类权重 k_{ij}。

$$k_{ij}=\frac{\lambda_{ij}}{\sum_{j=1}^{5}\lambda_{ij}} \tag{2-46}$$

式中：λ_{ij}——影响因素白化数的界限值，例如，k_{11}、k_{21}、k_{31}计算如下：

$$k_{11}=\frac{100}{500}=0.2$$

$$k_{21}=\frac{88.92}{88.92+81.36+77.62+59.03+86.26}=0.257$$

$$k_{31}=\frac{81.21}{81.21+60.56+55.42+11.89+35.22}=0.319$$

把每一种影响因素对各类滑坍的贡献权重值都进行计算，得到聚类权重矩阵 $\boldsymbol{K}=[k_{ij}]_{5\times3}$其值为：

$$\boldsymbol{K}=\begin{bmatrix}0.200 & 0.200 & 0.200 & 0.200 & 0.200\\ 0.257 & 0.215 & 0.189 & 0.155 & 0.234\\ 0.319 & 0.229 & 0.254 & 0.048 & 0.130\end{bmatrix}$$

有了白化权函数和标定聚类权重矩阵，就等于建立了灰色类别的模型。在应用该模型时，针对所要分析的任意边坡，把边坡土体含水率、降雨、岩(土)体结构面发育程度(裂隙率)、膨胀岩(土)地质构造面倾角、人类工程活动影响程度 5 个影响因素指标变为白化数，就可以根据权函数和聚类权重矩阵，计算出边坡的滑坍类型。

2.8.4 案例：上三高速公路滑坡检测与灰色聚类分析实例

现以上三高速公路 K92 ~ K95 段深层古滑坡为例，利用灰色聚类预测分析其稳定性。该路段设有 400 多根抗滑桩，但经现场调查与坡体检测，尚发现有大量裂缝，对该滑坡体进行了详细的现场勘查，以分析其在 7 ~ 11 月中的稳定性。量化后的影响边坡稳定性的因素的基本数值及变化后的白化数值见表 2-13。

坍塌等级划分及影响因素数值　　表2-13

影响因素	含水率(%)	降雨(mm/日)	裂隙率(cm/m^2)	构造面倾角(°)	人类工程活动影响与坍塌率(%)
基本数值	36.8	12	79	7	59
白化数值	92.6	35.6	82.6	31.7	70.2
比较值	35	28.6	91	17.2	85

根据白化数和权函数图形，计算出每一种影响因素白化数对滑坍各类别的贡献值矩阵，用y_{ij}表示。

最后把算出的全部数值用矩阵$\boldsymbol{Y}=[y_{ij}]_{5\times3}$表示，即：

$$\boldsymbol{Y}=\begin{bmatrix}0.926 & 0.356 & 0.826 & 0.317 & 0.702\\0.528 & 0.402 & 0.712 & 0.553 & 0.804\\0.256 & 1.012 & 0.342 & 0.800 & 0.267\end{bmatrix}$$

然后用公式$\sum k=\sum_{j=1}^{n}y_{ij}\times k_{ij}$计算聚类系数：

$$\sum k=\begin{bmatrix}0.658\\0.595\\0.521\end{bmatrix}$$

从计算结果来看，该边坡属于极易滑坍、易滑坍、不易滑坍的权重值分别为0.658、0.695、0.521，其中属于极易滑坍的权重0.658为最大值，可以判断该边坡为极易滑坍边坡，需要防护加固。

事实上，由于该边坡在施工期间未加任何防护措施，在雨季来临后不久立即发生了滑坡，与预测结果很吻合。

利用灰色聚类预测理论对305省道4个典型滑坡雨季稳定性预测计算，在雨季结束后调查，吻合率达80%以上。

把岩(土)体结构面发育程度，即裂隙率、岩(土)地质构造特征，构造面倾角、人类工程活动因素量化，利用灰色聚类预测理论预测其稳定性，具有一定的可靠性，符合边坡破坏的特征。但是，在确定各坍塌影响因素的基本数值时，必须实地仔细勘察，力求数据的准确，才能保证预测结果可靠。

第3章　抗滑桩土坡流变及其稳定性分析

3.1　抗滑桩土坡稳定性主要因素层次分析

抗滑桩土坡稳定性评价失误往往给工程带来不可估量的损失，如长深高速公路金斗山抗滑桩土质滑坡事件就是一沉痛教训。滑坡造成了长深高速公路金斗山段运营长时间中断，也造成巨额的经济损失（后期滑坡加固治理的巨额投入）。

抗滑桩土坡稳定性变化是一种复杂的桩、土与水文工程地质环境相互作用的过程。分析抗滑桩土坡稳定性各影响因素之间的相关关系，不但可以判断和找出影响抗滑桩土坡稳定性的主导因素，而且对抗滑桩土坡病害的防治及优化设计都具有重要意义。同时，从抗滑桩土坡稳定性影响因素敏感性分析中可大致看出哪些因素对某一具体抗滑桩土坡稳定性的影响较大，做到有的放矢。

在岩土工程、工程地质及边坡工程领域，前人对边坡的变形与其影响因素的关联性进行了大量的研究，但对抗滑桩布置方式（桩间距、桩排距）、抗滑桩设置深度（嵌固或锚固深度）、土体流变性、土体渗流特性、地形、地貌、岩土物理力学性质、坡度、地下水和降雨等因素与抗滑桩土坡稳定性的层次分析法研究，还鲜见报道。因此，本章将结合上（虞）三（门）高速公路抗滑桩土质滑坡、官家抗滑桩土坡和黄（山）衢（州）南高速公路抗滑桩土坡等工程，提出山区公路抗滑桩土坡稳定性的层次分析法，主要对抗滑桩布置方式及设置深度（桩间距、抗滑桩嵌固或锚固深度）、坡体岩土特性（土体流变性、土体渗透特性、岩土物理力学性质）、地形地貌条件（地形形态的等级；地貌单元的划分；地形起伏变化；地面切割情况，如沟谷的发育系统、形态、方向、密度、深度及宽度；山坡形状、高度、坡度；山脊山顶的形状、宽度和平整程度等；不同地貌单元的特征及其相互关系等）、水文地质条件（地下水位及其变动幅度和地下水的补给、径流和排泄条件）、气候（降雨）和植被等影响抗滑桩土坡稳定性的因素进行权重排序，为制订有效的防灾减灾措施和灾害处置对策提供科学依据和可资借鉴的方法。

3.1.1　抗滑桩土坡稳定性影响因素分层及参考数据的确定

要全面评价抗滑桩土坡失稳的可能性,不仅要考虑抗滑桩布置方式及设置深度,同时还要考虑坡体岩土特性、地形地貌条件、水文地质条件、气候和植被等因素,而且这些因素还存在着层次关系,对抗滑桩土坡稳定性的影响程度也不一样。因此,可把每个组合作为一个由不同层次组成的独立系统,它包含着若干个分系统(第一层次),分系统又由若干子系统(第二层次)组成,子系统又由第三层次因素组成。层次之间相互联系、相互制约,具有多层次的结构。

3.1.1.1　影响因素分层及确定

由国内外有关抗滑桩土坡稳定性影响因素的研究成果及作者的一线工程[上(虞)三(门)高速公路抗滑桩土质滑坡、官家抗滑桩土质滑坡和黄(山)衢(州)南高速公路抗滑桩土坡等]实践经验可知,影响抗滑桩土坡稳定性的因素是多方面的,不仅与抗滑桩布置方式及设置深度有关,还与坡体岩土特性、地形地貌条件、水文地质条件、气候条件和植被等有关。为便于分析评价,量化各指标,易于操作,主要考虑以下几个方面的影响因素:

(1)抗滑桩布置方式及其设置深度,主要是指桩间距、抗滑桩嵌固或锚固的深度。大多数抗滑桩土坡发生失稳,主要是由抗滑桩设置深度不够引起的。桩间距太大,会引起桩间土拱效应无法形成,导致土体在滑坡推力作用下沿桩侧挤出;桩间距太小,会减小边坡地下水的排泄断面,引起地下水位抬高而导致滑坡"越顶"剪出。

(2)坡体岩土特性,主要指土体的流变性、渗透特性和岩土物理力学性质。土体的流变会使坡体产生微裂隙和损伤,有利于雨水下渗而不利于边坡稳定。土体渗透性强,有利于地下水排泄,从而对边坡稳定性有利。良好的土体物理力学性质有利于边坡稳定。

(3)地形地貌条件,主要是指山坡形状、高度、坡度和山脊山顶的形状与宽度等。一般地,纵断面上陡下缓、横断面顺直的高陡坡稳定性差,而尖小凸形山脊山顶的抗滑桩土坡稳定性较好。

(4)水文地质条件,主要是指地下水位及其变动幅度和地下水的补给、径流和排泄条件。地下水位高、变动幅度大和良好的地下水补给与径流条件及很差的排泄条件不利于抗滑桩土坡稳定。

(5)气候条件,主要是指降雨。抗滑桩土坡失稳往往发生在持续时间长的强降雨作用期间。

(6)植被,主要指植被类型和植被的发育程度。松树和灌木丛等根系埋得很深且有发达的根系的茂密植被有利于抗滑桩土坡稳定。

由上述分析可知,影响抗滑桩土质边坡稳定性的因素可分为两层,第一层由抗滑桩布置方式及嵌固或锚固深度、坡体岩土特性、地形地貌条件、水文地质条件、气候和植被六大因素组成,每个大因素下又有若干个小因素,共15个小因素,即第二层因素,见表3-1。

抗滑桩土质边坡稳定性的主要影响因素 表3-1

第一层因素 A	第二层因素 B
抗滑桩布置方式及设置深度 A_1	桩间距 B_1
	嵌固或锚固深度 B_2
坡体岩土特性 A_2	土体渗透性 B_3
	土体流变性 B_4
	岩土物理力学性质 B_5
地形地貌条件 A_3	边坡形状 B_6
	边坡高度 B_7
	边坡坡度 B_8
	山脊山顶的形状 B_9
	山脊山顶的宽度 B_{10}
水文地质条件 A_4	地下水位及其变动幅度 B_{11}
	地下水的补给、径流和排泄条件 B_{12}
气候条件 A_5	降雨条件 B_{13}
植被 A_6	植被类型 B_{14}
	植被发育程度 B_{15}

3.1.1.2 定性指标隶属度的确定

对于用定性评语(模糊语言)描述的因素,用模糊数学中的隶属度(0.0~1.0)来表示,即评语好的隶属度大,评语差的隶属度小,中间状态评语集合{很好、好、较好、一般、较差、差、很差}的相应隶属度集合定为{0.8,0.7,0.6,0.5,0.4,0.3,0.2}。根据专家组的评议意见及经验,按上述原则,求得各组合中定性指标的隶属度。

3.1.2 影响抗滑桩土坡稳定性层次因素权重的确定

3.1.2.1 层次分析法的基本原理

层次分析法(Analytical Hierarchy Process, 简称 AHP)是20世纪70年代由美

国运筹学家 Saaty 提出的，经过不断地发展，现已成为一种较为成熟的方法。其基本原理是：将评价系统的有关替代方案（组合）的各种要素分解成目标、准则、方案等层次，在此基础上进行定性和定量分析。这种方法是在对复杂的决策问题的本质、影响因素及其内在关系等进行深入分析的基础上，利用较少的定量信息把决策者的思维过程数学化，从而为多目标、多准则或无结构特性的复杂决策问题提供简便的决策手段。

3.1.2.2 层次分析法的计算方法

（1）建立层次结构模型。

在深入分析实际问题的基础上，分析问题所包含的因素及其相互关系，将有关的各个因素按照不同的属性自上而下分解成若干层次。

（2）构建成对比较矩阵。

从层次结构模型的方案层开始，对于从属于（或影响）上一层的每个因素的同一层诸因素进行两两比较，比较其对于准则的重要程度，并按事前规定的标度定量化，建立判断矩阵。如果某一层次元素 C_k 对其下一层次元素 $a_1, a_2, \cdots, a_n$ 有支配作用，则决策人员把其作为准则，对受其支配的任意两个元素 a_i、a_j 之间的相对重要性作出比较。

根据统一的 Saaty 判断矩阵标准度表（表 3-2），对各层因素两两间进行量化比较，形成判断矩阵。

1～9 级标准度的含义 表 3-2

标度	含义
1	表示 2 个元素相比，具有同样重要性
3	表示 2 个元素相比，前者比后者稍重要
5	表示 2 个元素相比，前者比后者明显重要
7	表示 2 个元素相比，前者比后者强烈重要
9	表示 2 个元素相比，前者比后者极端重要
2,4,6,8	表示上述相邻判断的中间值
倒数	若元素 a_i 与元素 a_j 的重要性之比为 A_i，那么元素 a_j 与元素 a_i 的重要性之比为 $A_j = 1/A_i$

（3）计算权向量。

一般来讲，在 AHP 法中计算判断矩阵的最大特征值与特征向量，并不需要很高的精度，故用近似法计算即可。对每一个成对比较矩阵，可以利用求和法计算最大特征根及对应的特征向量：

①对成对比较矩阵 $\boldsymbol{A}$ 的每一列向量进行归一化,得:

$$\varpi_{ij} = \frac{a_{ij}}{\sum_{i=1}^{n} a_{ij}} \tag{3-1}$$

②对 ϖ_{ij} 按行求和,得 $\varpi_i = \sum_{j=1}^{n} \varpi_{ij}$。

③将 ϖ_i 归一化,$\omega_i = \varpi_i / \sum_{j=1}^{n} \varpi_j$,所得 $\varpi = (\omega_1, \omega_2, \cdots, \omega_n)^{\mathrm{T}}$ 即近似特征向量,这也是各因素的相对权重。

④计算 $\lambda = 1/n \sum_{i=1}^{n} \frac{(\boldsymbol{A}\varpi)_i}{\varpi_i}$,作为最大特征根的近似值,其中,$(\boldsymbol{A}\varpi)_i$ 为向量 $\boldsymbol{A}\varpi$ 的第 i 个元素。

(4)计算判断矩阵一致性指标,检验其一致性。

对矩阵按式(3-2)进行一致性检验:

$$R_{\mathrm{C}} = \frac{I_{\mathrm{C}}}{I_{\mathrm{R}}} \tag{3-2}$$

$$I_{\mathrm{C}} = \frac{\lambda_{\max} - n}{n - 1} \tag{3-3}$$

式中:R_{C}——一致性比率,当 $R_{\mathrm{C}} < 0.1$ 时,认为不一致程度在容许范围之内;

$\lambda_{\max}$——一致性矩阵的最大特征根;

n——成对比较的因子个数;

I_{C}——一致性特征数;

I_{R}——随机一致性指标,其值由表 3-3 确定。

随机一致性指标 I_{R} 值 表 3-3

n	1	2	3	4	5	6	7	8	9	10	11
I_{R}	0	0	0.58	0.9	1.12	1.24	1.32	1.41	1.45	1.49	1.51

3.1.2.3 影响抗滑桩土坡稳定性因素层次分析及其权重的确定

1)构建层次分析的判断矩阵

根据表 3-1,构造各层次的判断矩阵。判断矩阵元素的值是根据许多知名专家及课题组二十几年的工作经验对指标的评价意见,通过采用 1 ~ 9 及其倒数的标度方法两两进行比较而被确定的。

(1)对于目标 A 构造的各准则 B 的相对重要性判断矩阵 $\boldsymbol{A}-\boldsymbol{B}$ 见表 3-4。

(2)同理,构造 C 对 B 的判断矩阵计算权重,见表 3-5 ~ 表 3-9。

判断矩阵 $A-B$ 及其特征向量　表 3-4

A	B_1	B_2	B_3	B_4	B_5	B_6	ω_A
B_1	1	1	5	9	6	9	0.384
B_2	1	1	5	9	6	9	0.384
B_3	1/5	1/5	1	9/5	6/5	9/5	0.077
B_4	1/9	1/9	5/9	1	2/3	1	0.043
B_5	1/6	1/6	6/5	3/2	1	3/2	0.069
B_6	1/9	1/9	5/9	1	2/3	1	0.043

判断矩阵 B_1-C 及其特征向量　表 3-5

B_1	C_1	C_2	ω_{B1}
C_1	1	4	0.8
C_2	1/4	1	0.2

判断矩阵 B_2-C 及其特征向量　表 3-6

B_2	C_4	C_5	C_6	ω_{B2}
C_3	1	4	1	0.444
C_4	1/4	1	1/4	0.112
C_5	1	4	1	0.444

判断矩阵 B_3-C 及其特征向量　表 3-7

B_3	C_7	C_8	C_9	C_{10}	C_{11}	ω_{B3}
C_6	1	1/4	1/9	1	1	0.0625
C_7	4	1	4/9	4	4	0.25
C_8	9	9/4	1	9	9	0.563
C_9	1	1/4	1/9	1	1	0.0625
C_{10}	1	1/4	1/9	1	1	0.0625

判断矩阵 B_4-C 及其特征向量　表 3-8

B_4	C_9	C_{10}	ω_{B4}
C_{11}	1	1	0.5
C_{12}	1	1	0.5

判断矩阵 B_6-C 及其特征向量　　表 3-9

B_6	C_{11}	C_{12}	ω_{B6}
C_{14}	1	1	0.5
C_{15}	1	1	0.5

(3)根据上述计算结果,计算最后的总权重,并据此总排序,结果详见表 3-10。

各因素权重总排序　　表 3-10

因素	权重值	总排序	因素	权重值	总排序
C_1	0.307	1	C_9	0.005	13
C_2	0.077	4	C_{10}	0.005	13
C_3	0.171	2	C_{11}	0.021	8
C_4	0.043	7	C_{12}	0.021	8
C_5	0.171	2	C_{13}	0.069	5
C_6	0.005	13	C_{14}	0.021	8
C_7	0.019	12	C_{15}	0.021	8
C_8	0.044	6			

2)一致性检验

(1)先做单排序检验。因为一阶、二阶矩阵总是一致的,所以只需对 $\boldsymbol{A}-\boldsymbol{B}$、$\boldsymbol{B}_2-\boldsymbol{C}$和 $\boldsymbol{B}_3-\boldsymbol{C}$ 判断矩阵进行检验。

①对 $\boldsymbol{A}-\boldsymbol{B}$ 矩阵进行计算,得:

$$\boldsymbol{A}\omega_{\mathrm{A}}=\begin{bmatrix}1&1&5&9&6&9\\1&1&5&9&6&9\\1/5&1/5&1&9/5&6/5&9/5\\1/9&1/9&5/9&1&2/3&1\\1/6&1/6&6/5&3/2&1&3/2\\1/9&1/9&5/9&1&2/3&1\end{bmatrix}\begin{bmatrix}0.384\\0.384\\0.077\\0.043\\0.069\\0.043\end{bmatrix}=\begin{bmatrix}2.341\\2.341\\0.468\\0.260\\0.418\\0.260\end{bmatrix}$$

于是,$\lambda_{\max}=\dfrac{1}{n}\sum_{i=1}^{n}\dfrac{(\boldsymbol{A}\omega_{\mathrm{A}})_i}{\omega_{\mathrm{A}i}}=6.07$;$I_{\mathrm{B}}=\dfrac{\lambda_{\max}-n}{n-1}=0.014$。

由表 3-3 可知,$I_{\mathrm{R1}}=1.24$,则 $R_{\mathrm{B}}=I_{\mathrm{B}}/I_{\mathrm{R}_1}=0.011<0.1$,不一致程度在容许范围

之内。

②对 $\boldsymbol{B}_2-\boldsymbol{C}$ 矩阵进行计算，得：

$$\boldsymbol{B}_2\boldsymbol{\omega}_{\mathrm{B}_2}=\begin{bmatrix}1 & 4 & 1\\ 1/4 & 1 & 1/4\\ 1 & 4 & 1\end{bmatrix}\begin{bmatrix}0.444\\ 0.112\\ 0.444\end{bmatrix}=\begin{bmatrix}1.336\\ 0.334\\ 1.336\end{bmatrix}$$

于是，$\lambda_{\max}=\dfrac{1}{n}\sum\limits_{i=1}^{n}\dfrac{(\boldsymbol{B}_2\boldsymbol{\omega}_{\mathrm{B}_2})_i}{\boldsymbol{\omega}_{\mathrm{B}_2 i}}=3.00005$；

$I_{\mathrm{C}_2}=(\lambda_{\max}-n)/(n-1)=0.00003$。

由表3-3可知，$I_{\mathrm{R}_2}=0.58$。则 $R_{\mathrm{C}_5}=I_{\mathrm{C}_2}/I_{\mathrm{R}_2}=0.00005<0.1$，不一致程度在容许范围之内。

③对 $\boldsymbol{B}_3-\boldsymbol{C}$ 矩阵进行计算，得：

$$\boldsymbol{B}_3\boldsymbol{\omega}_{\mathrm{B}_3}=\begin{bmatrix}1 & 1/4 & 1/9 & 1 & 1\\ 4 & 1 & 4/9 & 4 & 4\\ 9 & 9/4 & 1 & 9 & 9\\ 1 & 1/4 & 1/9 & 1 & 1\\ 1 & 1/4 & 1/9 & 1 & 1\end{bmatrix}\begin{bmatrix}0.0625\\ 0.25\\ 0.5625\\ 0.0625\\ 0.0625\end{bmatrix}=\begin{bmatrix}0.3125\\ 1.25\\ 2.8125\\ 0.3125\\ 0.3125\end{bmatrix}$$

于是，$\lambda_{\max}=\dfrac{1}{n}\sum\limits_{i=1}^{n}\dfrac{(\boldsymbol{B}_3\boldsymbol{\omega}_{\mathrm{B}_3})_i}{\boldsymbol{\omega}_{\mathrm{B}_3 i}}=5$；$I_{\mathrm{C}_3}=\dfrac{\lambda_{\max}-n}{n-1}=0$。

由表3-3可知，$I_{\mathrm{R}_1}=1.12$。则 $R_{\mathrm{C}_3}=I_{\mathrm{C}_3}/I_{\mathrm{R}_1}=0<0.1$，不一致程度在容许范围之内。

(2)再作总排序检验。因

$$I_{\mathrm{C}_{总}}=\sum_{i=1}^{n}\omega_{\mathrm{C}_i}I_{\mathrm{C}_i}=0.000012$$

$$I_{\mathrm{R}_{总}}=\sum_{i=1}^{n}\omega_{\mathrm{C}_i}I_{\mathrm{R}_i}=0.2233$$

则，$\boldsymbol{C}_{\mathrm{R}_{总}}=I_{\mathrm{D}_{总}}/I_{\mathrm{R}_{总}}=0.00005<0.1$。所以，一致性检验通过。

3.1.2.4　影响抗滑桩土坡稳定性的主要因素及排序

根据上述分析结果，在抗滑桩土坡稳定性影响因素的分析评价中，按照权重由大到小，可以作出如下的排序：桩间距、土体渗透特性、岩土物理力学性质、抗滑桩嵌固或锚固深度、降雨、边坡坡度、土体流变性、地下水位及其变动幅度和地下水的补给、径流和排泄条件、植被类型、植被发育程度、边坡高度、山坡形状、山脊山顶的形状和山脊山顶的宽度等。其中，桩间距的权重最大，为0.307；而桩间距、土体渗透特性、岩土物理力学性质、抗滑桩嵌固或锚固深度等权重大于0.05的5个因素

对抗滑桩土坡稳定性的影响较大,是影响抗滑桩土坡稳定性的主要因素,它们的权重之和是0.795,占全部因素的79.5%,这与国内外抗滑桩土坡稳定性评价的经验相符。

因此,层次分析法作为一种将定性问题转化为定量计算的系统分析与决策方法,适用于难以完全用定量进行分析的复杂问题,具有简捷、灵活、实用等特点,可以为客观、较为准确、定量地进行抗滑桩土坡稳定性影响因素的评价提供可资借鉴的方法,为制订抗滑桩土坡失稳的处置及防治对策提供了科学依据。

3.2 抗滑桩土坡数值分析中的几个问题

抗滑桩是一种大截面、侧向受荷的排桩或桩群,它穿过滑体锚入滑床以下一定深度,借助与桩周岩土的共同作用,将滑坡推力传递到稳定地层,其抗滑机理体现于桩、滑体与滑床三者间的相互协调工作。几十年来,许多学者针对抗滑桩开展了大量的研究工作,综合现有的文献成果,大体上可分为三类:①理论分析,通过建立相应的数学或物理模型,研究土体侧向移动对抗滑桩的影响;②数值模拟,主要利用有限元法或有限差分法,建立二维或三维数值计算模型,研究桩土相互作用下,桩身变形与内力分布、桩周土体应力和变形情况;③试验研究,通过室内小比尺物理模型与离心机试验等,直观地研究桩土相互作用及抗滑桩工作性能。

在这三类研究工作中,数值分析方法得到了快速发展并被广泛关注,特别是基于强度折减技术的有限元或有限差分法,为抗滑桩加固边坡的数值模拟注入了新的活力。然而,通过综合分析文献资料可知,抗滑桩数值分析中仍有几个问题有待明晰,如抗滑桩计算模型尺度、桩底接触模式、加固位置、适宜桩长、桩间距与桩径比、桩头约束条件及临界滑动面等。为此,利用考虑桩-土-边坡相互作用的强度折减有限元方法,结合典型算例,开展了抗滑桩土坡的三维数值分析,着重研究了抗滑桩-边坡体系的计算模型尺度、设桩位置、桩间距与桩径比、桩长与桩底接触模式等因素对边坡安全系数及临界滑动面的影响,以及不同桩头约束下抗滑桩内力分布等,以期为抗滑桩工程设计及规范修订提供参考。

3.2.1 强度折减有限元法

基于大型有限元商业软件平台进行有限元强度折减计算,边坡土体采用服从Mohr-Coulomb破坏准则与非关联流动法则的理想弹塑性本构模型。抗滑桩被视为理想线弹性体,桩土间采用接触相互作用,摩擦系数取0.3,约为$\tan(0.75\varphi)$。以数值迭代不收敛并结合坡面特征点位移陡增作为边坡失稳判据,即在此时的强度折减系数为边坡稳定安全系数。强度折减计算中，折减后的强度参数表达为：

$$c'_{\mathrm{k}} = \frac{c'}{S_{\mathrm{RF}}} \tag{3-4}$$

$$\varphi'_{\mathrm{k}} = \arctan\left(\frac{\tan\varphi'}{S_{\mathrm{RF}}}\right) \tag{3-5}$$

式中：c'、φ'——土体的实际抗剪强度参数；

c'_{k}、φ'_{k}——土体在计算中发挥的抗剪强度参数；

S_{RF}——强度折减系数。

引用文献中的典型边坡算例，其桩-边坡模型如图3-1所示，有关参数如下：边坡坡度为1∶1.5，坡高为10m，坡后缘为15m，地基深度为10m；抗滑桩距坡脚的水平距离 $L_{\mathrm{x}}=7.5\mathrm{m}$，桩径 $D=1.0\mathrm{m}$，桩长 $L_1=13.0\mathrm{m}$（桩底采用接触模式），桩长 $L_2=15.3\mathrm{m}$（桩底采用约束模式），桩间距 $S=3.0\mathrm{m}$，土体与抗滑桩的材料参数见表3-11。

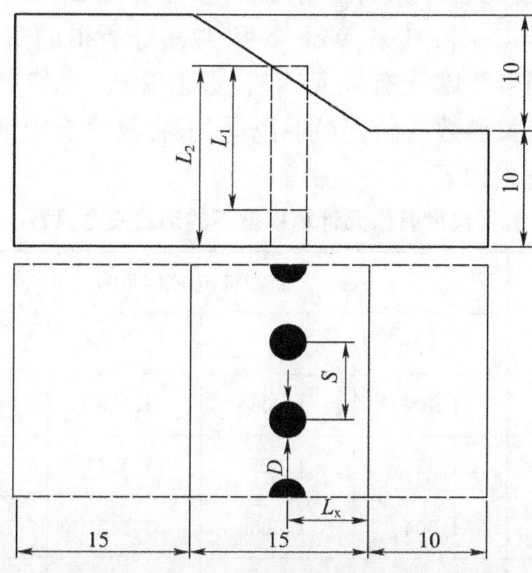

图3-1　抗滑桩-边坡模型的侧面、平面图（尺寸单位：m）

抗滑桩-边坡土性参数　　表3-11

材料参数	重度 γ（kN/m³）	黏聚力 c（kPa）	内摩擦角 φ（°）	剪胀角 Ψ（°）	变形模量 E（MPa）	泊松比 ν
土	20	10	20	0	20	0.25
桩	24	—	—	—	30000	0.20

3.2.2 抗滑桩-边坡计算模型尺度问题

针对当前抗滑桩加固三维边坡数值计算中桩-边坡体系计算模型尺度选择的问题，这里建立单桩取半、单桩、双桩取半、双桩、单桩加双桩取半五种尺度有限元计算模型。其中数字①~⑤表示抗滑桩-边坡计算模型尺度（宽度）不同，依次代表单桩取半（计算模型宽度为0.5S，桩取半桩）、单桩（计算模型宽度为S，桩取全桩）、双桩取半（计算模型宽度为S，桩取两个半桩）、双桩（计算模型宽度为2S，桩取两个全桩）、单桩加双桩取半（计算模型宽度为2S，桩取两个半桩加一个全桩）。为了减小接触面单元的病态条件，抗滑桩周围土体采用较细的网格形式，土与桩的单元形式皆采用六面体单元。所有模型采用统一的边界条件，即边坡两侧面z方向水平位移约束，前后两面x方向水平位移约束，底面x、y、z方向全约束。

利用强度折减有限元法计算加固前边坡（模型宽度z=3.0~16.0m）的安全系数为1.208~1.212，与Cai和Ugai、Won等和Wei等所得的安全系数1.13~1.20基本一致，微小的差别可能缘于有限元网格、数值算法、失稳判据等因素。考虑采用抗滑桩加固方案，有关参数同前，分别计算了五种尺度有限元模型下的边坡安全系数，所得结果列于表3-12。

五种尺度有限元计算模型下的边坡安全系数 表3-12

桩间距比 S/D	桩长 L_p(m)	抗滑桩-边坡体系的安全系数 FOS				
		1	2	3	4	5
3	13.0	1.409	1.408	1.406	1.419	1.40
	15.3	1.521	1.505	1.507	1.506	1.506
6	13.0	1.304	1.308	1.312	1.312	1.306
	15.3	1.315	1.313	1.318	1.313	1.315

分析表3-12可知，当桩间距与桩径之比S/D和桩长L_p一定时，五种尺度计算模型所得边坡的安全系数基本相同，相对误差不超过3%，说明在计算桩-边坡体系安全系数时，有限元计算模型尺度取0.5S、S（两个半桩或全桩）和2S（两个全桩或两个半桩加一个全桩），所得安全系数并无差异；所不同的是，在网格大小划分一致的情况下，桩-边坡体系计算模型尺度取0.5S时计算工作量将大大减少，这在很大程度上提高三维数值计算的效率。

为进一步验证上述结论的正确性，将抗滑桩的弹性模量调整为30000MPa，土的变形模量调整为100MPa，计算桩间距 S 为3.0m，桩径 D 为0.8m和1.0m时的桩-边坡体系安全系数，所得结果列于表3-13。

修改材料参数后桩-边坡体系的安全系数 表3-13

桩间距比 $S/D=3$	桩长 L_p(m)	抗滑桩-边坡体系的安全系数 FOS				
		1	2	3	4	5
$D=1.0$m	13.0（桩底接触）	1.407	1.398	1.399	1.395	1.380
$D=1.0$m	13.0（桩底固定）	1.536	1.528	1.538	1.511	1.537
$D=1.0$m	15.3	1.547	1.532	1.552	1.534	1.522
$D=0.8$m	15.3	1.530	1.532	1.544	1.534	1.520

分析表3-13同样可以得出前述结论，即五种尺度计算模型在相同参数条件下所得加固边坡的安全系数相同。同时也注意到，当桩径为 $D=0.8$m 时，桩加固边坡的安全系数为1.530，与Wei等利用有限差分法所得结果1.62基本一致，从而验证了上述方法的可行性。

此外，分析表3-13还可发现，不同的桩底接触模式（接触与固定模式）对抗滑桩加固边坡的安全系数有一定的影响，固定模式下的安全系数明显大于接触模式；对比表3-12与表3-13可知，提高桩与土的弹性模量，边坡的安全系数也在一定程度上得到改善，桩的抗弯刚度增加，一定程度上增强了抗滑效果。

3.2.3 最佳设桩位置问题

利用前述边坡算例，取桩间距 S 分别为3.0m、4.0m和5.0m，改变抗滑桩在坡体中的位置，使 L_x 从0变化到15.0m，所得安全系数随 L_x 与坡面水平长度 L 比值的变化曲线，如图3-2所示。分析这三条曲线，当设桩于 $L_x=7.5$m 处即坡中位置时，桩-边坡体系获得最大的安全系数；当设桩于坡顶或坡脚处时，安全系数略高于无桩状态，但提高幅度不显著。进一步采用二次抛物线对三条曲线进行拟合，得到相应的抛物线方程，如图3-2所示，其对称轴位于 $L_x/L=0.5$ 处，说明在该处边坡加固效果最好；当桩间距比 S/D 较小时（图中 $S/D=3$）抛物线开口较小，不同设桩位置处的安全系数明显高于桩间距比 S/D 为4和5时的情况（抛物线趋于平缓），说明桩间距比影响着加固边坡的安全系数。

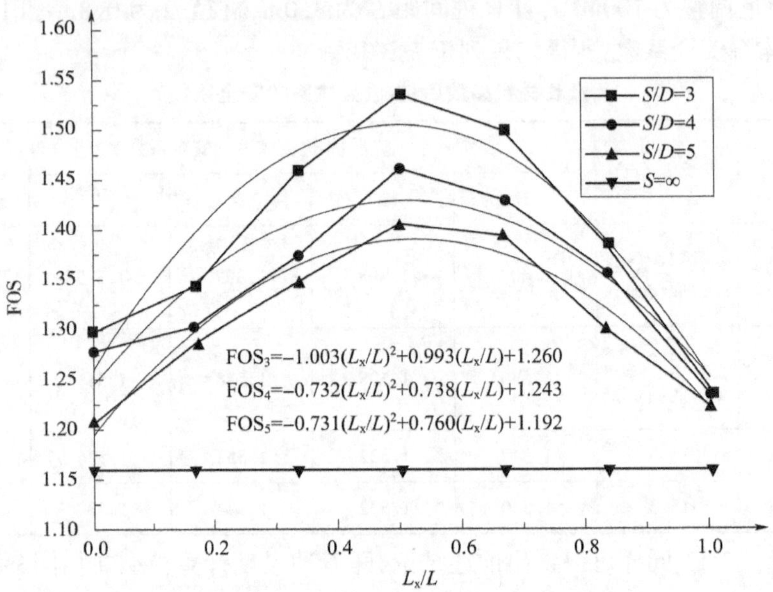

图 3-2 安全系数随桩加固位置的变化曲线

图 3-3 显示了抗滑桩不同加固位置的边坡临界滑动面。对比分析可知，当抗滑桩位于边坡中部时，其滑裂面以桩为界被分为前后两个部分，起到了最有效的阻滑作用，这与无桩状态下临界滑裂面反映出的边坡中部出现高应变区是一致的；而设桩于坡顶与坡脚附近时，滑裂面基本为一条圆弧形的曲面，抗滑桩的阻滑作用并不明显。

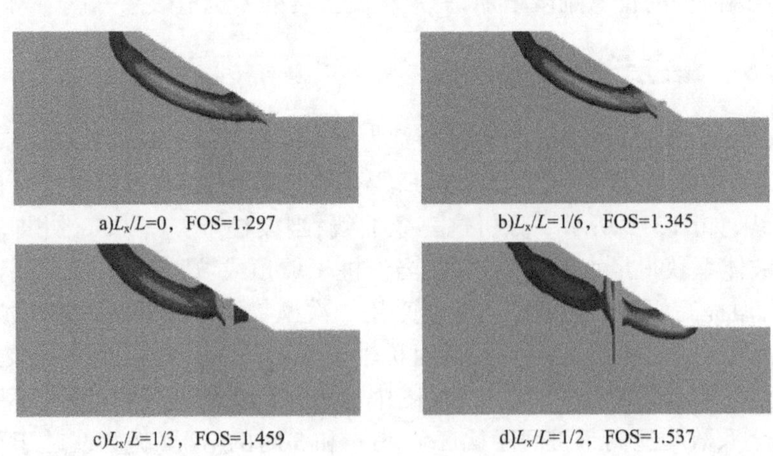

a) $L_x/L=0$，FOS=1.297　b) $L_x/L=1/6$，FOS=1.345

c) $L_x/L=1/3$，FOS=1.459　d) $L_x/L=1/2$，FOS=1.537

图 3-3

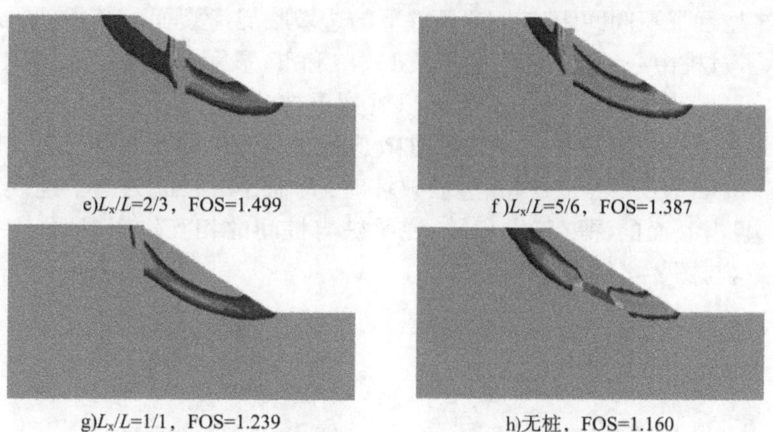

e)L_x/L=2/3，FOS=1.499　　f)L_x/L=5/6，FOS=1.387

g)L_x/L=1/1，FOS=1.239　　h)无桩，FOS=1.160

图 3-3　不同设桩位置边坡的临界滑裂面

3.2.4　合理桩间距与桩径比问题

仍采用前述算例参数，改变桩间距 S 的值，得到不同桩间距与桩径比 S/D（以下简称间距比）条件下边坡的安全系数变化曲线，如图 3-4 所示。随着间距比 S/D 增大，安全系数逐渐减小并趋于无桩状态；当 $S/D \leqslant 6$ 时，边坡安全系数随间距比 S/D 增大而大幅度减小，这说明抗滑桩的群桩效应在快速减弱；当 $S/D > 6$ 时，随着 S/D 增加，边坡安全系数小幅下降并趋于无桩状态，这反映了群桩效应已不明显，只有单桩在起阻滑作用。

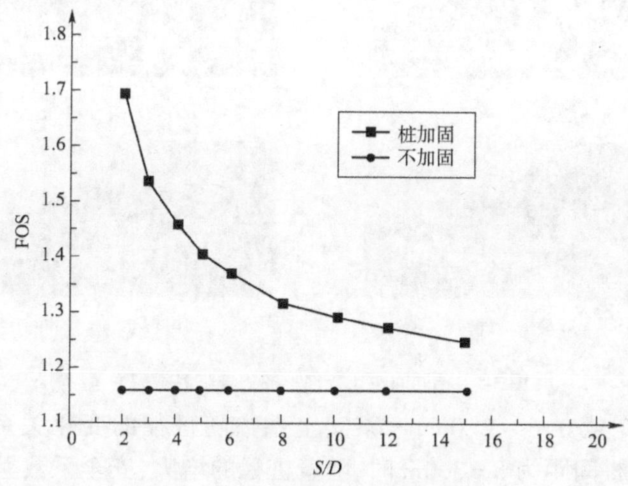

图 3-4　安全系数随桩间距比变化曲线

图 3-5 显示了不同间距比 S/D 条件下的边坡临界滑裂面。其中，图 a)、c)、e) 和 g) 显示了过桩中心线的截面，图 b)、d)、f) 和 h) 显示了两桩之间的中心截面。分析图 b) 可知，当 $S/D=2$ 时，滑裂面以桩为界被分为前后两个部分，此时抗滑桩发挥了挡墙的功效；当 $S/D=4$ 时，群桩效应已发挥，桩间有土拱产生，如图 d) 所示；而图 f) 和 h) 表明，当 $S/D \geqslant 6$ 边坡破坏时，其临界滑裂面为一个连续贯通的圆弧形曲面，且滑裂面的深度基本相同，说明桩与桩间的相互作用减弱，土拱效应已接近消失，这与图 3-4 结果是一致的。

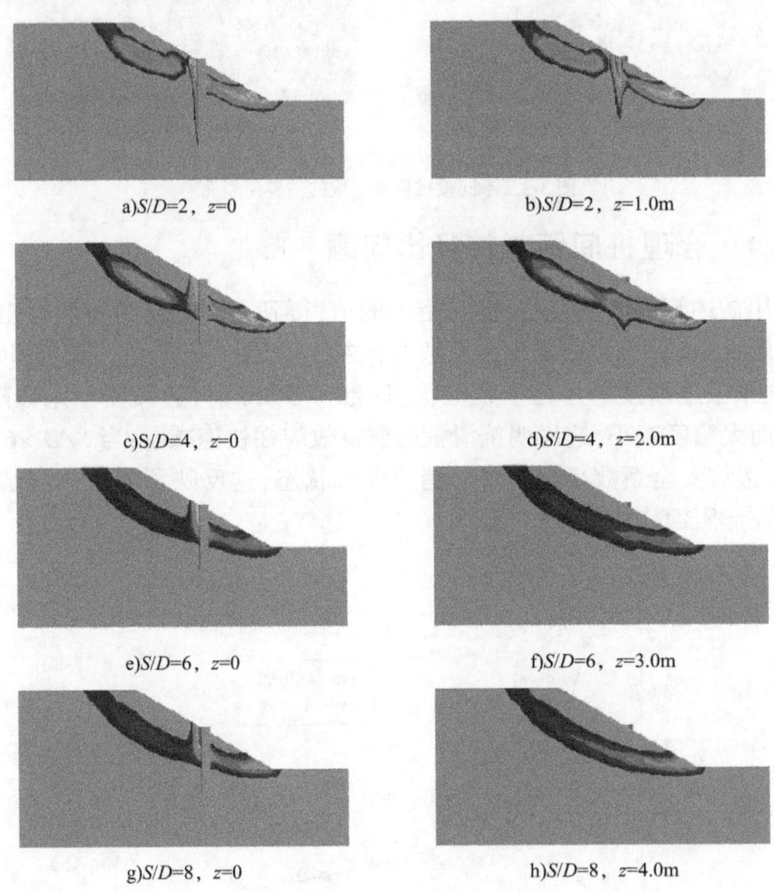

图 3-5 不同间距比条件下的边坡临界滑裂面

变化桩径 D 从 0.6～2.0m，考察安全系数随桩径的变化关系，所得曲线如图 3-6所示。当桩间距为 $S=3.0$m 时，随着桩径的增大，安全系数呈线性增长。间距比 S/D 不变时，桩径在 0.6～2.0m 的范围内变化（不考虑弹性模量的变化）所得安全系数基本相同，说明抗滑桩加固边坡工程，根据预期的安全系数，桩间距与桩径有多种可供选择方案。

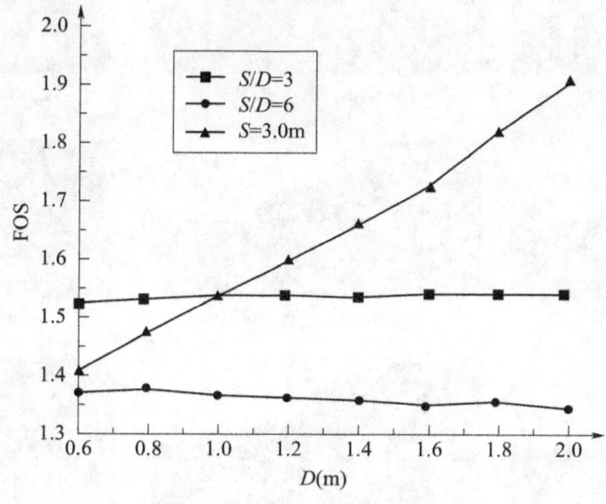

图 3-6　安全系数随桩径变化曲线

3.2.5　合理桩长问题

采用算例参数，考察桩长 L_p 在 4.3 ~ 15.3m 范围内变化时边坡的安全系数，所得结果绘于图 3-7。分析可知，随着桩长的增加，边坡的安全系数不断增大；当桩长 $4.3 \leqslant L_p \leqslant 7.3$m 时，安全系数变化曲线基本为线性关系；而当 $L_p > 7.3$m 时，曲线斜率变大，边坡安全系数提高显著；但当桩长小于 4.3m 时已无法改善边坡的稳定性，因为此时桩长小于临界滑动面深度，这从图 3-8 中（扫码看彩色图）$h_c = 4.3$m 可反映出来。

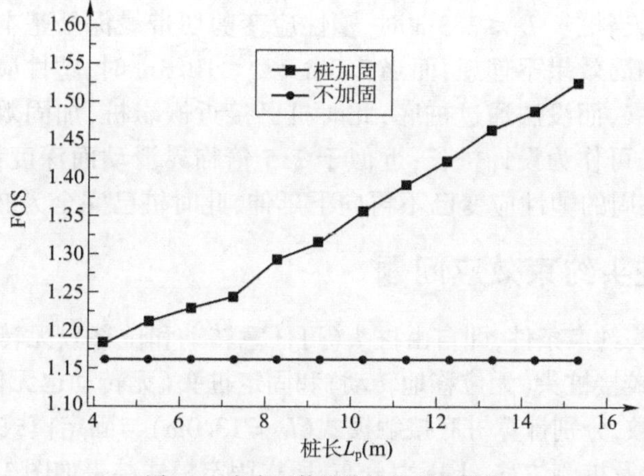

图 3-7　安全系数随桩长的变化曲线

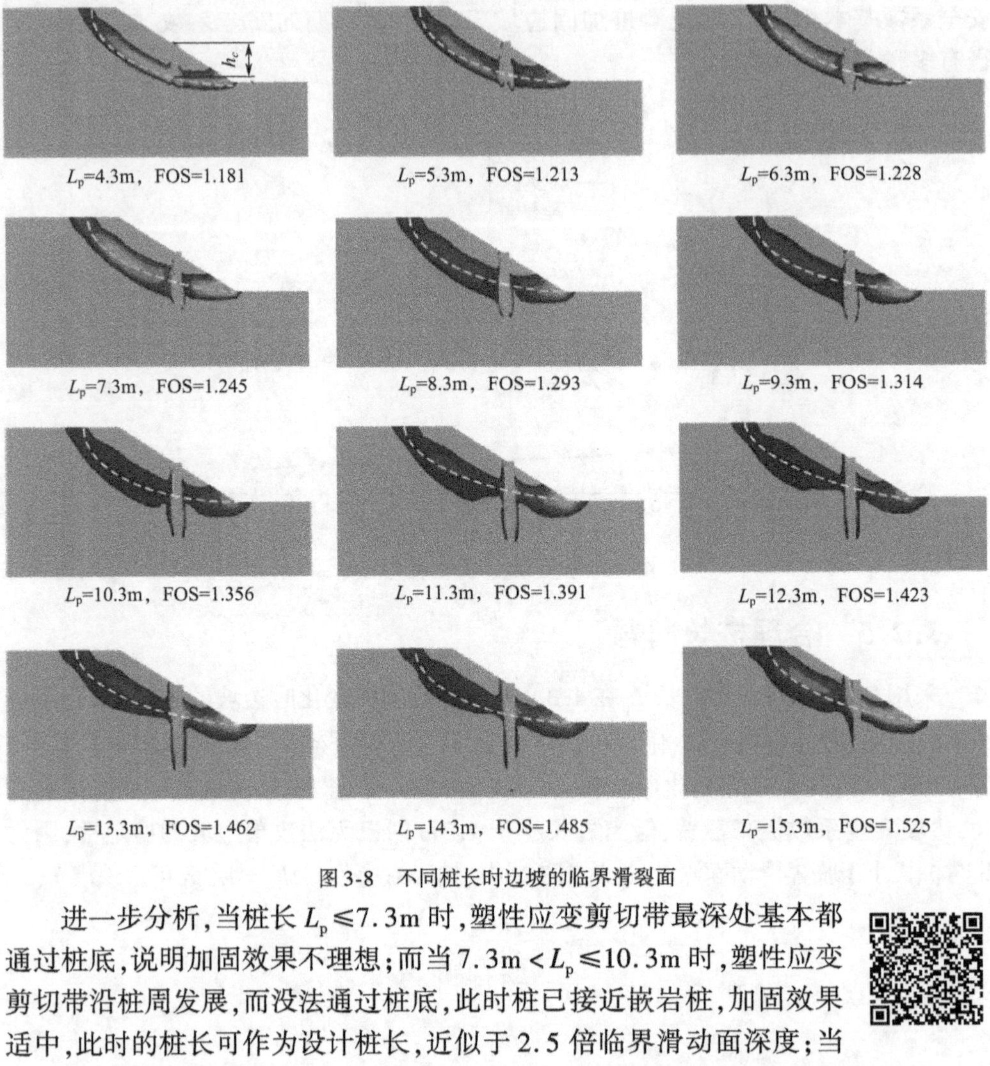

L_p=4.3m，FOS=1.181　　L_p=5.3m，FOS=1.213　　L_p=6.3m，FOS=1.228

L_p=7.3m，FOS=1.245　　L_p=8.3m，FOS=1.293　　L_p=9.3m，FOS=1.314

L_p=10.3m，FOS=1.356　　L_p=11.3m，FOS=1.391　　L_p=12.3m，FOS=1.423

L_p=13.3m，FOS=1.462　　L_p=14.3m，FOS=1.485　　L_p=15.3m，FOS=1.525

图 3-8　不同桩长时边坡的临界滑裂面

进一步分析，当桩长 $L_p \leqslant 7.3\text{m}$ 时，塑性应变剪切带最深处基本都通过桩底，说明加固效果不理想；而当 $7.3\text{m} < L_p \leqslant 10.3\text{m}$ 时，塑性应变剪切带沿桩周发展，而没法通过桩底，此时桩已接近嵌岩桩，加固效果适中，此时的桩长可作为设计桩长，近似于2.5倍临界滑动面深度；当 $L_p > 10.3\text{m}$ 时，桩周的塑性应变已不再向下延伸，此时桩已完全为嵌岩桩。

3.2.6　桩头约束效应问题

考虑四种桩头约束条件，即自由桩头（可任意转动和位移）、无转动桩头（可无转动地发生位移）、铰接桩头（无位移地转动）和固定桩头（无转动也无位移），利用算例边坡中的桩土参数，分别计算桩底接触模式（$L_p = 13.0\text{m}$）与固定模式（$L_p = 15.3\text{m}$）下的桩身弯矩、剪力及桩侧位移、土压力分布，所得固定模式结果如图 3-9 所示。

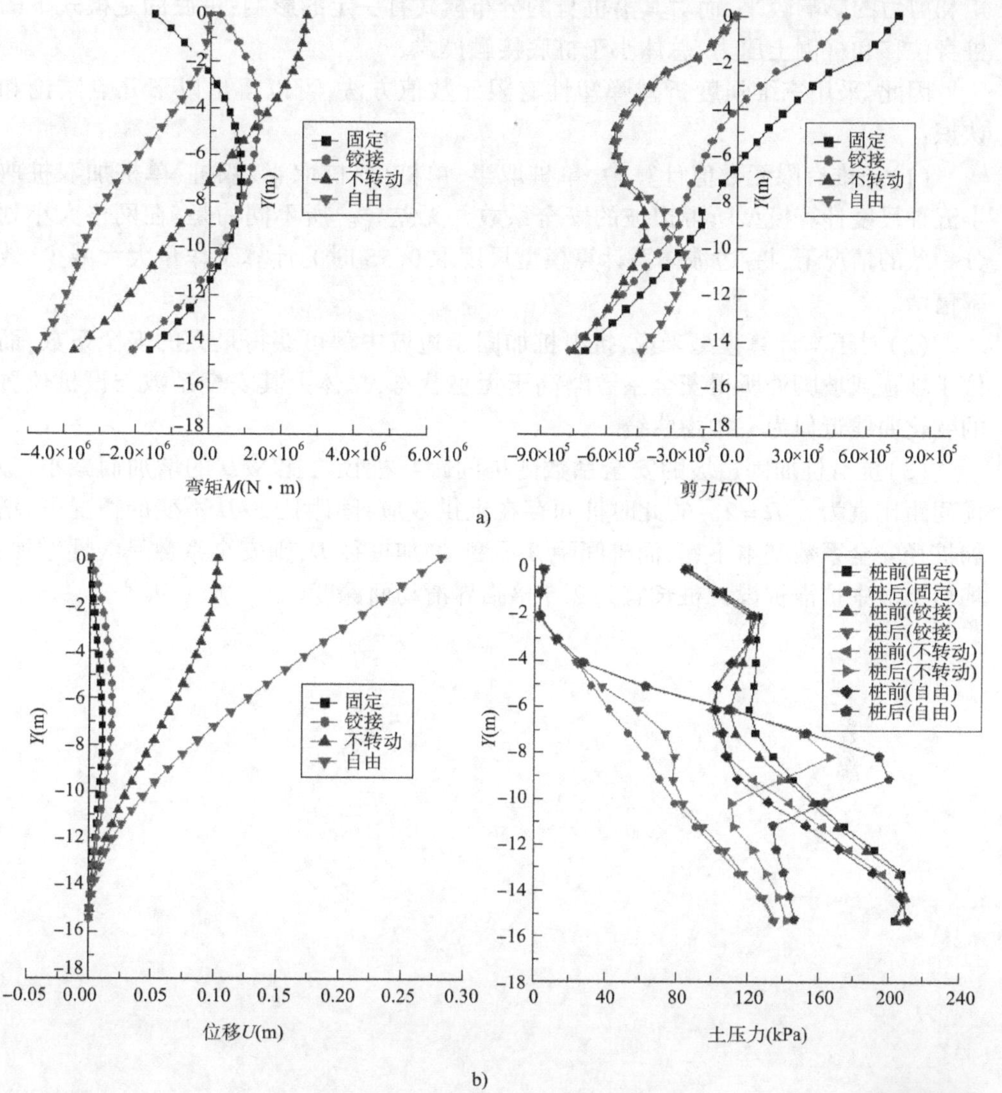

a)

b)

图 3-9　桩底固定模式下的桩身内力及变位

从图 3-9 可知(扫码看彩色图),铰接和固定桩头条件下桩身的弯矩较小,在 8.0m 以下桩身弯矩分布更小(嵌岩段),表明约束桩头位移能有效减小桩身弯矩,并使之分布趋于合理,充分发挥抗滑潜力;而不转动和自由桩头条件下的桩身弯矩相对较大。对比两种不同桩底接触模式下的弯矩或剪力图可知,桩底接触模式的选取对桩身最大弯

矩和剪力的影响较小,而对其沿桩身的分布模式有一定的影响;桩底固定模式下的桩身位移和桩侧土压力,总体小于桩底接触模式。

因此,采用三维强度折减弹塑性有限元数值方法,可以得出以下几点结论和认识:

(1)三维有限元数值计算中,单桩取半、单桩、双桩取半、双桩、单桩加双桩取半五种尺度计算模型所得边坡的安全系数并无差异。所不同的是,在网格大小划分一致的情况下,桩-边坡体系计算模型尺度取 $0.5S$ 时的计算工作量大大减少,效率倍增。

(2)对于本计算模型来说,抗滑桩加固于边坡中部可获得最大的安全系数,而位于坡顶或坡脚处所得安全系数略高于无桩状态,总体上其安全系数与设桩位置的变化曲线近似为一抛物曲线。

(3)抗滑桩加固边坡的安全系数随桩间距与桩径之比 S/D 的增加而减小,最优间距比宜为 $S/D=2\sim6$,此时桩间存在土拱效应;间距比 S/D 不变的情况下,增加桩径安全系数基本不变;而桩间距 S 不变,增加桩径 D,则安全系数呈线性增加;均质土坡中抗滑桩设计桩长宜为2.5倍临界滑动面深度。

第4章　有限单元法的弹性抗滑桩内力计算

弹性抗滑桩作为一种有效的边坡加固结构物，广泛应用于实际工程中。因为抗滑桩受到横向作用力而且桩侧土层地基系数随深度变化，所以在理论计算过程中，很难得到其解析解。文献[35]提出了悬臂桩法和地基系数法，这些方法虽然能计算出抗滑桩内力，但需要查找大量的计算表格，计算量比较大。随着电子计算技术的快速发展，各种数值分析的方法也应用于抗滑桩的内力计算。文献[36]~[39]提出了幂级数法、数值积分法、有限差分法、地基反力法和双参数法。其中数值积分法具有一定的有局限性，地基反力法比较复杂，双参数法计算也很复杂，而有限差分法则需要利用滑动面处的连续性条件进行迭代计算。这些方法虽然能准确地计算出抗滑桩的内力，但是对于多层地基土层的情况，这类方法具有一定的局限性。文献[40]提出了矩阵位移法，但是这种方法只适用于"K"形地基。本书基于有限单元法，提出一种新的基于温克尔弹性地基抗滑桩内力计算模式，这种方法不需要滑动面处的连续性条件且能克服差分法的局限性，同时极大地简化了计算，缩短了计算工时，易于掌握，便于工程实际应用。

4.1　理论推导

根据温克尔地基模型假定，抗滑桩桩侧土层可简化为独立的弹性支承，其受力形式和弹性地基梁的受力形式是一致的，所以抗滑桩的内力计算可看作弹性支承梁内力计算。弹性支承刚度系数为 k_i。其受力计算简图如图4-1所示。为便于理论推导，可假定桩身截面抗弯刚度不变，滑动面以上桩身滑坡推力为 $p(y)$，根据不同的工程情况选择不同的受力形式。

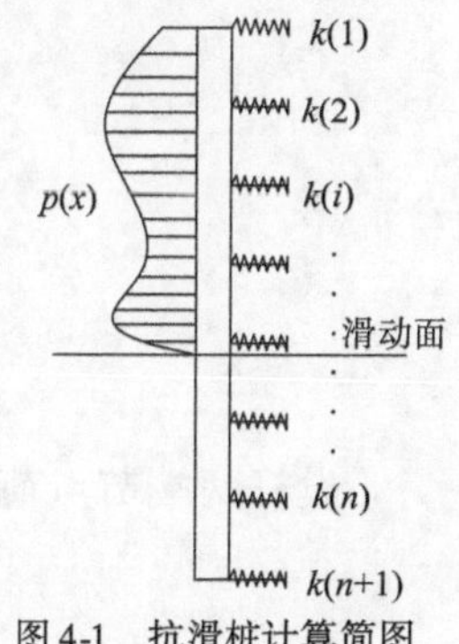

图4-1　抗滑桩计算简图

利用有限单元法并参考文献[42]，首先把抗滑桩拆分成独立的单元，每个单元长度为 l_i 且每个单元含有一个弹性支座，如图4-2所示。沿着抗滑桩各支承点编号 $(1,2,\cdots,n+1)$，共 $n+1$ 个节点。

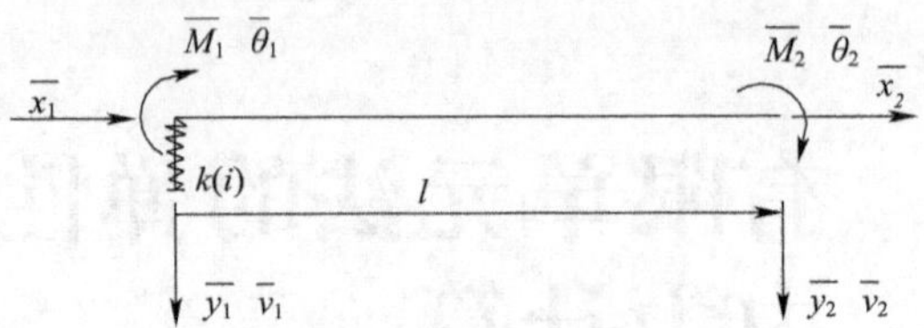

图 4-2　简化单元受力简图

对于一般土层及严重风化的土层，根据文献[43]有：

$$\begin{cases} k_1 = k_{n+1} = \dfrac{mBl^2}{8} \\ k_i = \displaystyle\int_{l_i-0.5l}^{l_i+0.5l} mBx\mathrm{d}x = mB_i l^2 \end{cases} \tag{4-1}$$

式中：k、m——地基系数；

l——划分的单元长度；

B——抗滑桩的计算宽度。

对于抗滑桩忽略其轴向变形和剪切变形，即只有横向位移和转角，即 τ_1、τ_2、x_1、x_2 分别为 0，则可设单元杆端的位移向量为：

$$\overline{\boldsymbol{\Delta}} = [\bar{v}_1 \quad \bar{\theta}_1 \quad \bar{v}_2 \quad \bar{\theta}_2] \tag{4-2}$$

单元杆端力向量为：

$$\overline{\boldsymbol{F}} = [\overline{Y}_1 \quad \overline{M}_1 \quad \overline{Y}_2 \quad \overline{M}_2] \tag{4-3}$$

单元由杆端位移引起的杆内任一点的横向位移为：

$$\bar{v} = \bar{v}_1 N_1 + \bar{\theta}_1 N_2 + \bar{v}_2 N_3 + \bar{\theta}_2 N_4 \tag{4-4}$$

形函数 N_1、N_2、N_3、N_4 如下：

$$\begin{cases} N_1 = 1 - \dfrac{3\bar{x}^2}{l^2} + 2\left(\dfrac{\bar{x}}{l}\right)^3 \\ N_2 = \bar{x}\left(1 - 2\dfrac{\bar{x}}{l^2} + \dfrac{\bar{x}^2}{l^2}\right) \\ N_3 = 3\left(\dfrac{\bar{x}}{l}\right)^2 - 2\left(\dfrac{\bar{x}}{l}\right)^3 \\ N_4 = -\dfrac{\bar{x}}{l}\left(1 - \dfrac{\bar{x}}{l^2}\right) \end{cases} \tag{4-5}$$

设杆两端节点荷载为零，则第 i 单元的总势能为：

$$\overline{U}^{\mathrm{e}} = \int_0^l \frac{1}{2} EI\,(\bar{v}'')^2 \mathrm{d}\bar{x} + \frac{1}{2} k_i \bar{v}_i^2 - \int_0^l p\bar{v}\mathrm{d}\bar{x}$$

将式(4-4)、式(4-5)代入上式,得:

$$\overline{U}^{\mathrm{e}}=\frac{EI}{2}\Big[\frac{12}{l^3}(\overline{v}_1-\overline{v}_2)^2+\frac{12}{l^2}(\overline{v}_1-\overline{v}_2)(\overline{\theta}_1-\overline{\theta}_2)+$$

$$\frac{l}{4}(\overline{\theta}_1^2+\overline{\theta}_2^2+\overline{\theta}_1\overline{\theta}_2)+\frac{1}{2}k_i\overline{v}_i-\int_0^l p\overline{v}\mathrm{d}\overline{x}$$

把上式写成矩阵形式:

$$\overline{U}^{\mathrm{e}}=\frac{1}{2}[\overline{\boldsymbol{\Delta}}]^{\mathrm{eT}}[\overline{\boldsymbol{K}}]^{\mathrm{e}}[\overline{\boldsymbol{\Delta}}]^{\mathrm{e}}-[\overline{\boldsymbol{\Delta}}]^{\mathrm{eT}}[\overline{\boldsymbol{F}}]^{\mathrm{e}} \tag{4-6}$$

等效节点荷载:$[\boldsymbol{F}]^{\mathrm{e}}=\int_0^l p\overline{v}\mathrm{d}\overline{x}$。根据工程简化分析经验,抗滑桩的滑坡推力通常假定为梯形荷载或者三角形荷载。设杆件单元的两端荷载集度分别为 q_1 和 $q_2(q_2>q_1)$,则等效节点荷载写成矩阵形式如下:

$$[\overline{\boldsymbol{F}}]_i^{\mathrm{e}}=\Big[-\frac{(3q_2+7q_1)l}{20}\ -\frac{(2q_2+3q_1)l^2}{60}\ -\frac{(7q_2+3q_1)l}{20}\ \frac{(3q_2+2q_1)l^2}{60}\Big]$$

其中,第 i 单元刚度矩阵为$[\overline{\boldsymbol{K}}]^{\mathrm{e}}$:

$$[\overline{\boldsymbol{K}}]_i^{\mathrm{e}}=\begin{bmatrix}\frac{12EI}{l^3}+k_i & \frac{6EI}{l^2} & \frac{-12EI}{l^3} & \frac{6EI}{l^2}\\ \frac{6EI}{l^2} & \frac{4EI}{l} & -\frac{6EI}{l^2} & \frac{2EI}{l}\\ -\frac{12EI}{l^3} & -\frac{6EI}{l^2} & \frac{12EI}{l^3} & -\frac{6EI}{l^2}\\ \frac{6EI}{l^2} & \frac{2EI}{l} & -\frac{6EI}{l^2} & \frac{4EI}{l}\end{bmatrix} \tag{4-7}$$

式中:k_i——第 i 杆单元顶端弹性支座刚度系数($0<i<n$);

EI——桩的抗弯刚度。

n 单元处具有两个弹性支座,采用类似的方法推导出第 n 单元的刚度矩阵为:

$$[\overline{\boldsymbol{K}}]_n^{\mathrm{e}}=\begin{bmatrix}\frac{12EI}{l^3}+k_n & \frac{6EI}{l^2} & \frac{-12EI}{l^3} & \frac{6EI}{l^2}\\ \frac{6EI}{l^2} & \frac{4EI}{l} & -\frac{6EI}{l^2} & \frac{2EI}{l}\\ -\frac{12EI}{l^3} & -\frac{6EI}{l^2} & \frac{12EI}{l^3}+k_{n+1} & -\frac{6EI}{l^2}\\ \frac{6EI}{l^2} & \frac{2EI}{l} & -\frac{6EI}{l^2} & \frac{4EI}{l}\end{bmatrix} \tag{4-8}$$

叠加各单元势能，由式(4-9)即得抗滑桩势能：

$$U=\sum_{i=1}^{n}U_i^{\mathrm{e}}=\frac{1}{2}[\boldsymbol{\Delta}]^{\mathrm{T}}[\boldsymbol{K}][\boldsymbol{\Delta}]-[\overline{\boldsymbol{\Delta}}]^{\mathrm{T}}[\boldsymbol{F}_{\mathrm{p}}] \tag{4-9}$$

根据极小势能原理$\frac{\partial U}{\partial[\boldsymbol{\Delta}]^{\mathrm{T}}}=0$，得线性方程组：

$$[\boldsymbol{K}][\boldsymbol{\Delta}]=[\boldsymbol{F}_{\mathrm{p}}] \tag{4-10}$$

式中：$[\boldsymbol{\Delta}]$——位移矩阵，$[\boldsymbol{\Delta}]=[Y_1,\theta_1,Y_2,\theta_2,\cdots,Y_{n+1},\theta_{n+1}]$；

$[\boldsymbol{F}_{\mathrm{p}}]$——抗滑桩简化单元两端处等效节点荷载向量，$[\boldsymbol{F}_{\mathrm{p}}]=[F_1,M_1,F_2,M_2,\cdots,F_{n+1},M_{n+1}]$，其由$-[\overline{\boldsymbol{F}}]^{\mathrm{e}}$集总而成，具体可参照结构力学知识。

$[\boldsymbol{K}]$总刚度矩阵由其单元刚度矩阵集总而成，即$[\boldsymbol{K}]=\sum_{i=1}^{n+1}[\overline{\boldsymbol{K}}]$。由式(4-7)、式(4-8)可知，总刚度矩阵包含弹性支座刚度。由总刚度矩阵可知，简化的弹性支座只影响其对应点处的横向位移。形成总刚度矩阵时，只需在对应的主对角刚度系数矩阵中加上相应的弹簧刚度系数即可。

由线性方程组式(4-10)可计算出弹性支座处的广义位移矩阵$[\boldsymbol{\Delta}]$，则抗滑桩各杆单元杆端内力为：

$$[\overline{\boldsymbol{F}}]^{\mathrm{e}}=[\overline{\boldsymbol{K}}]^{\mathrm{e}}[\overline{\boldsymbol{\Delta}}]^{\mathrm{e}}+[\overline{\boldsymbol{F}}_{\mathrm{P}}]^{\mathrm{e}} \tag{4-11}$$

对于滑动面上下土层力学性质不一致的抗滑桩，应考虑抗滑桩的连续性，将其划分成 n 段。假定抗滑桩每段深度为 h_i，则在第 i 层划分的单元长度为 Δh_i，将划分的各单元长度代入式(4-7)、式(4-8)中，并集成总刚度矩阵，再利用线性方程组(4-10)即可求出各点的位移和转角。

4.2 桩身最大弯矩的计算

在实际的工程中，要检验桩的截面强度和进行配筋计算以及验算桩周土层强度，所以一般要求求出抗滑桩的最大弯矩。由工程经验可知，抗滑桩的最大弯矩一般在滑动面以下，将单元位移矩阵代入位移基本方程：

$$[\overline{\boldsymbol{F}}]^{\mathrm{e}}=[\overline{\boldsymbol{K}}]^{\mathrm{e}}[\overline{\boldsymbol{\Delta}}]^{\mathrm{e}} \tag{4-12}$$

将式(4-12)展开得：

$$M_i=EI\left(-\frac{6}{l^2}v_i+\frac{4}{l}\varphi_i+\frac{6}{l^2}v_{i+1}+\frac{2}{l}\varphi_{i+1}\right) \tag{4-13}$$

为了保证第 i 点处弯矩最大，需满足条件：

$$M_i\geqslant M_{i-1}\text{和}M_i\geqslant M_{i+1}$$

把式(4-12)代入上式得：

$$M_i - M_{i-1} = EI\left[-\frac{6}{l^2}(v_i - v_{i-1}) + \frac{4}{l}(\varphi_i - \varphi_{i-1}) + \frac{6}{l^2}(v_{i+1} - v_i) + \frac{2}{l}(\varphi_{i+1} - \varphi_i)\right] \geqslant 0 \tag{4-14}$$

式中：v_i、φ_i、v_{i+1}、φ_{i+1}——分别为 i 和 $i+1$ 点的位移和转角。

再将几何条件 $v_{i-1} = v_i + \varphi_i l$ 代入上式，并简化得：

$$2\varphi_i - \varphi_{i-1} - \varphi_{i+1} \geqslant 0 \tag{4-15}$$

同理，由条件 $M_i \geqslant M_{i+1}$ 得出：

$$\varphi_i + 2\varphi_{i+2} - 2\varphi_{i+1} \geqslant 0 \tag{4-16}$$

由此可知，能同时满足式(4-15)、式(4-16)时，i 点处弯矩最大。

4.3 实例计算

本章采用文献[35]中的实例，假定滑动面以上为硬塑性砂黏土，地基系数 $m=4000\text{kN/m}^4$，内摩擦角 $\varphi=35°$，黏聚力 $c=3\ \text{kN/m}^2$；滑动面以下为炭质页岩，地基系数 $K=3\times10^5\ \text{kN/m}^3$，侧壁容许抗压强度$[\sigma]=1500\text{kN/m}^2$；抗滑桩截面尺寸为 $b\times a=2\text{m}\times3\text{m}$，桩间距为8m，抗滑桩总长18m，其中受荷段12m，锚固段6m。桩的弹性模量为 $E=26\times10^7\text{kN/m}^2$；滑坡推力 $E_T=1200\text{kN/m}$，并假定其按三角形分布。抗滑桩内力图如图4-3所示。

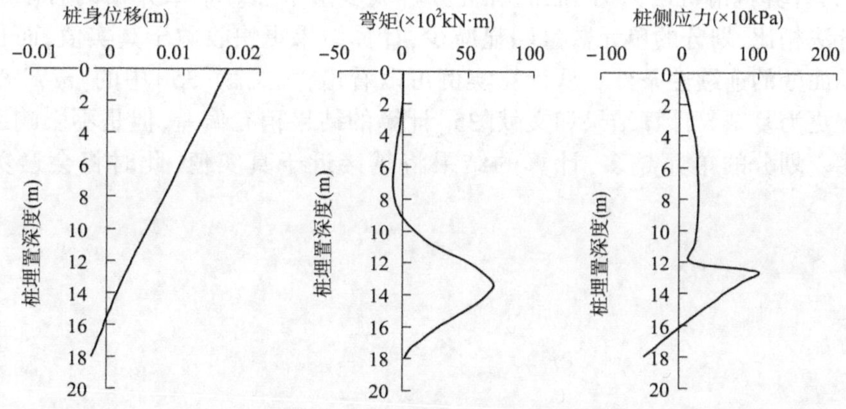

图4-3 抗滑桩内力图

利用本章介绍的方法，把抗滑桩分成20段，滑动面以上每段长1.2m，滑动面以下每段长0.6m。编制Matlab计算程序，计算的抗滑桩位移、桩侧壁应力和弯矩如下：

通过对表 4-1 中的数据进行分析可知，用本书方法计算的桩顶位移为 0.0158m，滑动面处的位移为 0.0033m。抗滑桩的滑动面处的弯矩为 5094.87kN·m，最大弯矩为 6889.4kN·m，与文献[35]中的最大弯矩 6790.6kN·m 相差不大。由此可知，将抗滑桩的单元划分得越多，结果将越趋向于真实值。

有限单元法和"*m-k*"法内力比较分析 表 4-1

方 法	桩顶位移(m)	滑动面处位移(m)	最大弯矩(kN·m)	最大弯矩位置(m)	桩底弯矩(kN·m)
本书方法	0.0158	0.0033	6889.4	13.2	20.046
m-k 法	0.0159	0.0034	6790.6	13.2	0

注：由于将抗滑桩桩周土层简化成独立弹簧，其剪力图不是一条光滑的曲线，和文献[35]有偏差，故没有列出。

基于有限单元法，在不需要滑动面处的连续性条件且能克服差分法的局限性的情况下，进行基于温克尔弹性地基抗滑桩内力计算，得到以下一些主要认识：

(1)由于本章介绍的抗滑桩计算方法将土层假定为离散的弹性支座并结合有限单元法，在处理温克尔地基弹性支座时参考文献[41]简化土层，使该方法的物理概念清晰，过程简单，步骤精简。而且这种方法适用于不同的土体力学性质的地基土层，即水平地基反力系数可设定为与深度有关的任意函数。对于河滩处及桩埋深范围内力学性质有很大变化的土层，本章方法具有明显的优点。

(2)计算抗滑桩内力时，把抗滑桩分解成多个单元。本章介绍的有限单元法和差分法相比，划分的单元数量明显减少，计算结果更快收敛于真实值，而且不需要滑动面处的连续性条件。从计算实例可以看出，用文献[35]中的"*m-k*"法的计算过程更为复杂。计算结果和文献[35]计算的结果稍有偏差，但是不影响工程实际应用。划分的单元越多，计算的结果将越接近于真实值，此时将会避免这种误差。

第5章　抗滑桩加固作用的数值分析

研究抗滑工程措施的力学作用方式,是评价滑坡治理措施是否有效和经济合理的基础。由于滑坡的边界条件和介质结构均十分复杂,滑坡形成的力学作用过程和抗滑工程的力学作用方式的定量研究一般需要借助数值分析方法。

为了研究抗滑桩的受力方式,在此以某高速公路6号滑坡区的抗滑桩加固处理为例进行研究。针对某高速公路6号滑坡的实际情况,对该工程进行抗滑桩加固处理,在6号滑坡区布置了3排抗滑桩,分别称为A型桩、F型桩和B型桩。A型桩在某高速公路的左侧(东侧),距离高速公路中心线40m;F型桩在某高速公路的右侧(西侧),距离高速公路中心线120m;B型桩在某高速公路的右侧(西侧),距离高速公路中心线272m。

5.1　工程概况

某高速公路6号滑坡位于该高速公路K92+450~K92+850路段,是在某高速公路建设过程中发生的,滑坡的变形破坏发现于1999年6月。2000年6月10日,滑坡发生整体滑动,造成边缘裂缝增加和扩大,在建的路堤塌陷变形达50~70cm,上挡墙倒塌,前缘坍塌,坡脚村道的路面隆起1米多。滑坡平面分布如图5-1所示。某高速公路6号滑坡体长约600m,宽150~200m,滑坡体体积达$200\times10^4m^3$,是某高速公路建设中所遇到的规模最大的滑坡。因此,对该滑坡的防治对策进行系统的研究具有十分重要的意义。

通过地质调查、勘探试验及监测,结果表明,某高速公路6号滑坡具有如下基本特征:①滑坡区为缓倾的斜坡地形,除拟建高速公路下坡10~20m以外为陡坡,其余地形坡度一般小于20°,滑坡体中下部地形坡度仅为5°~10°;②滑坡体由含碎石亚黏土、含黏性土碎块石等组成,坡体厚度较大,一般厚度大于10m;③滑坡体地下水埋深与降雨的关系非常密切,地下水埋深随降雨量大小波动,降雨时地下水位迅速抬升,雨后地下水位则缓慢下降,地下水的渗透具有不均匀性和管网渗透特性。

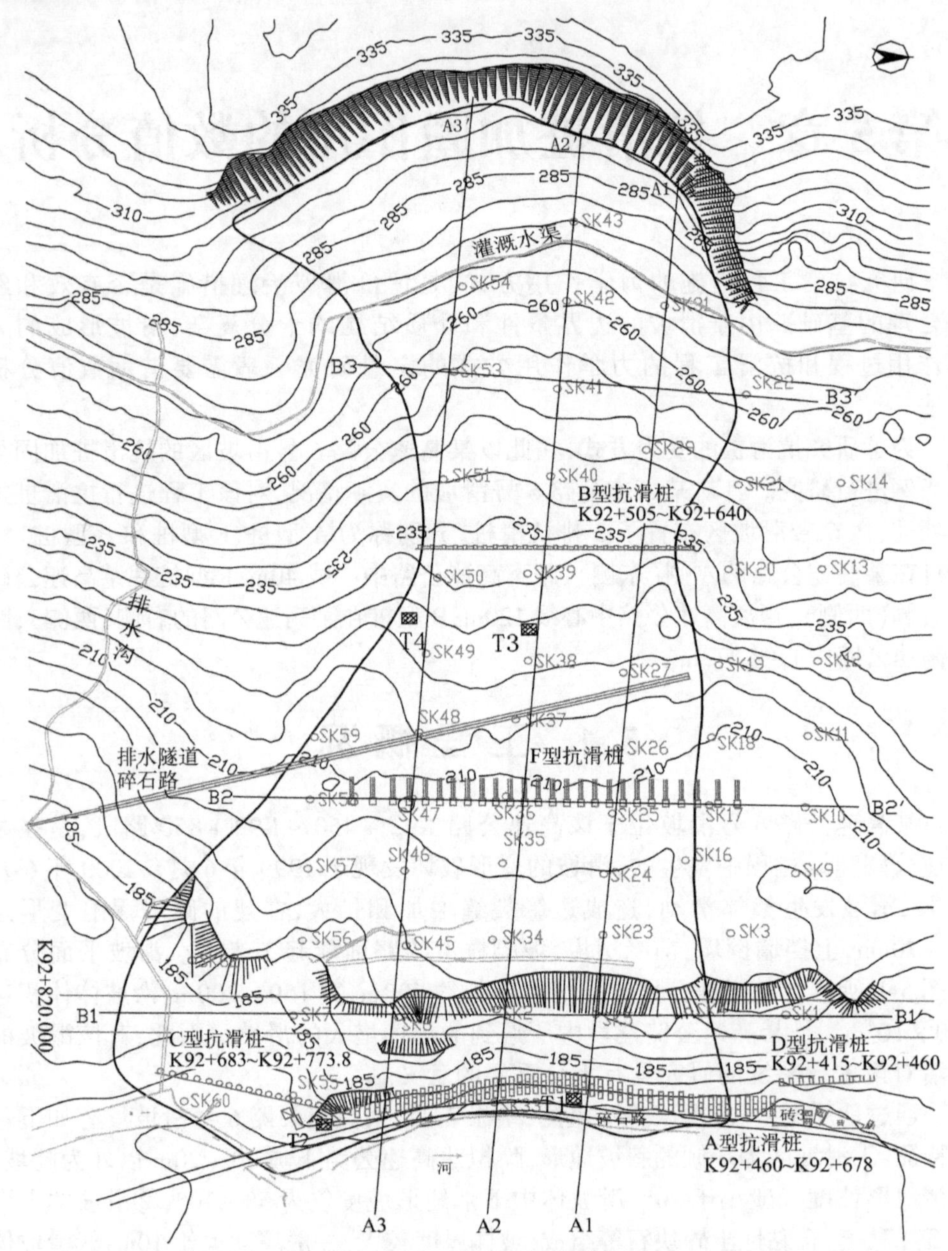

图 5-1　滑坡及治理工程平面示意图

从滑坡体各区段的稳定性特征看，滑坡推力主要来自中上部（Ⅱ区和Ⅲ区），而滑坡的下段（Ⅰ区）为抗滑段。取滑面强度参数 $c = 26\text{kPa}$ 和 $\varphi = 10°$，并假定剖面滑体稳定性系数 $F_s = 1.0$，在1999年10月25日的地下水位条件下，计算代表性剖面各滑段终点的剩余下滑推力，见表5-1。虽然在1999年10月25日地下水位条件下，滑体上段（Ⅲ区）终点的剩余下滑推力只有0.20MN/m，滑坡的剩余下滑推力较小，但应注意到1999年10月是相对干旱的季节，滑体上部的农业灌溉水渠已停水，且滑体上段的地下水位下降速率比滑体的中下段快，故上段滑体的地下水位相对较低，如果滑体上段地下水位上升到距地表1.0m的高度，则上段滑体代表性剖面的剩余下滑推力将达到1.83MN/m。从表5-1可知，所研究的滑坡的主动下滑推力主要是滑体中段（Ⅱ区），故减小中段滑体的下滑推力对提高滑坡的稳定性将有关键性作用。从滑坡体的中段传入下段的下滑推力为10.23MN/m，到滑坡体下段剪出口的剩余下滑推力为4.64MN/m，可见滑坡体下段（Ⅰ区）为抗滑段。

各滑段终点的剩余下滑推力（MN/m）　　表5-1

坡　段	剩余下推力	备　注
上段	0.20	$c = 26\text{kPa}$，$\varphi = 10°$，边坡安全系数 $F_s = 1.0$
中段	10.23	
下段	4.64	

该滑坡的变形破坏是由不良地质环境条件下不恰当开挖所造成的。在某高速公路路基开挖前，自然斜坡的稳定性就很差，基本上处于极限平衡状态。通过弹塑性接触模型非线性有限元数值分析表明：在底滑面附近和坡脚公路开挖区附近，塑性破坏区较大，反映出滑坡有较强的滑动趋势；公路开挖卸载引起滑坡体沿滑动面滑动时，还引起滑坡体后缘出现裂缝；滑体滑动过程中，滑动面的摩擦力分布取决于滑坡体沿滑面滑动趋势的大小，滑体在滑动过程中会出现局部的变形非协调性，出现次级滑面和坡面裂缝，从而破坏地下水渗流系统，提高坡体中的地下水位，进一步降低滑坡的稳定性。

5.2　抗滑治理措施

依据1999年10月的地下水位条件，取黏聚力 $c = 26\text{kPa}$、内摩擦角 $\varphi = 10°$ 进行剩余下滑推力计算，结果见表5-2。但如果在雨季，滑体的地下水位还将会有一定程度的提高，特别是滑体的上段，其地下水位提高幅度可能较大。如果坡体地下水位比1999年10月的坡体地下水位抬升1m，每延米的剩余下滑推力约增加1.0MN。因此，在采用抗滑措施时，做好排水工程仍然是十分必要的。

各滑面滑坡的剩余下滑推力　表5-2

稳定性系数	1.2			1.25			1.3		
剖面编号	A1	A2	A3	A1	A2	A3	A1	A2	A3
1999年10月地下水位(m)	4.03	12.11	3.37	5.56	13.97	4.81	7.08	15.84	6.26
地下水位抬升1m后(MN/m)	4.95	13.08	4.33	6.49	14.95	5.78	8.02	16.82	7.24

如果在滑坡剪出口一带实施抗滑工程措施，除抗滑桩应能承受滑坡推力外，还应保持滑坡前缘陡坡的稳定，并保证抗滑结构有足够的高度，以防止坡体从抗滑结构顶面以上滑出。在剪出口一带布置抗滑工程治理滑坡，潜在的另一个问题是中上段滑体的巨大推力可能引起高速公路一带地表的变形和破坏。因此，对滑坡中上部的抗滑加固也是必要的，并且抗滑工程施工过程中要避免扰动滑体。

5.3 抗滑工程

为了有效加固滑坡，针对滑坡体长度大及各滑段滑动特征的差异性，分别在坡脚、滑坡体中部和滑坡体上部设置了A型抗滑桩、F型抗滑桩和B型抗滑桩，平面布置如图5-1所示。

5.3.1 滑坡前缘剪出口A型抗滑桩

滑坡的前缘剪出口出露在某高速公路左侧(东侧)的河谷边，为提高滑坡前缘的抗滑力及防止河流对滑坡坡脚的进一步冲刷，在K92+420~K92+700段高速公路路基东侧沿剪出口设置A型抗滑桩，共62组。组桩由主桩及辅桩组成，间距7m，由系梁连接，如图5-2所示。桩组间距4.5~5.0m，桩断面为4m×2m，桩长21~21.5m，嵌岩7m。主桩高出原地面2m，迎坡面设挡土板，板后填土反压。组桩抗滑能力为15000kN。

在高速公路路基K92+700~K92+760东侧，A型抗滑桩南端斜向布置一排C型钢筋混凝土预应力锚索抗滑桩，共计19根，抵抗斜向剩余推力。C型桩为圆形，桩径3m，间距5m，嵌岩6m，桩长15~16m，桩顶设系梁。在桩和系梁上布设锚索46根。

在高速公路路基K92+415~K92+460东侧，A型抗滑桩北端布置一排D型钢筋混凝土预应力锚索抗滑桩，桩间距5m，桩断面为4m×2m，共计10根。桩顶设系梁,桩和系梁上布设预应力锚索 28 根,单索抗拔力为 1000kN。

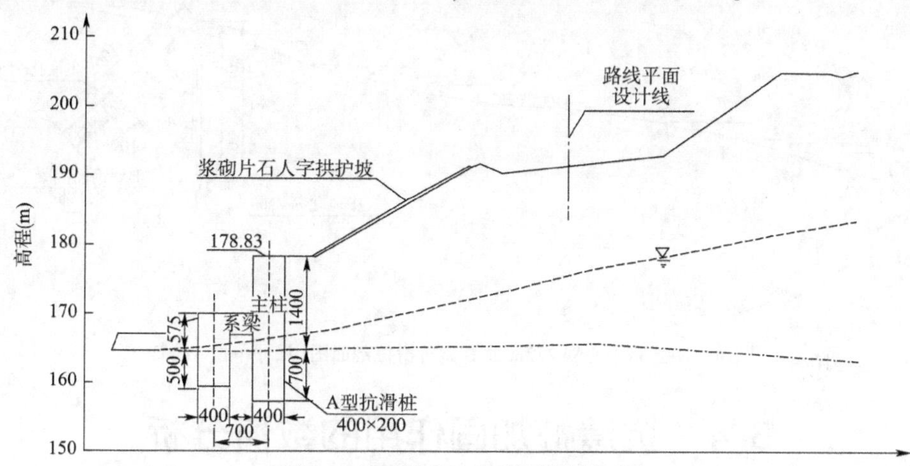

图 5-2　滑坡剪出口 A 型抗滑桩剖面图

5.3.2　滑坡中前部 F 型抗滑桩

为了防止滑坡体中部产生过大的塑性变形,以致影响高速公路路基及上边坡的稳定,确保高速公路通车后的稳定性,在 K92 + 480 ~ K92 + 671 段高速公路上,在滑坡的中前部,距高速公路中心线 120m 处,设置一排钢筋混凝土预应力锚索抗滑桩(图 5-3),桩间距 7 ~ 10m,共计 26 根。桩断面为 3m × 4m,桩长 25 ~ 35m,嵌岩 7m。每根桩上布设预应力锚索 6 根,单索抗拔力为 1000kN。

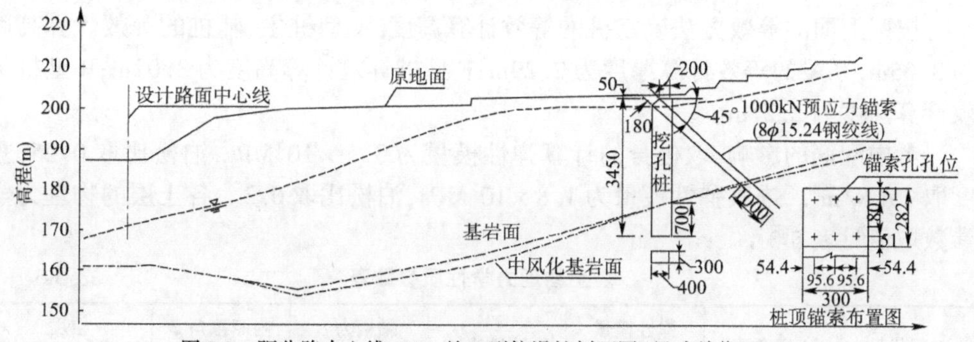

图 5-3　距公路中心线 120m 处 F 型抗滑桩剖面图(尺寸单位:mm)

5.3.3　滑坡中后部 B 型抗滑桩

在滑坡体的中上部,距高速公路中心线 272m 处,设置一排 B 型钢筋混凝土预应力锚索抗滑桩(图 5-4),桩间距 5 ~ 6m,共计 27 根。桩断面为 2m × 3m,桩长 20 ~ 25m,嵌岩 4m,桩顶设横系梁,在桩和系梁上布设锚索 64 根,单索抗拔力为 1000kN。

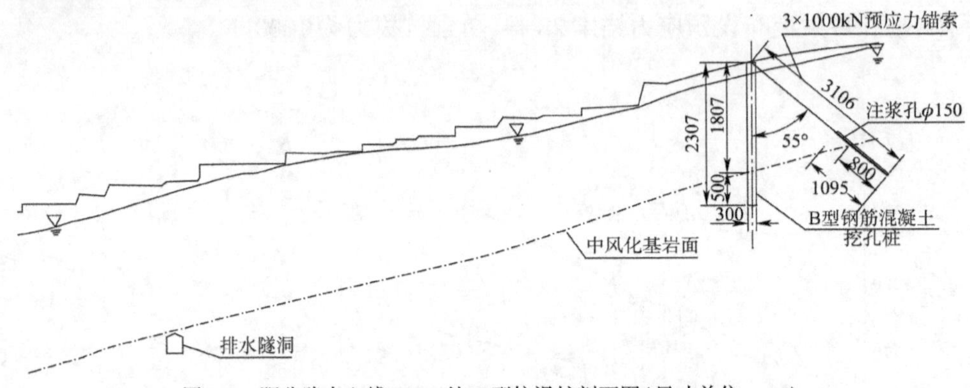

图 5-4　距公路中心线 272m 处 B 型抗滑桩剖面图(尺寸单位：mm)

5.4　抗滑桩加固作用的数值分析

依据 1999 年 10 月的地下水位条件，取黏聚力 $c=26\text{kPa}$、内摩擦角 $\varphi=10°$对该高速公路 6 号滑坡进行剩余下滑推力计算，结果见表 5-3。如果坡体地下水位比 1999 年 10 月的坡体地下水位抬升 1m，每延米的剩余下滑推力约增加 1.0MN。

采用平面有限元法进行模拟计算。考虑抗滑桩刚度 I 为 $bh^3/12$，b 为抗滑桩截面的宽度，h 为截面的高度。记桩间距为 L，抗滑桩等效高度为 h'，利用刚度等效原理有

$$\frac{bh^3}{12}=\frac{Lh'^3}{12}\rightarrow h'=\sqrt[3]{\frac{b}{L}}\cdot h$$

按照上面的等效方法确定桩的等效计算高度，A 型桩主、辅桩的等效计算高度为 3.05m，系梁的等效计算厚度为 2.29m；F 型桩等效计算高度为 3.02m；B 型桩等效计算高度为 2.21m。

考虑配筋的影响，取桩身的计算弹性模量为 $3.5\times10^5\text{MPa}$，泊松比取 0.25，重度取 25kN/m^3。锚索弹性模量为 $1.8\times10^5\text{MPa}$，泊松比取 0.3。各土层的物理力学参数取值见表 5-3 。

岩土物理力学性质参数表　　表 5-3

土层代号	土层名称	弹性模量(kPa)	泊松比	黏聚力 c (kPa)	内摩擦角 φ (°)	重度 (kN/m^3)
①	含碎石亚黏土	40000	0.33	35	11.9	19.7
②	含黏性土碎石	60000	0.30	10	25.0	19.4
③	含碎石亚黏土	50000	0.31	44	13.7	18.8
④	基岩	5000000	0.23	2000	45.0	23.0

在分析计算中，采用 8 节点四边形实体单元剖分抗滑桩，仅考虑抗滑桩的弹性变形，用 6 节点三角形实体单元剖分岩土体，用“*m-c*”准则考虑土体材料弹塑性变形的影响，用接触单元考虑桩土相互作用。

F 型桩，张拉预应力值 $\sigma_0 = 3.59 \times 10^5 \text{kPa}$，初始应变 $\varepsilon_0 = 2.0 \times 10^{-3}$。对于 B 型桩，张拉预应力值 $\sigma_0 = 3.15 \times 10^5\ \text{kPa}$，初始应变 $\varepsilon_0 = 1.75 \times 10^{-3}$。有限元模拟抗滑桩作用的计算结果如图 5-5、图 5-7、图 5-10 所示。（扫码看彩色图）

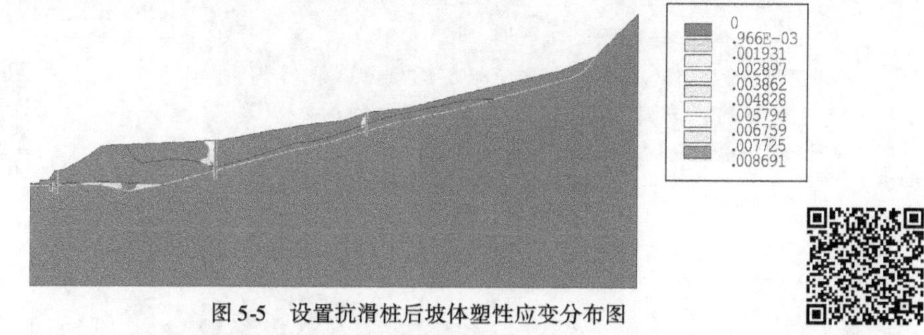

图 5-5　设置抗滑桩后坡体塑性应变分布图

图 5-5 为设置抗滑桩后滑体与滑面的塑性破坏区分布图，与设桩前的塑性应变图（图 5-6）相比较，可以清楚地看出，沿滑面的塑性区范围减小了。特别是滑坡中部，设桩前沿底滑面出现较大范围的塑性应变区，设桩后沿底滑面基本上不出现塑性区，表明抗滑桩的加固效果是显著的。

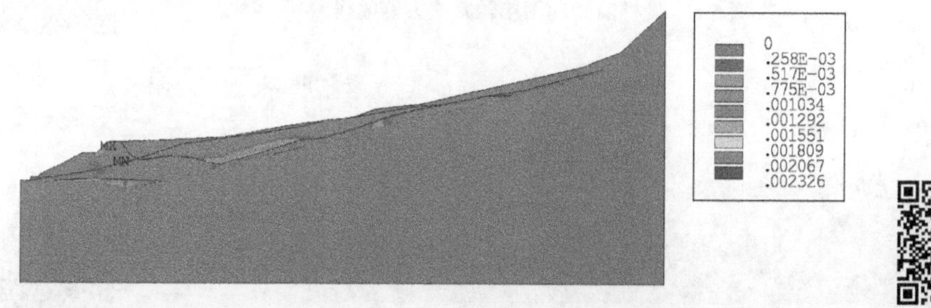

图 5-6　设桩前弹塑性接触算法塑性应变图

滑面的切向摩擦应力大小反映滑坡的滑动趋势的强弱。设置抗滑桩后，滑面的切向摩擦应力大小分布如图 5-7 所示，与设桩前滑面的切向摩擦应力大小分布（图 5-8）相比较，可以清楚地看出，沿滑面的切向摩擦应力明显减小。特别是滑坡中下部滑面的切向摩擦应力降幅较大。说明设置抗滑桩后降低了滑坡的下滑趋势。

设置抗滑桩前，虽然沿滑动面的滑动位移量计算值比较小，但它反映了滑动位移的趋势及滑动位移具有不均匀性特征，在某些部位滑坡体沿滑动面出现了较大的位移量，显示滑坡体在滑动过程中具有非一致性特征，如图 5-9 所示，滑面位移量较大的部位均对应了坡面拉裂缝相对集中分布的部位。设置抗滑桩后，沿滑面基本上不出现明显的滑动位移，也不出现滑坡体沿滑动面局部出现较大位移量的现象，如图 5-10 所示。由此可见，抗滑桩起到了很好的抗滑作用。

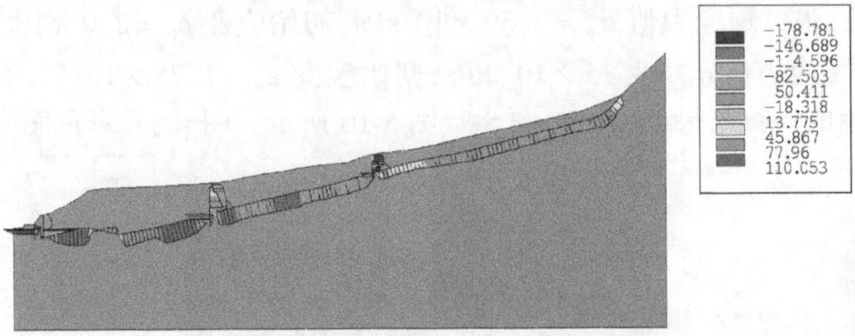

图 5-7　设桩后滑面切向应力等值图

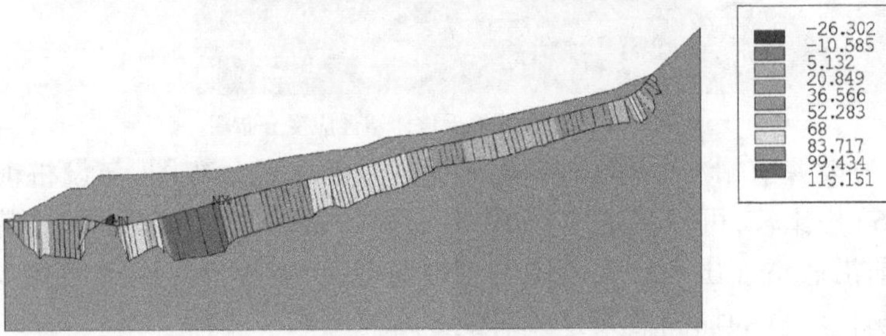

图 5-8　设桩前滑动面接触摩擦力等值线图

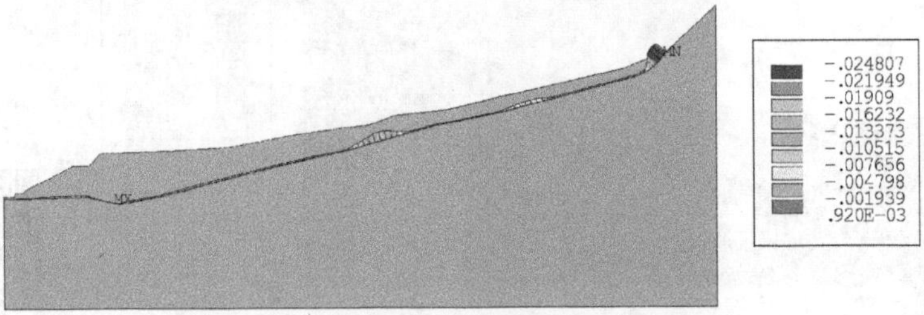

图 5-9　设桩前滑坡体沿接触面滑动位移量

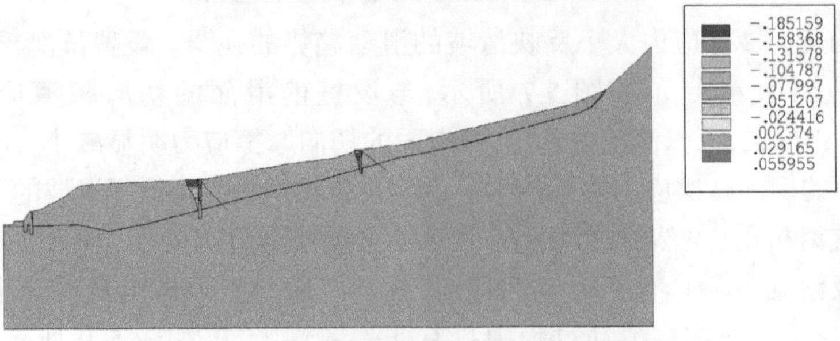

图 5-10　设桩后滑坡体沿接触面滑动位移量图

5.5 结　论

通过对某高速公路6号滑坡防治对策和抗滑桩加固作用的系统研究,得出以下认识和结论:

(1)与设桩前相比较,设置抗滑桩后沿滑面的塑性区范围减小了。特别是滑坡中部,设桩前沿底滑面出现较大范围的塑性应变区,设桩后沿底滑面基本上不出现塑性区,表明抗滑桩的加固效果是显著的。

(2)与设桩前滑面的切向摩擦应力大小分布相比较,设置抗滑桩后沿滑面的切向摩擦应力明显减小,特别是滑坡中下部滑面的切向摩擦应力降幅较大,说明设置抗滑桩后降低了滑坡的下滑趋势。

(3)设置抗滑桩前,虽然沿滑动面的滑动位移量计算值比较小,但它反映了滑动位移的趋势及滑动位移具有不均匀性特征,在某些部位滑坡体沿滑动面出现了较大的位移量,显示滑坡体在滑动过程中具有非一致性特征,滑面位移量较大的部位均对应坡面拉裂缝相对集中分布的部位。设置抗滑桩后,沿滑面基本上不出现明显的滑动位移,也不出现滑坡体沿滑动面局部出现较大位移量的现象。由此可见,抗滑桩起到了很好的抗滑作用。

第6章　基于尖点突变理论的抗滑桩土坡稳定性分析

目前应用于边坡稳定性分析的方法主要有基于极限平衡的传统法和有限元法。虽然目前工程界普遍采用极限平衡法分析边坡的稳定性,并作为边坡设计的主要依据,但是,在传统的边坡稳定性分析(极限平衡法)中,为了便于分析计算,作了许多近似假设。例如,一般都事先假定滑裂面为直线、折线和圆弧等,不考虑土体内部的应力-应变关系等。而且,采用传统分析方法也无法得到滑体内的应力、变形分布状况。因此,极限平衡法在应用中受到了不少限制,尤其在大型边坡和重要工程的边坡整治分析中,大多仅把它用于初步计算和估计。

有限元法不仅满足力的平衡条件,而且还考虑了岩土体应力-应变关系。因此,近年来,它已被广泛地应用于边坡的稳定性分析。

自20世纪90年代开始,很多学者都探讨了直接利用有限元法的应力计算成果求解边坡稳定性系数的可行性,滑动面上的强度准则一般采用摩尔-库仑准则,边坡二维稳定性系数的计算公式为:

$$F_s = \frac{\sum_{i=1}^{NE}(c_i + \sigma'_n \tan\varphi_i) l_i}{\sum_{i=1}^{NE}\tau_i l_i} \tag{6-1}$$

式中:c_i、φ_i——滑动面上单元 i 的强度参数;

l_i——单元 i 的长度;

NE——滑动面上的单元数;

σ'_n、τ_i——分别为滑动面上的法向应力(以拉为负)和沿主应力方向的剪力。

将式(6-1)二维计算中的 l_i 替换为三维计算中的单位面积 A_i,可以得到类似的三维空间问题稳定性系数表达式:以岩体的应力场作为依据,基于空间矢量分析和阻滑力与滑移方向相逆的概念,导出了空间问题中滑体在给定滑动面上沿可能滑动方向 n 的抗滑稳定性系数公式:

$$K_r = \frac{\sum_{i=1}^{NE}(c - f\sigma_n)\sqrt{l_i^2 + m_i^2}A_i}{\sum_{i=1}^{NE}(l_i\tau_{z'x'} + m_i\tau_{z'y'})A_i} \tag{6-2}$$

其中,分子是各个单元滑动面上的阻滑力矢量(大小为 $c-f\sigma_n$,方向与该处滑动面方向相反)在 n 向上投影的总和;分母则是各个单元滑动面上的滑动力矢量(大小为 $\sqrt{\tau_{z'x'}^2+\tau_{z'y'}^2}$,方向由 $\tan x=\tau_{z'x'}/\tau_{z'y'}$ 确定)在 n 向上投影的总和。$x'y'z'$ 是单元的局部坐标系,z' 是该单元滑动面的外法线方向;l_i、m_i、n_i 为单元 i 的局部坐标系与整体滑动方向 n 的夹角方向的余弦;c、f 分别为滑动面的黏聚力和摩擦系数,A_i 为单元 i 滑动面的面积;NE 为滑动面上的单元数;σ_n 是滑动面上的正应力(以拉为正)。

近十年来,随着计算机技术的发展,在三维弹塑性有限元边坡稳定性分析中一般采用薄层单元模拟滑动面,以厚度较小的常规矩形(平面)或立方体(空间)单元来描述滑坡体与岩基之间的接触面,并给出了使滑动面上应力满足摩尔-库仑极限条件的非线性迭代算法,在此基础上提出了保留滑动面上最下端单元处于弹性状态的滑坡体抗滑稳定性系数的有限元迭代解法,对滑动面上的所有单元循环,求单位滑动面上的阻滑力 F_r 和滑动力 F_t,计算式如下:

$$F_r=\frac{1}{t}\sum_{i=1}^{N_e}\sum_{g=1}^{N_g}(-\tan\varphi_{ei}\sigma_{nig}+c_{ei})V_{ig} \tag{6-3}$$

$$F_t=\frac{1}{t}\sum_{i=1}^{N_e}\sum_{g=1}^{N_g}\tau_{nig}V_{ig} \tag{6-4}$$

$$K_{e+1}=\frac{K_e\sum\limits_{e=1}^{N_e}F_r}{\sum\limits_{e=1}^{N_e}F_t} \tag{6-5}$$

式中: N_e——单元总数;

N_g——每个单元中高斯积分点数;

σ_{nig}、τ_{nig}——分别为第 i 单元第 g 高斯点的正应力和剪应力;

V_{ig}——第 i 单元第 g 高斯点的控制面积;

t——滑动面上单元的计算厚度;

φ_{ei}——第 i 单元的折减摩擦角;

c_{ei}——第 i 单元的折减黏聚力,当 $\sigma_{nig}\geqslant 0$ 时,$c_{ei}=0$;

K_e、K_{e+1}——分别为第 e 次和第 $e+1$ 次迭代时的稳定性系数。

抗滑桩是近年来一种较为有效的边坡加固措施,加固土坡的抗滑桩,由于其被动地承受来自移动土体的压力,与边坡土体共同构成复杂的受力体系,因而属于被动桩。抗滑桩土坡的稳定性分析,特别是桩对土坡安全系数的影响,多年来已吸引了许多研究者的关注。目前其分析方法可大致分为两类:基于土压力/位移分析的极限平衡法和有限元/有限差分数值计算方法。工程实践中广泛采用极限平衡法进行抗滑桩加固边坡的稳定性分析。但是,由于这类方法是建立在静力平衡基础上的,对于给定的滑动体系,需引入各种内力简化假定,消除超静定性而使问题近似地静定可解。根据极限分析的概念所得到的解答由于没有满足严格意义上静力许可内力场的基本条件,因此,这种极限平衡解既不可作为真实解的某个上限,也非真实解的某个下限。

采用数值计算方法对抗滑桩-边坡系统的稳定性进行分析,可对边坡土体和抗滑桩分别进行单元离散,用弹性或弹塑性理论对其进行应力和应变进行分析,反映桩土相互作用的真实机理,是一个耦合的计算方法。

由于基于应力计算结果的稳定性系数计算公式(6-1)不能充分考虑滑坡体的抗滑潜能,也不能充分反映滑坡体的滑动方向,且安全系数偏大。因此,邓建辉等提出了基于强度折减概念的三维加固稳定性系数计算方法,用于加固后的滑坡稳定性评价,其计算式如下:

$$c_{\mathrm{F}} = \frac{c}{F_{\mathrm{s}}} \tag{6-6}$$

$$\varphi_{\mathrm{F}} = \arctan\left(\frac{\tan\varphi}{F_{\mathrm{s}}}\right) \tag{6-7}$$

式中:F_{s}——折减系数;

c——岩土体的黏聚力;

φ——岩土体的内摩擦角,°;

c_{F}、φ_{F}——折减后的虚拟抗剪强度指标。

如上所述,目前已有部分学者利用二维、三维弹塑性有限元计算结果获取了边坡稳定性系数,然而,采用这些方法计算抗滑桩土坡安全系数存在计算费时、繁琐或精度不足等问题。

土坡全局不稳定的准确确定(破坏的定义)是有限元强度折减法成功的关键。解的不收敛经常被看作土坡全局不稳定的象征。除了增量大小外,解的发散也可能由迭代技术的不适当选择引起。所以,如何准确或恰当地确定基于有限元强度折减法的边坡安全系数,特别是抗滑桩土坡安全系数,值得进一步研究。本章将结合工程实例,尝试基于 Hill 模型理论和有限元强度折减法确定抗滑桩土坡安全系数。

6.1 大型商业软件 ANSYS 平台简介

ANSYS 软件是融结构、流体、电场、磁场、声场分析于一体的大型通用有限元分析软件,由世界上较大的有限元分析软件公司之一的美国 ANSYS 开发,它能与多数 CAD 软件接口,实现数据的共享和交换,如 Pro/Engineer、NASTRAN、Alogor、I-DEAS、AutoCAD 等,是现代产品设计中的高级 CAE(Computer Aided Engineering)工具之一。

ANSYS 有限元软件包是一个多用途的有限元法计算机设计程序,可以用来求解结构、流体、电力、电磁场及碰撞等问题。因此它可应用于以下领域:航空航天、汽车工业、生物医学、桥梁、建筑、电子产品、重型机械、微机电系统、运动器械等。

ANSYS 软件主要包括三个部分:前处理模块、分析计算模块和后处理模块。

(1)前处理模块:提供了一个强大的实体建模及网格划分工具,用户可以方便地构造有限元模型。

(2)分析计算模块:包括结构分析(可进行线性分析、非线性分析和高度非线性分析)、流体动力学分析、电磁场分析、声场分析、压电分析以及多物理场的耦合分析,可模拟多种物理介质的相互作用,具有灵敏度分析及优化分析能力。

(3)后处理模块:可将计算结果以彩色等值线显示、梯度显示、矢量显示、粒子流迹显示、立体切片显示、透明及半透明显示(可看到结构内部)等图形方式显示出来,也可将计算结果以图表、曲线形式显示或输出。

该软件提供了100种以上的单元类型,用来模拟工程中的各种结构和材料。该软件有多种不同版本,可以运行在从个人机到大型机的多种计算机设备上,如PC、SGI、HP、SUN、DEC、IBM、CRAY等。

ANSYS 软件具备十分丰富的单元库,可以模拟任意几何形状和边界条件,其丰富的材料模型库可以模拟大多数典型工程材料的性能,包括金属材料、钢筋混凝土、可压缩的弹性橡胶防水材料以及复杂的地质材料等(如土壤、岩石和岩体)。作为一种通用的模拟工具,ANSYS 软件不仅能够解决结构分析(应力/位移)问题,而且可用予分析土力学与土工(含渗流/应力场耦合、流变和固结问题分析)以及岩石力学与工程分析等,在多领域被广泛采用。

6.1.1 ANSYS 初始应力场功能简介

土体初始应力场对于模拟材料屈服,特别是对具有围压依赖性和接触问题的正确分析尤为重要,对于土木工程材料如土体、岩石和混凝土均具有屈服与围压有关的典型特征;而对接触问题,其接触面与目标面之间的库仑摩擦力与层间摩擦系数、法向应力和切向刚度均有关,这对于本课题研究的桩土相互作用的模拟是十分重要的。

在本课题的研究中,初始应力场即自重应力场。

6.1.2 ANSYS 软件接触功能简介

接触过程在力学上常常同时涉及三种非线性,即除了大变形或大应变引起的材料(物理)非线性和几何非线性之外,还有接触界面的非线性,这是接触问题所特有的。接触界面的非线性来源于两个方面:

(1)接触界面的区域大小和相互位置及其接触状态不仅事先都是未知的,而且是随时间变化的,需要在求解过程中确定。

(2)接触条件的非线性。接触条件的内容包括接触物体不可相互侵入,接触力的法向分量只能是压力,切向接触设定的摩擦条件。这些在讨论桩、土界面的接触条件时都会遇到,应妥善处理。

这些条件区别于一般的约束条件,其特点是单边性的不等式约束,同样具有强烈的非线性。

在有限元法分析中,接触条件是一类特殊的不连续约束,它允许荷载从模型的一部分传递到另一部分。因为,只有当两个表面发生接触时才会有约束产生;而当两个接触的表面分开时,就不存在任何约束作用,所以这种约束是不连续的。分析时必须能够判断何时两个表面发生接触并采用相应的接触约束,何时两个表面分开并解除接触约束。

分析接触问题存在两个较大的难点:第一,在求解问题之前,并不知道具体的接触区域与表面之间的接触状态,这些随着荷载、材料、边界条件以及其他因素的改变而改变;第二,几乎所有的接触问题都涉及摩擦问题,在计算时有几种摩擦模型可以选择,它们都是非线性的,摩擦使得接触问题分析达到问题稳定收敛变得十分困难。

6.1.2.1　对接触问题的描述方法

假设 A、B 两个物体发生接触,通常称其中一个物体为接触体(通常是刚度较小的一个),另一个为目标体或靶体(通常是刚度较大的一个),产生接触的两个物体必须满足如下接触条件:

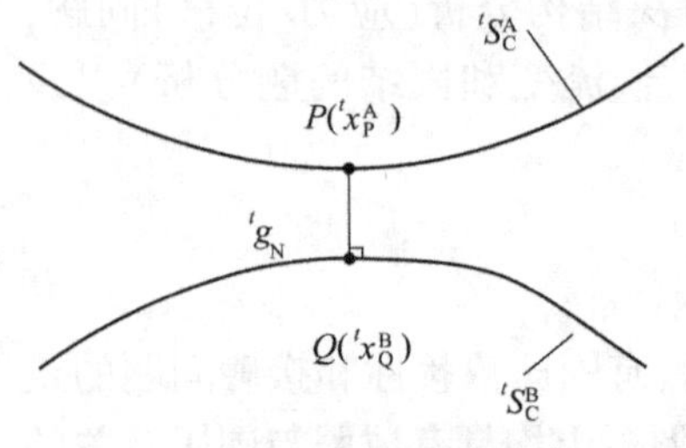

图 6-1　无穿透接触约束

法向接触条件主要是需要满足无穿透约束[指物体 A 和物体 B 的位移 V^A 和 V^B 在运动过程中不允许相互贯穿(侵入或覆盖)],即对于 ${}^tS^A$ 面上任一指定点 P 以及 ${}^tS^B$ 面上一点 Q,应有(图 6-1):

$$ {}^tg_N = g({}^tX_P^A, t) = ({}^tX_P^A - {}^tX_Q^B) \cdot {}^tn_Q^B \geqslant 0 \tag{6-8} $$

式中:${}^tg_N$——接触的两点间距离;

${}^tX_P^A$、${}^tX_Q^B$——分别表示 P、Q 两点的坐标;

${}^tn_Q^B$——$P \to Q$ 的方向矢量。

数学上施加无穿透约束的方法有拉格朗日乘子法、罚函数法及直接约束法。现分别作如下简单说明。

1)拉格朗日乘子法

拉格朗日乘子法是通过拉格朗日乘子施加接触体必须满足的非穿透约束条

件、带约束极值问题的一种常用的描述方法。这种方法是把约束条件施加在一个系统中最完美的数学描述。该方法增加了系统变量的数目,并且使系统矩阵的主对角线元素为零。这就需要在数值方案的执行中处理非正定系统,这在数学上较难实现,需要实施额外的操作才能保证计算精度,从而使得计算费用增加。

拉格朗日乘子技术通常用于采用特殊的界面单元描述接触问题的分析,该方法限制了接触物体之间的相对运动量,并且需要预先知道接触发生的确切部位,以便施加界面单元。

2)罚函数法

罚函数法是一种施加接触约束的数值方法,其原理是:一旦接触区域发生穿透,罚函数便夸大这种误差的影响,从而使系统的求解(满足力的平衡和位移的协调)无法正常进行,即只有在约束条件满足之后,才能得出有实际物理意义的结果。

用罚函数法施加接触约束的方法可以类比成在物体之间施加非线性弹簧所起的作用,该方法不增加未知量的数目,但是增加系统矩阵的带宽。其优点是数值上实施比较容易,缺点在于罚函数选择不当将会对系统的数值稳定性造成不良的影响。

3)直接约束法

采用直接约束法处理接触问题的实质是追踪物体的运动轨迹,一旦探测到发生接触,便将接触所需要的运动约束(法向无相对运动、切向可以滑动)和节点力(法向压力和切向摩擦力)作为边界条件直接施加在产生接触的节点上。该方法不增加系统的自由度数目,但接触关系的变化会增加系统矩阵的带宽。切向接触条件的模拟可使用 Coulomb 摩擦模型:

$$|{}^{t}F_{\mathrm{P}}^{\mathrm{A}}| = [({}^{t}F_{1}^{\mathrm{A}})^{2} + ({}^{t}F_{2}^{\mathrm{A}})^{2}]^{1/2} \leqslant \mu |{}^{t}F_{\mathrm{N}}^{\mathrm{A}}| \tag{6-9}$$

式中:${}^{t}F_{\mathrm{P}}^{\mathrm{A}}$——摩擦力;

${}^{t}F_{1}^{\mathrm{A}}$、${}^{t}F_{2}^{\mathrm{A}}$——分别表示切向和法向接触力;

μ——摩擦系数;

$\mu|{}^{t}F_{\mathrm{N}}^{\mathrm{A}}|$——摩擦力极限。

接触问题需要采用增量方法求解。将 A 和 B 作为两个求解区域,各自在接触面上的边界可以视为给定的边界,因此,它与时间 $t+\Delta t$ 位形内平衡条件相等效的虚位移原理可以表示为

$$\begin{aligned}
&\int_{t}^{t+\Delta t} \tau_{ij}\delta_{t+\Delta t}e_{ij}^{t+\Delta t}\mathrm{d}V - {}^{t+\Delta t}W_{\mathrm{L}} - {}^{t+\Delta t}W_{1} - {}^{t+\Delta t}W_{\mathrm{C}} \\
&= \sum_{r=V^{r}}^{A,B}\left[\int_{t}^{t+\Delta t} \tau_{ij}^{r}\delta_{t+\Delta t}e_{ij}^{r\,t+\Delta t}\mathrm{d}V - {}^{t+\Delta t}W_{\mathrm{L}}^{r} - {}^{t+\Delta t}W_{1}^{r} - {}^{t+\Delta t}W_{\mathrm{C}}^{r}\right] \\
&= 0
\end{aligned} \tag{6-10}$$

式中：τ_{ij}^{r}——剪切应力张量；

$\delta_{t+\Delta t}e_{ij}$——相应的无穷小应变的变分；

${}^{t+\Delta t}W_{\mathrm{L}}$——作用于 $t+\Delta t$ 时刻位形上外荷载的虚功；

${}^{t+\Delta t}W_{1}$——作用于 $t+\Delta t$ 时刻位形上惯性力的虚功；

${}^{t+\Delta t}W_{\mathrm{C}}$——作用于 $t+\Delta t$ 时刻接触面上接触力的虚功。

6.1.2.2 接触算法的基本流程

ABAQUS 软件在模拟接触问题时的整个过程包括：①定义接触体；②探测接触；③施加接触约束；④模拟摩擦；⑤修改接触约束；⑥检查约束的变化；⑦判断分离和穿透。其流程示意图如图 6-2 所示。

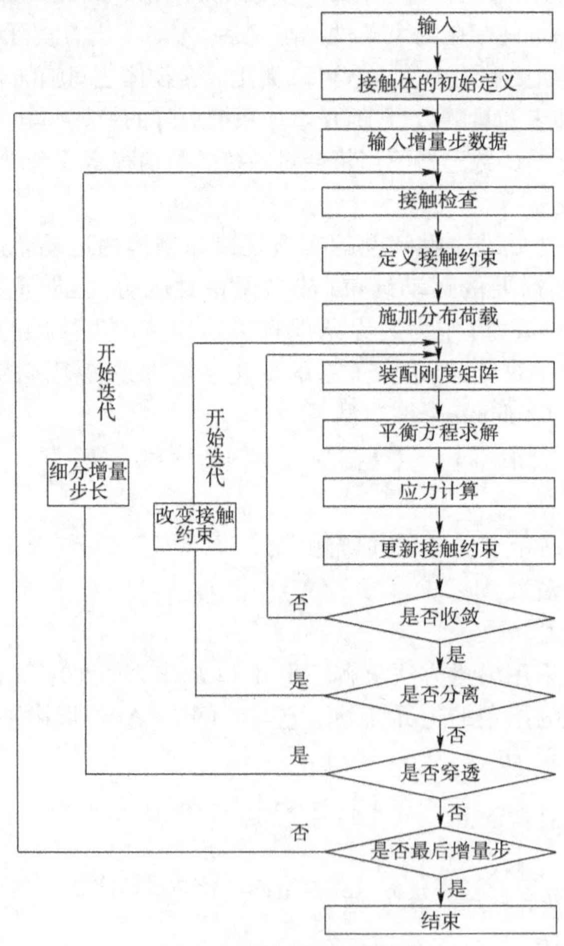

图 6-2 接触算法流程框图

ANSYS 问题中的接触算法如图 6-3 所示，它是基于 Newton-Raphson 法则而建立的。

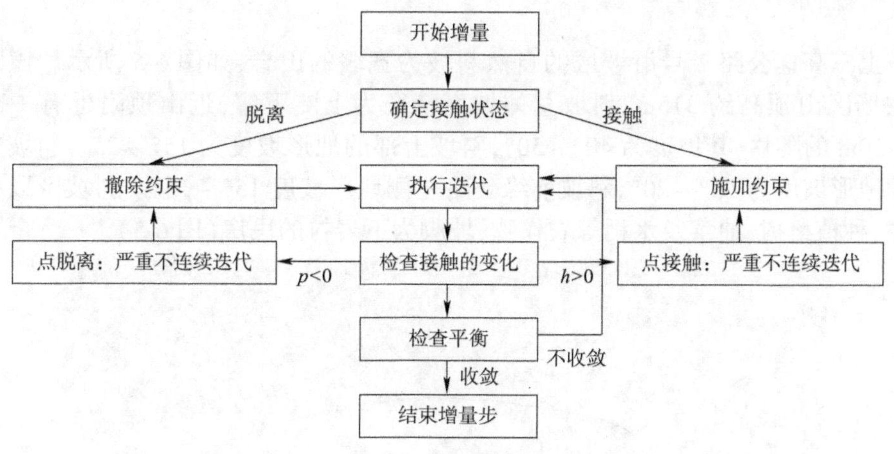

图 6-3　ANSYS 中接触算法

6.2　工 程 概 况

上(虞)三(门)高速公路 2 号滑坡位于 K92 + 050 ~ K92 + 290 路段，该路段为开挖路段，设计开挖路面高程约 192m。1999 年 2 月底，当路基开挖至 200m 高程(路基开挖边坡高度仅有 7 ~ 8m)时，开挖边坡发生了坍塌破坏。如果按原开挖方案，继续将路基开挖至设计路面高程，势必引起更大规模的边坡破坏。因此，对该边坡进行了全面的勘探与调查，采取了必要的工程治理措施，防止了更大规模滑坡的发生。开挖路堑边坡时，1999 年 8 月的滑坡状态如图 6-4 所示。

图 6-4　1999 年 8 月的滑坡状态

6.3 公路建设时边坡工程地质条件

上三高速公路 2 号滑坡区的自然斜坡为宽缓的山脊，如图 6-5 所示。该路段所在场区山顶高约 315m，斜坡总体坡度特征为上陡下缓，近山顶附近有一高差 20～30m 的陡坎，其坡度为 40°～50°，斜坡上部的地形坡度为 15°～25°，斜坡中下部的地形坡度为 10°～20°，斜坡前缘公路左侧地形坡度 15°～25°。斜坡区以梯田为主，种植桑树、油菜及水稻等农作物，坡脚为下岩村的民房（图 6-5）。

图 6-5　经治理后的上三高速公路 2 号滑坡区地貌特征

公路路基附近边坡松散堆积土层厚度大，在路基开挖区及路基的下边坡松散堆积土层厚度一般为 10～15 m，路基的上边坡松散堆积土层厚度达到 15～30m。松散堆积土主要为含碎石亚黏土及含黏性土碎块石。滑坡区下伏基岩地层由 J_3d 晶屑、玻屑熔结凝灰岩组成，全风化最厚处达 15m 以上，力学强度低。路基开挖区及距路基中线约 50m 范围以内的上边坡区基岩面平缓，基岩面坡度一般小于 5°，局部反倾坡内。距路基中线约 50 m 范围以外的上边坡区基岩面坡度迅速变陡。

该斜坡地表水主要为片流和梯田农作物灌溉水。当降水量少或短时间降水时，片流基本上都沿凹陷及坍落处渗入含碎石黏性土层内，在该土层内常常可见到流水形成的小孔洞，孔洞直径为 1～5cm。当降水量大或较长时间降雨时，部分片流顺沟流入溪流中。梯田以旱作为主，部分水田，通过水渠灌溉。

该路段斜坡地下水补给主要为大气降水、农业灌溉水渠渗漏及农作物浇灌入渗。地下水类型有第四系松散堆积土的孔隙潜水和基岩裂隙水。地下水在松散土层中往往形成管网状渗流系统，在沟谷及梯田的砌坎坡面常常可见泉水出露，降雨时尤为明显。

6.4　公路建设时滑坡特征及成因

上三高速公路 2 号滑坡区为挖方路段，路基开挖区的自然斜坡地面高程为 192～210m，设计开挖路面高程约 192m。1999 年 2 月底，当路基开挖至 200m 高程时，路基开挖边坡高度仅有 7～8m，开挖边坡就发生了坍塌破坏。变形破坏的基本特征是开挖边坡的坡顶出现一系列弧形拉张裂缝和小规模塌方等，如图 6-6 所示。边坡变形破坏开始时，在开挖面的坡顶附近出现弧形裂缝，前缘部分坍塌，破坏区逐渐向上坡方向发展，滑坡体呈分级滑动的特征（图 6-7）。1999 年 3 月中旬，在高程 215m 附近的坡面上出现了几条细小裂缝，过了一个月左右，裂缝扩展至宽 30～50cm，裂缝两侧土体高差在 50cm 以上。到 1999 年 5 月，滑坡体发展成长约 50m，宽为 30～100m。若以原设计开挖方案进一步开挖到路面设计高程，势必引起大规模的滑坡。

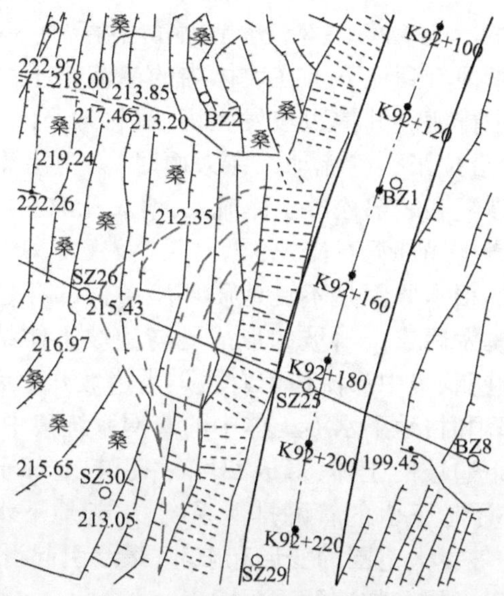

图 6-6　上三高速公路 2 号滑坡平面图（高程单位：m）

滑坡体的地层岩性主要为含角砾、碎石亚黏土层，该土层呈灰褐色，角砾的粒径为 0.2～2cm，碎石粒径一般为 3～5cm，局部含块石，亚黏土软～硬塑，未饱水时物理力学性质较好，但坡体中出现裂缝后受入渗水流冲刷时就变成了泥浆。滑坡沿层内及层间接触面剪切破坏而发生滑动，主滑方向基本上与坡向一致，滑动面呈圆弧形，上陡下缓，如图 6-7 所示。

通过钻孔和开挖坡面获取原状土样，进行室内土工试验。结果表明，土的黏聚力小，内摩擦角较小。滑带土不仅强度低，而且强度受含水率变化影响十分显著，对不同含水状态的滑带土重塑样的试验结果表明，滑带土含水率降低能有效提高滑面强度。

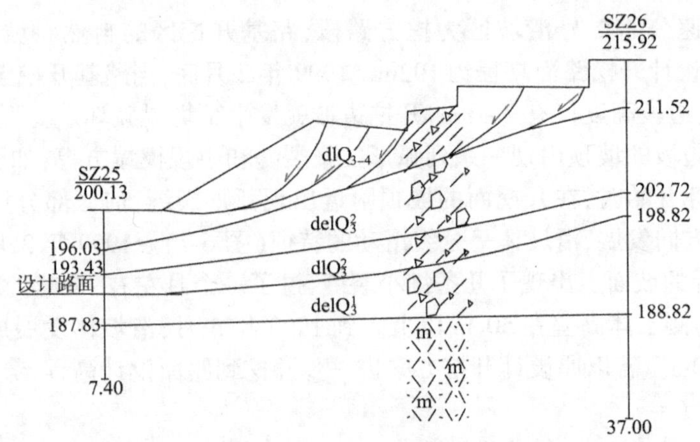

图 6-7　上三高速公路 2 号滑坡剖面图(高程单位：m)

在开挖面上可清晰地看到地下水在坡体内的渗流很不均匀，地下水主要沿地下管网状排泄通道集中排泄。开挖边坡发生坍塌后，地下水在局部地段沿滑裂面在坡面出露，或者集中沿拉张裂缝流动。在大雨时，集中渗流的地下水流量较大，加之大气降水沿地表裂缝和表部松散土体流入，增大孔隙水压力和渗流压力，常常导致局部土体坍塌和产生局部泥石流。

该路段发生滑坡的根本原因是不良地质环境条件的存在，路基边坡工程的不合理开挖则是滑坡的诱发因素。滑坡的形成既与边坡土体结构松散、力学强度低有关，也与地下水的管网状集中渗流作用有关。当边坡开挖后，在坡面干燥时能基本保持坡体稳定，但降雨时，地下水沿土体中的管网系统集中渗流，并从坡面溢出，冲刷地下水出露点以下边坡的土体，形成凹坑，并引起上部土体的破坏，出现地表裂缝和错动，从而破坏了地下水的管网排泄系统，引起地下水位的抬升，降低边坡的稳定性，进而产生边坡更大范围的变形和破坏，最终引起滑坡的发生。雨季丰沛的大气降水是滑坡得以发展和加速的重要因素。

6.5　公路建设时滑坡稳定性分析

1999 年 2 月底，路基开挖至 200m 高程，开挖边坡高度为 7 ~ 8m，在经历较长时间的降雨后，开挖边坡发生了坍塌破坏。边坡的变形破坏方式表现为浅部的滑动，且滑动破坏是从边坡开挖面附近开始逐级向边坡的上部发展的，底滑面发生在含碎石亚黏土层内。从边坡的变形破坏表现形式看,开挖路基高程以下坡体未见到破坏现象,这表明,公路路基以下的坡体具有较好的稳定性,而且路基开挖对公路的下边坡来说是卸载,有利于下边坡的稳定。因此,未来边坡的变形破坏将限于开挖路面高程以上。

路基开挖至200m高程时,路基开挖面以上边坡就发生了变形破坏,如果不进行边坡的加固处理,继续开挖到设计高程,那么不仅需要考虑开挖边坡的局部稳定性,还需要考虑开挖后边坡的整体稳定性。以下公路建设中滑坡的整体稳定性分析就是针对边坡在坡脚开挖到公路路面设计高程后的情况。

为了分析边坡在坡脚开挖到设计高程后的整体稳定性,计算中取SZ26～SZ27钻孔所在的主勘探剖面(K92+190)进行稳定性计算分析。考虑两种开挖坡面的形态,分别为1:1.5坡率一坡到顶和1:1.5分台阶放坡,依据坡体结构特征取两个不同位置的潜在底滑面A和潜在底滑面B,如图6-8所示。

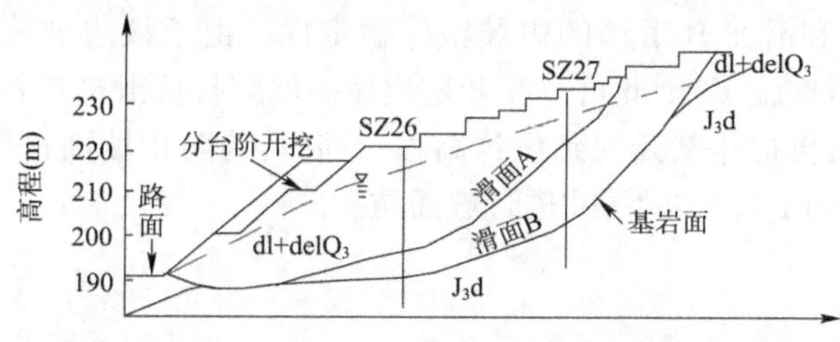

图6-8 上三高速公路2号滑坡剖面稳定性计算方案

各计算方案的前缘剪出口均在公路开挖边坡的坡脚。在边坡稳定性计算中,假定滑面的强度参数取原状土的试验结果。统计该边坡区土样的土工试验结果,得到原状土样强度参数的算术平均值为黏聚力$c=43\text{kPa}$,内摩擦角$\varphi=13.6°$,标准值为黏聚力$c=39\text{kPa}$,内摩擦角$\varphi=12°$。据此强度参数进行稳定性计算,结果见表6-1。由于本工程属于高速公路工程,滑坡应按破坏后果很严重,但较易处理的类型考虑,而且采用不平衡推力(极限平衡)法为主计算滑坡稳定性系数,所以根据《建筑边坡工程技术规范》(GB 50330—2013)的相关规定确定本工程的滑坡稳定性系数的允许值为1.20。

假定滑面稳定性验算结果 表6-1

滑面强度参数取值	取1:1.5坡率一坡到顶		取1:1.5坡率分台阶放坡	
	滑面A	滑面B	滑面A	滑面B
平均值$c=43\text{kPa},\varphi=13.6°$	0.99	1.07	0.97	1.03
标准值$c=39\text{kPa},\varphi=12°$	0.88	0.96	0.87	0.92

从表6-1 的结果可以看出,该边坡的整体稳定性较差(均小于1.20),需要进行加固处理。

另外,从表6-1 中还可以看出,分台阶放坡开挖后,边坡的稳定性比一坡到顶开挖边坡的稳定性差,这是由于分台阶放坡的开挖量比一坡到顶的开挖量大,故其稳定性更低。也就是说,边坡前缘的开挖量越大,边坡的稳定性就越差。

6.6 公路建设时滑坡的治理

上三高速公路 K92 +050 ~ K92 +290 段路基在开挖至 200m 高程时就出现小规模滑坡,若开挖至设计路面 192m 高程,势必进一步引起更大规模的边坡失稳破坏。因此,在对上三高速公路2 号滑坡区进一步开挖前,必须先进行加固处理。对该边坡的加固处理不仅要保证坡面及局部滑坡的稳定,而且要保证如图 6-9 所示的沿潜在滑面 A 和滑面 B 滑动的边坡整体稳定性。由于该边坡坡脚部位基岩埋深浅,有利于抗滑桩施工,因此可以在开挖边坡的坡脚打抗滑桩进行边坡加固。完成抗滑桩施工后,再把路基开挖到设计高程。同时,为防止坡面松散土体的坍塌,将边坡的坡率降到 1:1.5 以下,并进行坡面防护。

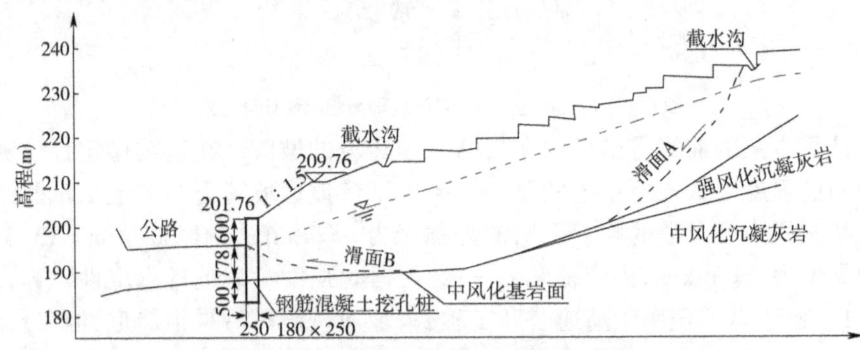

图 6-9 上三高速公路 2 号滑坡治理断面图(尺寸单位:mm)

根据上三高速公路2 号滑坡的变形破坏特点及边坡区的工程地质条件,工程上采用抗滑与护坡相结合的治理措施。取滑面强度参数为黏聚力 $c = 39\text{kPa}$、内摩擦角 $\varphi = 12°$,抗滑安全系数取 1.25,进行边坡开挖的抗滑设计。具体治理工程为:①在公路的上边坡路基边沟外侧设一排共 33 根悬壁抗滑桩,桩身断面尺寸为 1.8m×2.5m,桩间距为 5.0m,桩间采用预制挡土地板坐浆安砌;②在桩顶高程以上滑坡体内按 1:1.5 坡率进行削坡,坡面采用浆砌片石护坡;③滑坡周界外缘设置两道截水沟,以拦截地表水,并将地表水排至路基边沟;④调整公路纵坡,适当提高开挖路段的路面高程,减小开挖量,提高边坡的稳定性。

边坡治理的断面如图6-9所示,治理后的外貌形态如图6-5所示。上三高速公路2号滑坡的变形破坏发现于1999年2月,当时路基开挖至200m高程,开挖边坡高度7~8m。1999年12月开始对滑坡进行系统的治理,到2000年5月完成抗滑桩施工。随后进行路基的进一步开挖,达到调整后的路基开挖高程。

6.7 公路运营中抗滑桩土坡概况

2004年6月实地调查发现,上三高速公路K92+050~K92+290的2号滑坡的抗滑桩之上的浆砌片石护坡出现大范围的沉陷和弧形裂缝,高速公路养护部门曾用水泥浆修补裂缝,但修补后又有开裂,抗滑桩上侧的截水沟局部拱起,片石护坡之上的截水沟也局部开裂。另外,抗滑桩间的预制挡土板缝隙间地下水渗出严重,但调查中没有发现抗滑桩桩身变形的迹象。虽然抗滑桩没有出现变形,但是鉴于上述变形现象,应对该抗滑桩土坡进行变形破坏机理研究及稳定性分析评价。

6.8 采用有限元强度折减法计算边坡安全系数的原理

在有限元静力稳态计算中,如果模型本身不稳定,有限元静力计算将不收敛。基于此原理,在非线性有限元滑坡稳定性分析计算中,通过强度折减,折减后的抗剪强度指标逐步减小,反复对滑坡进行分析,首先部分单元开始屈服,应力在单元之间重新分配,滑坡中岩土体局部失稳逐渐发展,直到某一个临界状态,在虚拟的折减抗剪强度下整个边坡发生失稳。那么,在发生整体失稳之前的折减系数值,即岩土体的实际抗剪强度指标与发生虚拟破坏时折减强度指标的比值,即该边坡的安全系数。这种稳定性分析方法称为有限元强度折减法。使用有限元强度折减法不仅可以直接得出边坡的安全系数,不需要事先假设滑裂面的形状和位置,还可以得到滑坡内各单元的应力和变形情况,给出岩土体的破坏区域,从而大致给出破坏面的位置。这里定义的抗剪强度折减系数与极限平衡法分析中所定义的滑坡稳定性系数在本质上是一致的。

所谓强度折减技术就是用一个折减系数 F_s 对滑体或滑带的岩土体抗剪强度指标 c 和 φ 进行折减,如式(6-11)和式(6-12),然后用折减后的虚拟抗剪强度指标 c_F 和 φ_F 取代原来的岩土体抗剪强度指标 c 和 φ,在有限元数值分析中使用。

$$c_F = \frac{c}{F_s} \tag{6-11}$$

$$\varphi_{\mathrm{F}} = \arctan\left(\frac{\tan\varphi}{F_{\mathrm{s}}}\right) \tag{6-12}$$

式中：c——岩土体的黏聚力，Pa；

φ——岩土体的内摩擦角，°。

6.8.1 岩土体强度参数的确定

由于边坡内部结构的复杂性和组成边坡岩土体物质的不同，在采用弹塑性接触有限元分析滑坡稳定性时，岩土体一般可以按 D-P 材料考虑。因此材料的强度参数（黏聚力 c 和内摩擦角 φ）是否正确选取对数值计算求得的边坡安全系数的可靠性影响最大。

在采用弹塑性接触有限元强度折减法分析边坡稳定性和计算边坡的稳定性系数时，可以选取典型剖面或立体，采用面积或体积加权平均确定滑坡体的强度参数（黏聚力 c 和内摩擦角 φ），最后结合经验对整个滑坡体强度参数进行综合取值。其计算式为：

$$c_{综} = \frac{\sum c_i A_i}{\sum A_i} \quad 或 \quad c_{综} = \frac{\sum c_i V_i}{\sum V_i} \tag{6-13}$$

$$\varphi_{综} = \arctan\frac{\sum \tan\varphi_i A_i}{\sum A_i} \quad 或 \quad \varphi_{综} = \arctan\frac{\sum \tan\varphi_i V_i}{\sum V_i} \tag{6-14}$$

式中：A_i——第 i 层岩土体的面积；

V_i——第 i 块岩土体的体积；

c_i——第 i 层或块岩土体的黏聚力；

φ_i——第 i 层或块岩土体的内摩擦角。

在上三高速公路抗滑桩 2 号滑坡的稳定性系数计算中，首先通过试验或采用刚体极限平衡法反分析初步确定，然后由式(6-13)、式(6-14)求得整个滑坡体强度参数的 $c_{综}$ 和 $\varphi_{综}$，见表 6-2。

上三高速 2 号滑坡岩土体物理力学指标 表 6-2

土层类型	重度（kN/m^3）	弹性模量（MPa）	泊松比	内摩擦角（°）	黏聚力（kPa）	备注
天然含碎石黏性土	19.00	85	0.28	17.0	50.0	
饱水含碎石黏性土	20.00	40	0.32	15.3	30	
强风化沉凝灰岩	22	8000	0.26	28	2200	
中风化沉凝灰岩	25	17000	0.22	44	4500	

由于岩土体的弹性模量和泊松比对边坡安全系数的数值计算影响较小(不敏感),在采用弹塑性有限元强度折减法分析抗滑桩土坡稳定性以及计算其安全系数时,可以通过对抗滑桩土坡进行线弹性有限元应力应变反分析结合经验确定一个合适的数值,也可以通过试验获得不同岩土体的弹性模量和泊松比,然后进行厚度加权平均,综合确定岩土体的弹性模量和泊松比。在上三高速公路抗滑桩2号滑坡安全系数的数值计算中,通过厚度加权平均综合求得滑坡体的综合弹性模量和泊松比分别为:无水状态时,含碎石黏性土的综合弹性模量和泊松比分别为85MPa和0.28;饱水状态时,含碎石黏性土的综合弹性模量和泊松比分别为40MPa和0.32。因为滑床岩土体的弹性模量一般比滑坡体的弹性模量大两个数量级以上,滑床岩土体的泊松比也比滑坡体小得多,而滑床岩土体的黏聚力 c 和内摩擦角 φ 值也比滑坡体大得多,所以滑床岩土体力学参数的确定对数值计算影响较小,一般可以根据经验确定,见表6-2。

6.8.2　滑坡体重度的确定

在采用弹塑性有限元强度折减法分析抗滑桩土坡稳定性以及计算其安全系数时,可以选取典型剖面或立体采用面积或体积加权平均确定整个滑坡体的综合重度。其计算式为

$$\gamma_{综} = \frac{\sum \gamma_i A_i}{\sum A_i} \quad 或 \quad \gamma_{综} = \frac{\sum \gamma_i V_i}{\sum V_i} \tag{6-15}$$

式中:γ_i——第 i 层或块岩土体的重度,kN/m^3;

A_i——第 i 层岩土体的面积,m^2;

V_i——第 i 块岩土体的体积,m^3。

通过式(6-15)求得上三高速公路抗滑桩2号滑坡的滑坡体天然综合重度 $\gamma_{综}$ = 19.0kN/m³,饱水状态综合重度为20.0kN/m³。

6.8.3　精确划分网格

网格的疏密会对抗滑桩土坡系数计算产生一定的影响,太密不利于收敛,太疏计算精度则达不到要求。精确划分网格的原则是:在保证有限元数值运算收敛的前提下,网格划分每次加密20%至计算结果变化不大(折减系数 F_s 变化大小为 ±0.001 左右)为止。

在上三高速公路抗滑桩2号滑坡安全系数的数值计算中,为了保证计算精度,又便于划分单元,对含有非常大的网格扭曲模拟(大变形分析)、三维弹塑性有限元模型

全部采用细网格划分的六面体等参单元对边坡体和抗滑桩进行离散化模拟。计算模型共划分为1964个单元和4086个节点,其中抗滑桩单元9个、节点40个。

6.8.4 收敛准则的确定

在弹塑性有限元数值计算中最关键的是选择一个正确的屈服准则。根据文献[55]介绍,不同屈服准则所得的边坡安全系数的相对误差最高达63.2%。Drucker-Prager屈服准则是一种经过修正的Mises屈服准则,既考虑了中间主应力σ_2对屈服强度的影响,又考虑了静水压力(侧限压力)对屈服强度的影响,静水压力越高,则屈服强度越大,对土体材料有较好的适用性,已被广泛应用于土体稳定性分析中。因此,在抗滑桩土坡的稳定性数值分析计算中,一般可以选择Drucker-Prager屈服准则作为屈服函数和塑性势函数的本构模型(Drucker-Prager模型,简称D-P模型),屈服函数表达式为:

$$F = 3\beta\sigma_m + \left[\frac{1}{2}\{S\}^T[M]\{S\}\right]^{1/2} - \sigma_y = 0 \tag{6-16}$$

式中:F——屈服函数;

$\beta = \dfrac{2\sin\varphi}{\sqrt{3}(3-\sin\varphi)}$;

$\sigma_y = \dfrac{6c\cos\varphi}{\sqrt{3}(3-\sin\varphi)}$;

σ_m = 静水压力

$\{S\}$ = 偏差应力;

$[M]$ = Mises屈服准则中的$[M]$。

在选取Drucker-Prager屈服准则的基础上,建议采用强度折减法计算滑坡稳定性系数的收敛准则为:①首先取折减系数$F_s = 1$进行试算,若运算收敛,则根据合适的极限平衡法求得滑坡的稳定性系数K_P,然后根据式(6-17)粗略确定有限元折减法对应的滑坡稳定性系数K_z,作为折减系数进行试算,若此时运算结果收敛,可继续加大折减系数F_s直至接近不收敛;若不收敛,则选取$1 \sim K_z$的数值作为折减系数进行试算,直至运算收敛。②若取折减系数$F_s = 1$进行试算,运算不收敛,则可根据式(6-17)粗略确定有限元折减法对应的滑坡稳定性系数K_z,然后采用该数值乘以70%作为折减系数进行试算,以保证开始时是一个近乎弹性的问题,然后不断增加F_s的值直至接近不收敛。③若按式(6-17)粗略确定有限元折减法对应的滑坡稳定性系数K_z乘以70%作为折减系数进行试算,运算结果不收敛,则可取折减系数$F_s = 0.5K_z$进行试算,若此时运算收敛,则增大折减系数F_s直至接近不收敛。若选择上述收敛准则计算滑坡稳定性系数,运算结果无法收敛,则一般是由于物理模型存在问题造成的,需要对其进行改进,以满足收敛要求。

由于计算方法的不同,采用有限元强度折减法和采用极限平衡法计算得到的滑坡稳定性系数有一定的差异。为了充分利用极限平衡法计算滑坡稳定性系数的优点和发挥有限元强度折减法计算滑坡稳定性系数的优势,根据已应用这两种方法计算的63个样本滑坡稳定性系数的相关文献报道及现有的工程实践,对这两种方法的计算结果进行相关性统计分析(图6-10),得到式(6-17),相关系数 $R=0.99$。

$$K_z=0.04244+0.98537K_P \tag{6-17}$$

式中:K_z——有限元折减法计算的滑坡稳定性系数;

K_P——极限平衡法计算的滑坡稳定性系数。

对式(6-17)进行相关系数检验,查相关系数临界值 r_α 表,得 $r_{0.001}(63-2)=0.405$,则 $R=0.99\gg r_{0.001}$。由此可知,K_z 和 K_P 的相关关系极其密切和高度显著,建立的回归方程有意义且具有实用价值。

图6-11是由63个样本计算的 K_z 和 K_P 的误差数理统计图。

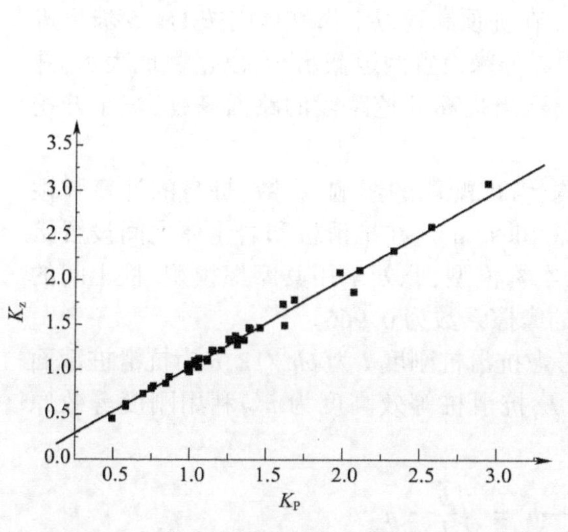

图6-10　有限元折减法稳定性系数与极限平衡法稳定性系数的相关关系

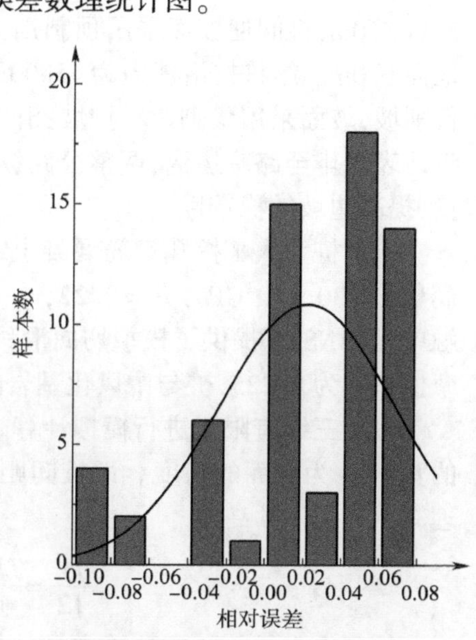

图6-11　K_z 和 K_P 的相对误差数理统计

另外,由图6-11可知,K_z 和 K_P 的相对误差在 ±0.1 之间,0 ~ 0.1 占总数的

79.37%,它们的相对误差均值为0.022。但是,因为以上63个样本均来源于二维平面计算的结果而且大部分属于均质土坡,所以在三维非均质土坡稳定性系数计算中可能存在采用有限元强度折减法计算的滑坡稳定性系数与采用极限平衡法计算的结果相差较大的现象。

6.9 抗滑桩土坡稳定性分析

本章采用基于尖点突变理论和有限元强度折减技术,确定抗滑桩土坡安全系数,对抗滑桩土坡的抗滑桩-边坡系统进行稳定性分析,土体采用 Mohr-Coulomb 弹塑性模型,抗滑桩采用线弹性模型,桩土之间的相互作用采用 ANSYS 提供的摩擦模型。

6.9.1 抗滑桩尺寸及结构参数

上三高速公路抗滑桩2号滑坡在公路的上边坡路基边沟外侧设一排共33根悬壁抗滑桩,桩身断面尺寸为1.8m×2.5m,桩间距为5.0m,桩长18.78~21.5m,嵌岩5.0m,桩间迎坡面采用预制挡土地板坐浆安砌,板后填土反压。主桩高出原地面6.0m。组桩抗滑能力为15000kN。在桩顶高程以上滑坡体内按1:1.5坡率进行削坡,坡面采用浆砌片石护坡;滑坡周界外缘设置两道截水沟,以拦截地表水,并将地表水排至路基边沟;调整公路纵坡,适当提高开挖路段的路面高程,减小开挖量,提高边坡的稳定性。

抗滑桩为人工挖孔钢筋混凝土结构,考虑配筋的影响,参数:桩身的计算弹性模量 $E=30\times10^3\text{GPa}$, $\nu=0.22$, $\gamma=23.5\text{kN/m}^3$。在抗滑桩和岩土体之间设置接触单元,ANSYS 提供了模拟切向滑移的本构模型,此处采用其摩擦模型,桩土间的摩擦系数为0.225,桩与中风化基岩间的摩擦系数为0.966。

采用三维有限元进行模拟计算。考虑抗滑桩刚度 I 为 $bh^3/12$,b 为抗滑桩截面的宽度,h 为截面的高度。记桩间距为 L,抗滑桩等效高度为 h',利用刚度等效原理有

$$\frac{bh^3}{12}=\frac{Lh'^3}{12}\longrightarrow h'=\sqrt[3]{\frac{b}{L}}\cdot h$$

按照上面的等效方法确定桩的等效计算高度为1.78m。

6.9.2 抗滑桩土坡模型构建及网格划分

考虑到上三高速公路抗滑桩2号滑坡工程地质环境和地形地貌的复杂性及现

有计算机的计算能力和计算精度等问题,构建其三维模型时,在平面图上选择了滑坡区范围内 1.8m × 168.8m 的一块长方形区域作为主要的计算区,其中沿滑坡体主滑方向取 168.8m,垂直于滑坡体主滑方向取 1.8m。在立面图上,模型底面取 169.4m 高程,顶面取实际地形高程。然后,拟合成三维的抗滑桩土坡计算地质模型。

在建立三维有限元模型时,按照右手法则,xy 平面取抗滑桩土坡主滑方向和上三高速公路方向组成的平面,z 方向向上为正,xz 平面取滑坡主滑方向与边坡高程方向组成的平面。上述计算模型边界的选取,既要使主要的地质力学特征和地形地貌特征反映在计算结果中,同时也能够保证足够的计算精度。

结合实际情况,在模型的两组直立面上施加水平方向的光滑位移约束,对底平面(xy 平面)设置 z 方向的竖直约束,模型的顶面自由,通过施加重力来考虑自重应力场的作用。

6.9.3　基于尖点突变理论的抗滑桩土坡强度折减法确定安全系数

突变理论(Catastrophe Theory)是研究不连续现象的一个新兴数学分支,由比利时数学家汤姆于 20 世纪 70 年代初创立。这一理论提供了连续函数奇点的描述方法,它已经在理论力学、物理学、生物学和地学等许多研究领域中得到广泛的应用,并取得了许多应用成果。将突变理论应用于边坡失稳时间预报的研究工作始于 20 世纪 90 年代初,而将其应用于基于位移法的弹塑性有限元强度折减法的边坡,特别是抗滑桩土坡安全系数的确定,还未见有文献报道。以下简要介绍尖点突变模型的基本理论。

任何一个单变量的连续函数,总可以用 Taylor 形式展开。边坡的位移(变形)变量 u 可以看成安全系数 k 的单变量函数,即 $u=f(k)$,因此可用 Taylor 展开式表示为:

$$u=f(k)=a_0+a_1k+a_2k^2+\cdots+a_nk^n \tag{6-18}$$

式中,$a_0,a_1,\cdots,a_n$ 为待定系数。根据突变理论的分析,只要截取 Taylor 级数到 4 次方项就能保证尖点位置的正确性,于是(6-18)可近似写为:

$$u=a_0+a_1k+a_2k^2+a_3k^3+a_4k^4 \tag{6-19}$$

式中,待定系数可通过回归分析求得。

为了简化运算,对上式作变量代换,消去三次项,可令

$$k=Z_{\mathrm{k}}-q \tag{6-20}$$

式中,$q=a_3/4a_4$,将式(6-20)代入式(6-21)求得:

$$u=b_4Z_{\mathrm{k}}^4+b_2Z_{\mathrm{k}}^2+b_1Z_{\mathrm{k}}+b_0 \tag{6-21}$$

其中：

$$\begin{cases} b_0 = a_4q^4 - a_3q^3 - a_1q + a_0 \\ b_1 = -4a_4q^3 + 3a_3q^2 + a_1 \\ b_2 = 6a_4q^2 - 3a_3q + a_2 \\ b_4 = a_4 \end{cases}$$

对式(6-21)再作进一步的变量代换，令

$$\begin{cases} Z_k = \sqrt[4]{\dfrac{1}{4b_4}}Z & (b_4 > 0) \\ Z_k = \sqrt[4]{-\dfrac{1}{4b_4}}Z & (b_4 < 0) \end{cases} \tag{6-22}$$

这里仅以 $b_4 > 0$ 的情况为例进行分析。将式(6-22)代入式(6-21)有：

$$u = \frac{1}{4}Z^4 + aZ^2 + bZ + c \tag{6-23}$$

式中，c 为剪切项，它对突变分析是无意义的，a、b 分别为：

$$\begin{cases} a = \dfrac{b_2}{\sqrt{b_4}} \\ b = \dfrac{b_1}{\sqrt[4]{4b_4}} \end{cases}$$

若式(6-23)中不考虑 c 时，即以 Z 为状态变量(间接的安全系数状态变量)，a、b 为控制变量的尖点突变模型。

根据突变理论，令 $\mathrm{d}u/\mathrm{d}z = 0$，得平衡曲面方程：

$$Z^3 + aZ + b = 0 \tag{6-24}$$

式(6-24)给出了状态变量 Z 和控制变量 a、b 的关系，用图表示则为图 6-12 所示的曲面。这一平衡曲面的折叠或尖拐点集称为奇点集，它在 a-b 平面的投影称为分叉集(图 6-12)。分叉集方程为：

$$4a^3 + 27b^2 = 0 \tag{6-25}$$

令

$$D = 4a^3 + 27b^2$$

从图 6-12 可以看出，分叉集为一半立方抛物线，在(0,0)处有一尖点。分叉集上的(a,b)点(a、b 满足分叉集方程，$D=0$)对应于系统的不稳定状态(临界状态)，系统可能由一个平衡状态突变到另一个平衡状态。同时，分叉集又将控制变量平面分为两个区。在较大的区域内[(图 6-12)中 AOB 以下部分]，$D<0$ 时，斜坡也有可能失稳。判断不稳定点的标准为：

$$\frac{d^2X}{dZ}=3Z^2+a<0 \tag{6-26}$$

由以上分析可知,边坡系统发生突变有以下两种情况:

(1)$D=0$。

(2)$D>0$ 且 $3Z^2+a<0$。

分叉集右支($b>0$),所指的突变是指系统的数学结构(平衡态的个数和稳定性)有突变,而状态变量 Z 值没有跳跃。对抗滑桩土坡失稳预报而言,我们感兴趣的是跨越分叉集的左支($b<0$)的情况,这时对应的点是不稳定状态,Z 值发生跳跃。

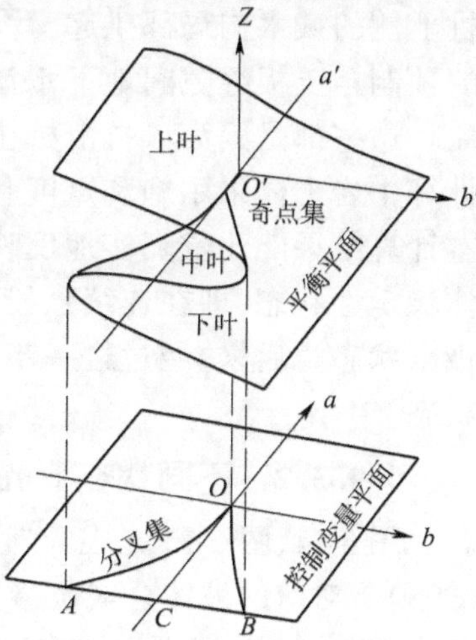

图6-12　平衡曲面与控制变量平面

现在来确定对应于左支分叉集上各点的状态变量值。在式(6-19)成立的条件下,当 $a=0$ 时,方程(6-24)有三重零根,$Z_1=Z_2=Z_3=0$,当 $a<0$ 时,方程(6-24)有3个实根,分别是:

$$Z_1=2\left(-\frac{a}{3}\right)^{\frac{1}{2}},Z_2=Z_3=-\left(-\frac{a}{3}\right)^{\frac{1}{2}}$$

跨越分叉集是状态变量 Z 发生突跳(图6-13):

$$\Delta Z=Z_1-Z_2=3\left(-\frac{a}{3}\right)^{\frac{1}{2}}$$

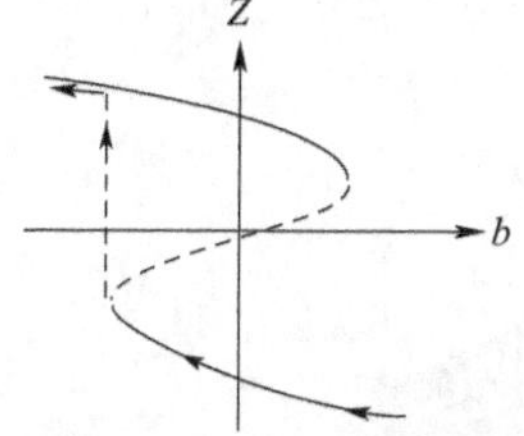

图6-13　跨越分叉集时状态变量 Z 的突跳

进一步的研究表明,若 $b_4>0$,则边坡的状态正好与上述讨论的结果相反。

6.9.3.1　上三高速公路2号抗滑桩滑坡稳定性分析

在抗滑桩土坡强度折减法中,各位置土体的强度折减系数都是一样的。因而,这里抗滑桩土坡第一台阶边缘节点的强度折减系数(安全系数)就代表了所有抗滑桩土坡区域的强度折减系数。

基于ANSYS软件平台的二次开发模块,采用基于非线性科学尖点突变理论的3D弹塑性有限元强度折减法,分别计算上三高速公路2号抗滑桩土坡饱水状态和无水状态下的最大容许安全系数分别为0.95和1.28。此计算结果与实际情况基本一致(2004年6月实地调查发现,几次连续强降雨后上三高速公路K92+050～K92+290的2号滑坡的抗滑桩之上的浆砌片石护坡出现大范围的沉陷和弧形裂缝,高速公路养护部门曾用水泥浆修补裂缝,但修补后又有开裂,抗滑桩上侧的截水沟局部拱起,片石护坡之上的截水沟也局部开裂。另外抗滑桩间的预制挡土板缝隙间地下水渗出严重,但调查中没有发现抗滑桩桩身变形的迹象。这些都是因为该抗滑桩土坡经历了几次连续强暴雨作用造成的)。因为本计算中岩土体采用饱和重度和考虑不排水总应力抗剪强度指标值 c 和 φ,所以,本计算结果能比较真实地反映该抗滑桩土坡经历了几次连续强暴雨作用时的整体稳定性状态,即在连续强暴雨作用下上三高速公路 2 号抗滑桩土坡处于临界极限状态。后来,经过进一步加强疏排水措施后,目前该抗滑桩土坡仍处于稳定状态。

6.9.3.2 不同状态下抗滑桩滑坡坡体合成位移的变化

图 6-14、图 6-15 是在天然状态(安全系数 $k=1.28$)和饱水状态(安全系数 $k=0.95$)下对应的坡体合成位移云图。由图 6-14 可知,在天然状态下,坡体最大位移值为 2.46cm,位于图中坡体后部;在饱水状态下,坡体最大位移值为 0.1202 m,位于图中坡体后部;由坡体后部向抗滑桩处方向抗滑桩土坡位移总体上呈逐渐变小趋势,但在抗滑桩后侧附近的土坡坡体的位移又有所增大。(扫码看彩色图)

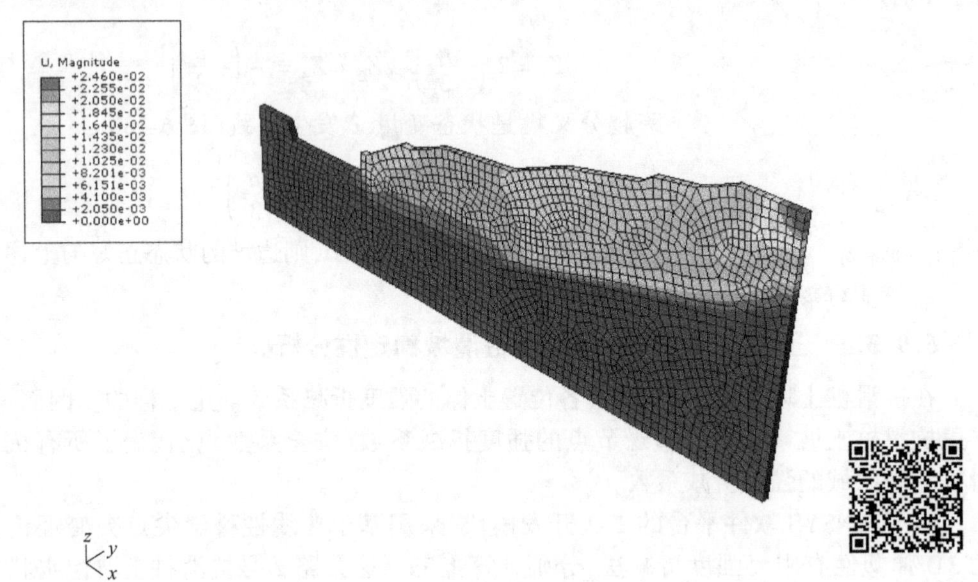

图 6-14 坡体位移云图(天然状态)(单位:m)

图 6-16、图 6-17 是在天然状态(安全系数 $k=1.28$)和饱水状态(安全系数 $k=0.95$)下对应的坡体合成位移矢量图。从图 6-16、图 6-17 可以得到与图 6-14、图 6-15 一样的规律。

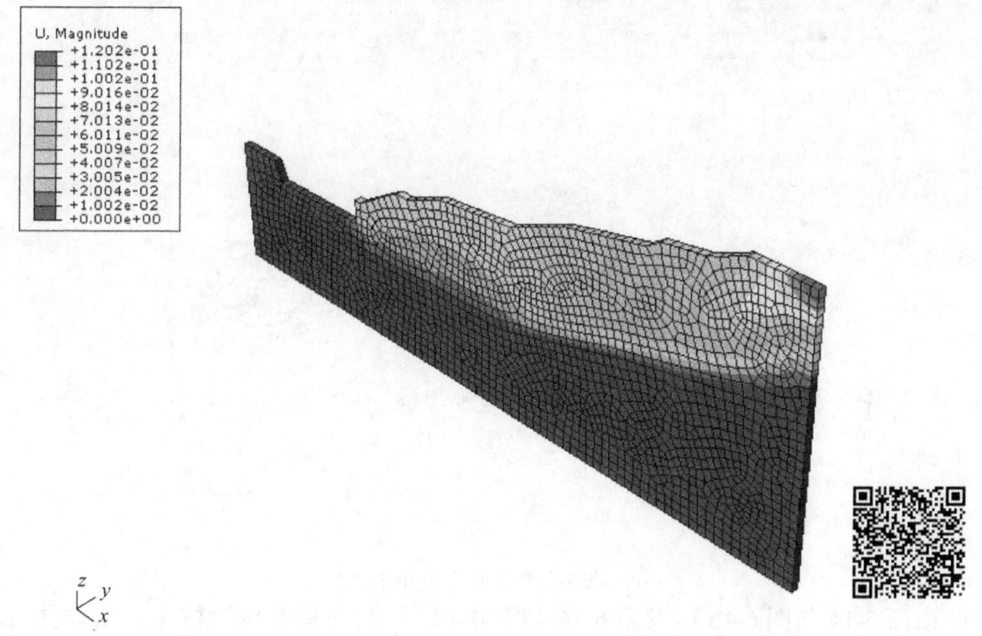

图 6-15　坡体位移云图(饱水状态)(单位:m)

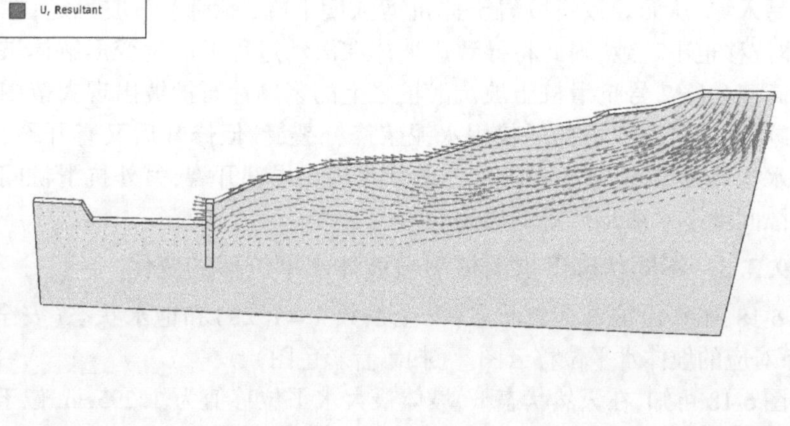

图 6-16　坡体位移矢量云图(天然状态)

比较图 6-14 与图 6-15 以及图 6-16 与图 6-17 可知,上三高速公路 2 号抗滑桩土坡从天然状态向饱水状态发展,坡体位移有一定增大,一般都增大了 3 ~4 倍。

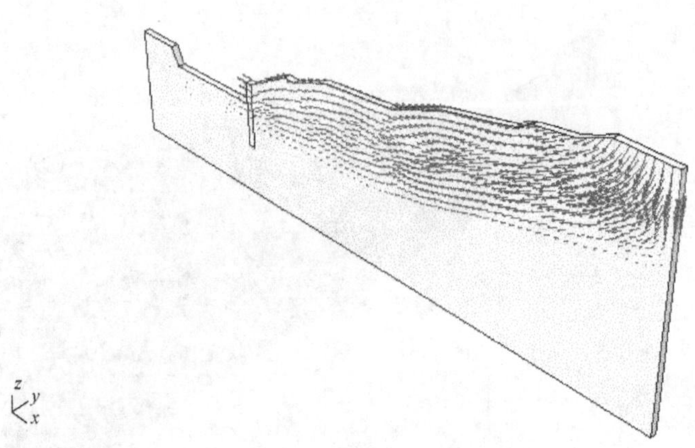

图 6-17　坡体位移矢量云图(饱水状态)

由图 6-14 与图 6-15 以及图 6-16 与图 6-17 可知,在整个抗滑桩土坡中坡体位移并不一致。同时,坡体位移沿坡向也呈不均匀分布。由于上三高速公路 2 号抗滑桩土坡在滑动过程中坡体位移不一致,在天然状态下,坡体容易产生微裂隙,使降雨容易入渗,从而导致斜坡岩土体抗剪强度下降,不利于斜坡稳定;在饱水状态下,坡体位移也不一致,因此将导致边坡体在滑动过程中产生变形解体破坏。这就是上三高速公路 2 号抗滑桩土坡抗滑桩之上的浆砌片石护坡出现大范围的沉陷和弧形裂缝,高速公路养护部门曾用水泥浆修补裂缝,但修补后又有开裂,抗滑桩上侧的截水沟局部拱起,片石护坡之上的截水沟也局部开裂,另外抗滑桩间的预制挡土板缝隙间地下水渗出严重的原因。

6.9.3.3　不同状态下抗滑桩滑坡坡体水平位移的变化

图 6-18、图 6-19 是在天然状态(安全系数 $k = 1.28$)和饱水状态(安全系数 $k = 0.95$)下对应的坡体水平位移云图。(扫码看彩色图)

由图 6-18 可知,在天然状态下,坡体最大水平位移值为 1.295cm,位于图中坡体后部;在饱水状态下,坡体最大水平位移值为 6.375cm,位于图中坡体后部近滑面处;由坡体后部向抗滑桩处方向抗滑桩土坡水平位移总体上呈逐渐变小趋势,但在抗滑桩后侧附近的土坡坡体的水平位移又有所增大。

比较图 6-18 与图 6-19 可知,上三高速公路 2 号抗滑桩土坡从天然状态向饱水状态发展,坡体水平位移有一定增大,一般都增大了 3 ~4 倍。

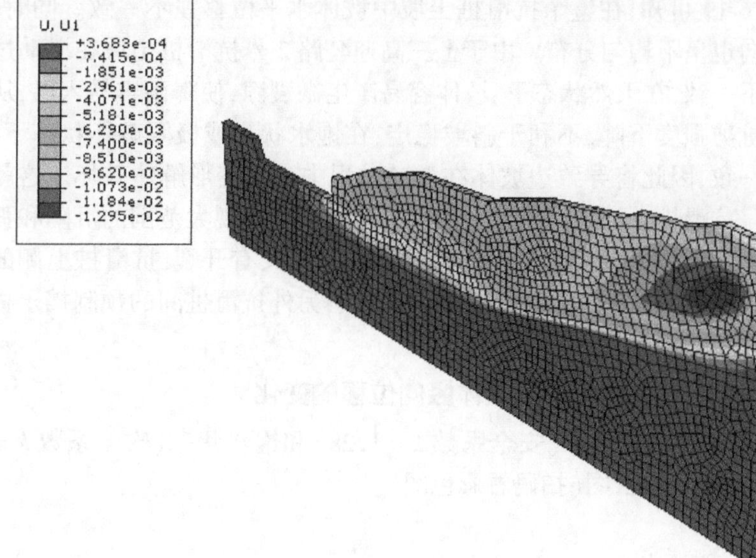

图 6-18　坡体水平位移云图(天然状态)(单位:m)

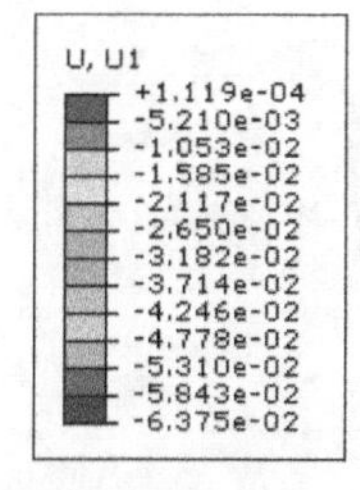

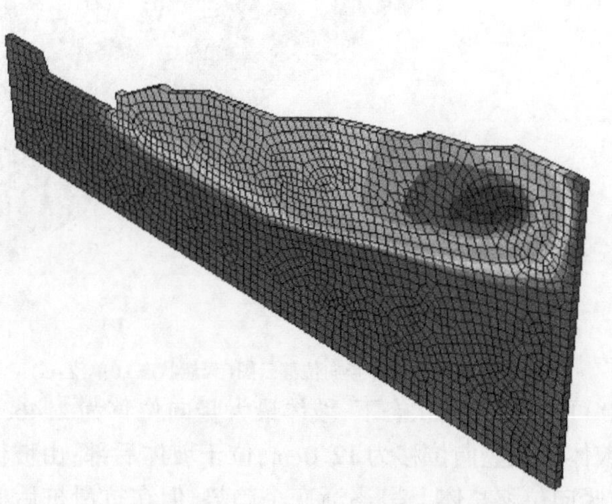

图 6-19　坡体水平位移云图(饱水状态)(单位:m)

由图6-18与图6-19可知，在整个抗滑桩土坡中坡体水平位移并不一致。同时，坡体水平位移沿坡向也呈不均匀分布。由于上三高速公路2号抗滑桩土坡在滑动过程中坡体水平位移不一致，在天然状态下，坡体容易产生微裂隙，使降雨容易入渗，从而导致斜坡岩土体抗剪强度下降，不利于斜坡稳定；在饱水状态或极限破坏状态下，坡体水平位移也不一致，因此将导致边坡体在滑动过程中产生变形解体破坏。这就是上三高速公路2号抗滑桩土坡抗滑桩之上的浆砌片石护坡出现大范围的沉陷和弧形裂缝，高速公路养护部门曾用水泥浆修补裂缝，但修补后又有开裂，抗滑桩上侧的截水沟也局部拱起，片石护坡之上的截水沟也局部开裂，另外抗滑桩间的预制挡土板缝隙间地下水渗出严重的原因之一。

6.9.3.4 不同状态下抗滑桩滑坡坡体竖向位移的变化

图6-20、图6-21是在天然状态（安全系数$k = 1.28$）和饱水状态（安全系数$k = 0.95$）下对应的坡体竖向位移云图（扫码看彩色图）。

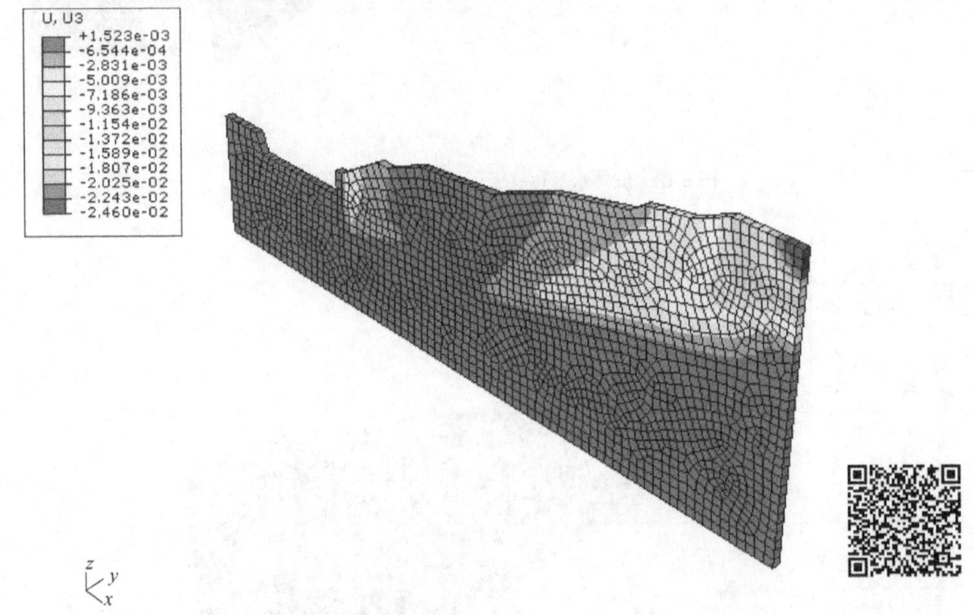

图6-20 坡体竖向位移云图（天然状态）（单位：m）

由图6-20可知，在天然状态下，坡体最大竖向位移为2.46cm，位于坡体后部；在饱水状态下，坡体最大竖向位移为12.0cm，位于坡体后部；由坡体后部向抗滑桩处方向抗滑桩土坡竖向位移总体上呈逐渐变小趋势，但在抗滑桩后侧附近的土坡坡体的竖向位移又有所增大；而且，桩后土体有隆起的迹象。

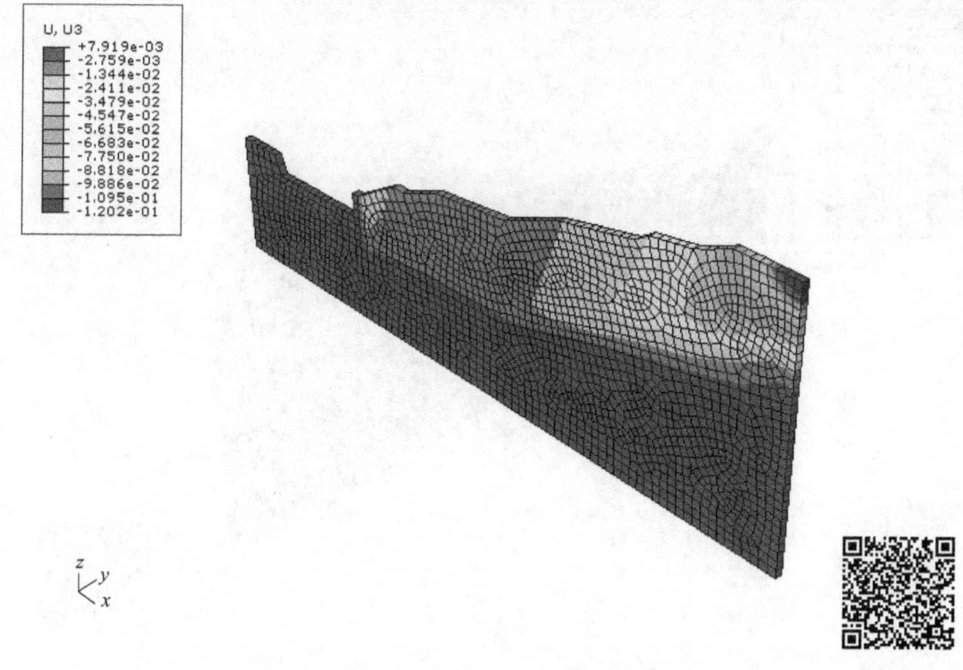

图6-21 坡体竖向位移云图(饱水状态)(单位:m)

比较图6-20与图6-21可知,上三高速公路2号抗滑桩土坡从天然状态向饱水状态发展,坡体竖向位移有一定增大,一般都增大了3~4倍;桩后土体的最大隆起量为从1.52mm发展到7.92mm。

由图6-20与图6-21可知,在整个抗滑桩土坡中坡体竖向位移并不一致。同时,坡体竖向位移沿坡向也呈不均匀分布。由于上三高速公路2号抗滑桩土坡在滑动过程中坡体竖向位移不一致,在天然状态下,坡体容易产生微裂隙,有利于降雨入渗,容易导致斜坡岩土体抗剪强度下降,不利于斜坡稳定;在饱水状态或极限破坏状态下,坡体竖向位移也不一致,因此将导致抗滑桩土坡坡体在滑动过程中产生变形解体破坏。这就是上三高速公路2号抗滑桩土坡抗滑桩之上的浆砌片石护坡出现大片范围的沉陷和弧形裂缝,高速公路养护部门曾用水泥浆修补裂缝,但修补后又有开裂,抗滑桩上侧的截水沟局部拱起,片石护坡之上的截水沟也局部开裂,另外抗滑桩间的预制挡土板缝隙间地下水渗出严重的原因之一。

6.9.3.5 不同状态下坡体塑性应变的变化

图6-22、图6-23是在天然状态(安全系数$k=1.28$)和饱水状态(安全系数$k=0.95$)下对应的坡体塑性应变云图(扫码看彩色图)。

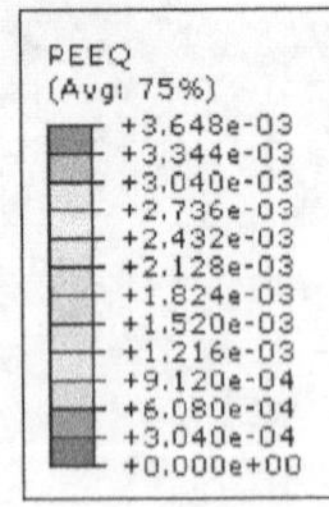

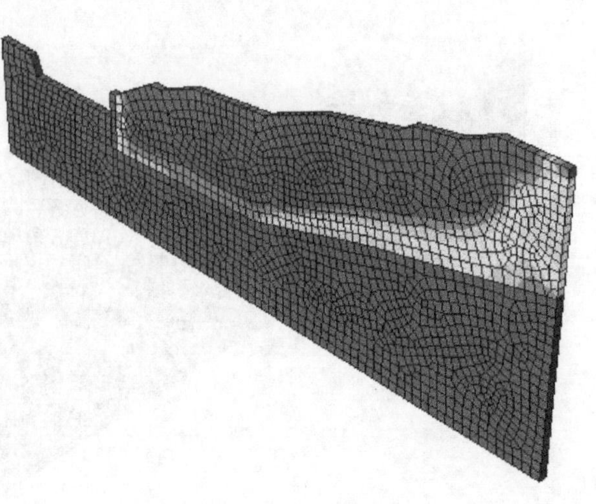

图 6-22 坡体等效塑性应变云图(天然状态)(单位:m)

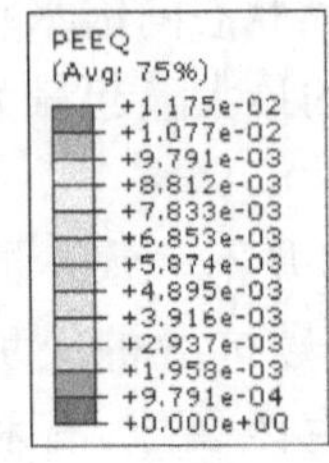

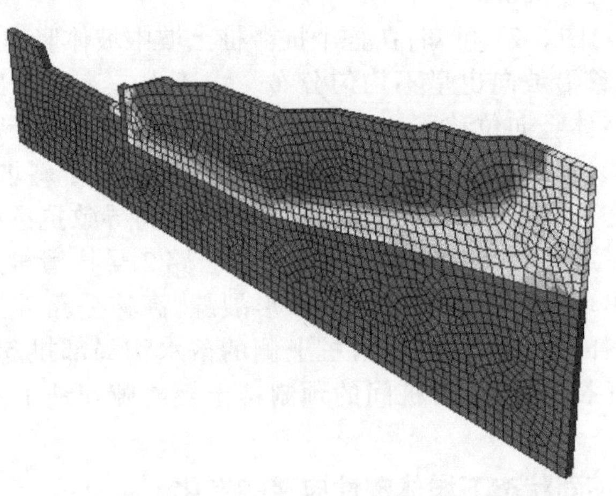

图 6-23 坡体等效塑性应变云图(饱水状态)(单位:m)

由图6-22可知，在天然状态下，坡体塑性应变较大值为0.00274～0.00365，主要位于抗滑桩的背后土体中部；其他坡体塑性变形较大的地方位于含碎石黏性土或强风化凝灰岩与中风化凝灰岩的接触带。而由图6-23可知，在饱水状态下，滑体塑性应变较大值为0.007833～0.01175，主要位于抗滑桩的背后土体中部和含碎石黏性土与中风化凝灰岩的接触带；其他坡体塑性变形较大的地方位于含碎石黏性土与中风化凝灰岩的接触带。

比较图6-22与图6-23可知，抗滑桩土坡从天然状态向饱水状态发展，坡体塑性应变较大值区域除位于抗滑桩的背后土体中部，还向含碎石黏性土与中风化凝灰岩的接触带扩展。

由图6-22、图6-23分析可知，抗滑桩土坡在变形过程中坡体的塑性应变并不一致，坡体塑性应变较大值的区域也主要位于图中抗滑桩的背后土体中部的部分地段；抗滑桩土坡从天然状态向饱水状态发展，坡体塑性应变较大值的区域已由图中坡体塑性应变较大值区域，除位于抗滑桩的背后土体中部，还向含碎石黏性土与中风化凝灰岩的接触带扩展。因此，抗滑桩土坡抗滑桩的背后土体中部和坡体后缘一般首先发生破坏，产生拉张裂缝，而且随着抗滑桩土坡变形解体破坏的进一步发展，坡体的塑性应变将增大，从而导致坡体中部出现拉张裂缝，这就是上三高速公路2号滑坡抗滑桩加固后土坡发生变形、沉降和坡体表部产生裂缝的另一个原因。

结合上三高速公路2号滑坡抗滑桩加固后土坡发生变形、沉降和坡体表部产生裂缝的实际案例，对抗滑桩土坡的稳定性评价方法和变形破坏过程进行了研究，并得出以下结论及认识：

(1)建议了一种适用于抗滑桩土坡稳定性强度折减法计算中确定岩土体强度、滑坡体重度、精确划分网格和收敛准则的方法。

(2)提出运用非线性科学尖点突变理论确定基于强度折减法的抗滑桩土坡安全系数的方法，并经实例验证该方法是合理和可行的，适用于抗滑桩土坡稳定性计算分析。

(3)在整个抗滑桩土坡中坡体的水平位移与竖向位移均不一致。同时，坡体位移沿坡向也呈不均匀分布。由于上三高速公路2号抗滑桩土坡在滑动过程中坡体位移不一致，在天然状态下，坡体容易产生微裂隙，使降雨容易入渗，从而导致斜坡岩土体抗剪强度下降，不利于斜坡稳定；在饱水状态下，坡体位移也不一致，因此将导致边坡体在滑动过程中产生变形解体破坏。这就是上三高速公路2号抗滑桩土坡抗滑桩之上的浆砌片石护坡出现大范围的沉陷和弧形裂缝，高速公路养护部门曾用水泥浆修补裂缝，但修补后又有开裂，抗滑桩上侧的截水沟局部拱起，片石

护坡之上的截水沟也局部开裂，另外，抗滑桩间的预制挡土板缝隙间地下水渗出严重的原因。

(4)抗滑桩土坡在变形过程中坡体的塑性应变并不一致，坡体塑性应变较大值的区域也主要位于图中抗滑桩的背后土体中部的部分地段；抗滑桩土坡从天然状态向饱水状态发展，坡体塑性应变较大值的区域已由图中坡体塑性应变较大值区域除位于抗滑桩的背后土体中部，还向含碎石黏性土与中风化凝灰岩的接触带扩展。因此，抗滑桩土坡抗滑桩的背后土体中部和坡体后缘一般首先发生破坏，产生拉张裂缝，而且随着抗滑桩土坡变形解体破坏的进一步发展，坡体的塑性应变将增大，从而导致坡体中部出现拉张裂缝，这就是上三高速公路 2 号滑坡抗滑桩加固后土坡发生变形、沉降和坡体表部产生裂缝的另一个原因。

第7章 抗滑桩土坡变形破坏过程离心模型试验研究

要阻止边坡变形破坏的发展与发生,就必须设置抗滑支挡结构。目前,抗滑桩仍然是较为有效与可靠的边坡变形破坏的治理方法。在工程建设中,抗滑桩土坡的工作性状有两种:一是土坡的变形破坏失稳状态;二是土坡-抗滑桩加固体的变形失效状态。前者是指边坡土体所受应力已超越本身的极限强度,这就是通常说的滑坡,而后者是指土坡-抗滑桩加固体的位移变形过大,或抗滑桩所受弯矩过大,已超过本身的抗弯能力,导致抗滑桩土坡整体失稳。目前,采用离心模型探究抗滑桩土坡边坡的变形破坏过程还有待深入研究。本章拟采用基于 ANSYS 三维有限元平台的二次开发专用模块,模拟抗滑桩加固的均质土坡原型的变形破坏,及通过离心模型试验对均质地层抗滑桩土坡的变形破坏过程进行研究,揭示抗滑桩土坡的应力场和应变场的变化规律。

7.1 试验模型

7.1.1 模型对象

三维离心模型对象:在平面图上为 16.5m×84.4m 的一块长方形区域,其中沿滑坡体主滑方向取 84.4m,垂直于滑坡体主滑方向取 16.5m。在立面图上,模型取 50m,如图 7-1 所示。设一排共 4 根抗滑桩,桩身断面尺寸为 1.5m×2.4m,桩间距 4.0m,桩长 16.0m,桩间迎坡面采用预制挡土地板坐浆安砌,板后填土反压,桩头埋原地面,组桩抗滑能力为 14500kN。在桩顶高程以上滑坡体内按 1:1.6 坡率进行削坡,坡面采用浆砌片石护坡;滑坡周界外缘设置两道截水沟,以拦截地表水,并将地表水排至路基边沟;调整公路纵坡,适当提高开挖路段的路面高程,减小开挖量,提高边坡的稳定性。

抗滑桩为人工挖孔钢筋混凝土结构,考虑配筋的影响,参数:桩身的计算弹性模量 $E=24.5\text{GPa}$,$\nu=0.2$,$\gamma=23.5\text{kN/m}^3$。

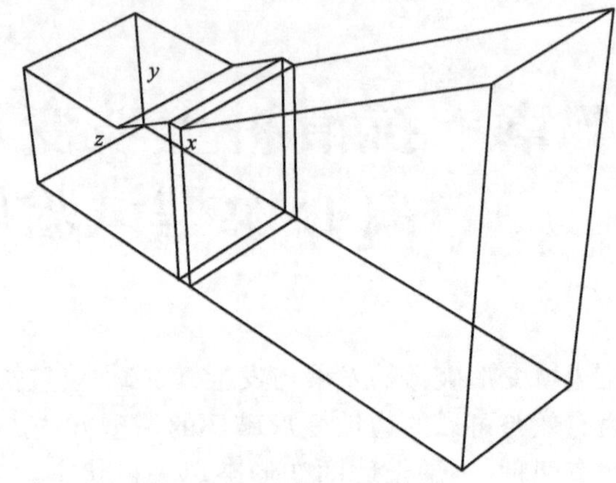

图 7-1　边坡离心模型的对象

7.1.2　模型制作与布置

7.1.2.1　模型比尺

根据离心机配备模型箱尺寸、抗滑桩长度、测量仪器的安装等，确定模型比尺 $n=100$。

7.1.2.2　模型桩及相关结构

为了测量及模型桩制作方便，并考虑桩的抗弯刚度与工程实际相似等条件，模型桩断面尺寸选定 15mm×24mm 的矩形空心铝合金管作为抗滑桩。

7.1.2.3　边坡模型

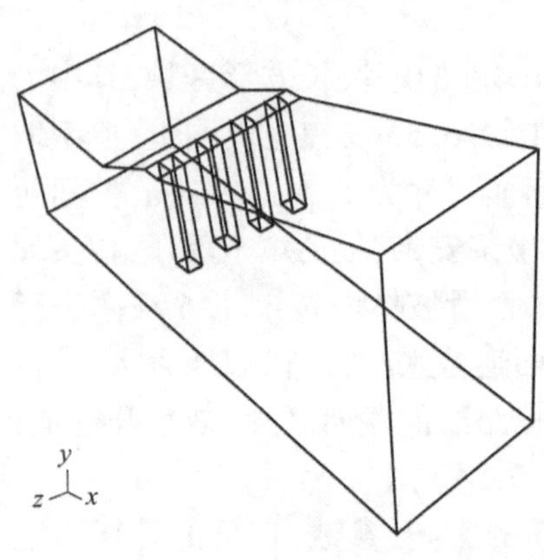

图 7-2　边坡离心模型透视图

边坡模型应用相同质量黏土颗粒和水搅拌成泥浆，然后按相同的预压荷载与预压时间先进行预压，预压完成后再施加荷载利用离心加速度，按相同的施加方式与施加时间进行固结，以确保不同边坡模型土体强度具有较好的重复性，运行完成后将土体切削成设定边坡，插入模型桩，并在侧面布置圆形变形测量标志。为了使预压泥浆能尽快固结以及使抗滑桩下部能有效固定，在模型制备时，下部采用 10cm 厚的紧密砂层。离心模型的透视图如图 7-2 所示。

模型土层物理力学特性指标见表 7-1。

计算参数初始值　　表7-1

土　性	$\gamma(kN/m^3)$	E(MPa)	泊松比	$\varphi(°)$	c(kPa)
天然黏性土	18.0	85	0.32	18.1	64.8
饱水黏性土	19.0	42	0.35	16.5	36.5

7.1.3　量测方法

7.1.3.1　位移测量

试验中在模型表面中心线上安装激光位移传感器，测量边坡顶、坡脚表面沉降和桩头水平位移变化，传感器的分辨率为20μm。

7.1.3.2　土体变形测量

通过在边坡侧表面设置的变形测量网格来测量土体的变形。

7.2　试验步骤与过程

在模型制备完成，并将位移及应力测量仪器调试完成后即开始进行模型试验。为了对比不同工况条件下抗滑桩加固边坡的变形破坏特性，试验时所有2组模型均按照相同的离心加速度施加速率和施加方式进行。试验按以下步骤进行：①首先按10g/min的加速度施加速率将模型离心加速度施加到100g；②保持100g运行12min；③快速均匀施加离心加速度到180g，进行破坏性试验；④保持180g高速运行18min后停机进行边坡侧表面的变形测量。测定试验全过程的相应试验数据。

7.3　模型试验对象（无加固抗滑桩边坡）的稳定性计算

7.3.1　弹塑性有限元算法模型的选择

在边坡稳定性计算分析中，使用有限元强度折减法不仅可以直接得出滑坡的稳定性系数，不需要事先假设滑裂面的形状和位置，还可以得到滑坡内各单元的应力和变形情况，给出岩土体的破坏区域，从而大致给出破坏面的位置。

有限元强度折减系数法的基本原理是将土体的强度参数（内摩擦角和黏聚力）同时除以一个折减系数K_S，从而得到一组新的参数值，再把新的参数值当作强度参数输入进行计算，直到坡体达到临界状态。有限元计算将不收敛，此时的折减系数K_S即所要求的安全系数。

因为本章研究对象无加固抗滑桩的天然边坡属于一般黏性土滑坡，所以在采用弹塑性有限元分析滑坡稳定性时，一般把岩土体看作 M-C 材料，选择 Mohr-Coulomb 屈服准则作为屈服函数和塑性势函数的本构模型，即 M-C 模型。

在本研究对象的边坡弹塑性有限元数值分析和计算中，模型计算参数初始值(临界状态)均通过采用基于 ANSYS 软件平台的弹塑性有限元抗剪强度折减法进行反演计算确定，推导边坡岩土体的物理力学参数等，见表 7-1。

为了保证计算精度，又便于划分单元，在三维弹塑性接触有限元模型中全部采用细网格划分的六面体等参单元离散化边坡土体进行模拟。具体的网格划分如图 7-3 所示。计算模型共计 2142 个单元，2768 个节点。

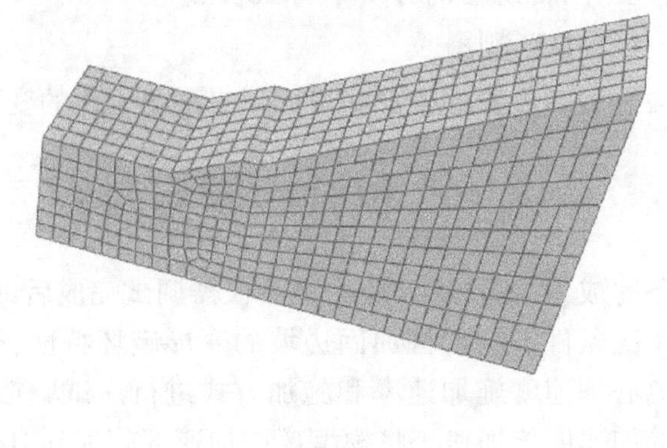

图 7-3　网格划分

在建立三维有限元模型时，按照右手法则，xz 平面取土坡主滑方向和垂直于滑坡体主滑方向(公路)组成的平面，y 方向向上为正，xy 平面取滑坡主滑方向与边坡高程方向组成的平面，x、y 的正方向取向如图 7-3 所示。上述计算模型边界的选取既使主要的地质力学特征和地形地貌特征反映在计算结果中，同时也能够保证足够的计算精度。

结合实际情况，在模型的两组直立面上施加水平方向的光滑位移约束，对底平面(xz 平面)设置 y 方向的竖直约束，模型的顶面自由，通过施加重力来考虑自重应力场的作用。

7.3.2　边坡变形破坏过程分析

在滑坡的稳定性数值计算分析中，运用大型有限元软件，在选取 Mohr-Coulomb 屈服准则的基础上，首先取折减系数 $K_S = 1$ 进行试算，此时运算结果收敛，则不断增加折减系数，直至运算不收敛。最后求得该滑坡的天然状态下的安全系数为 1.02，说明该边坡处于极限破坏状态。而采用滑坡不平衡推力传递法(极限平衡法)求得不考虑地下水作用时边坡的稳定性系数为 1.3，说明该边坡还没有处于极限破坏状态，这与实际情况不相符。由此可知，采用边坡不平衡推力传递法比采用弹塑性有限元强度折减法计算所得稳定性系数要大得多；在边坡稳定性计算分析中，采用弹塑性有限元强度折减法计算边坡稳定性系数能比较好地反映边坡所处的实际状态。

另外，采用强度折减法计算在饱水状态下该滑坡的安全系数为 0.78。

7.3.2.1　在不同工况下滑体的水平位移的变化

图 7-4 和图 7-5 分别是该滑坡体处于天然状态和饱水状态下滑体的水平位移云图。(扫码看彩图)

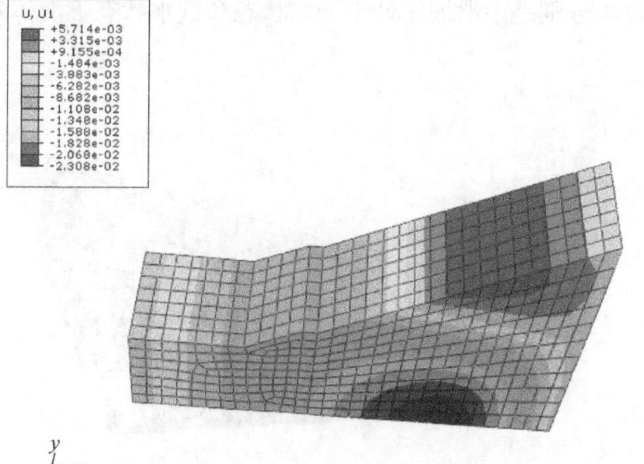

图 7-4　天然状态下滑体的水平位移云图(单位：m)

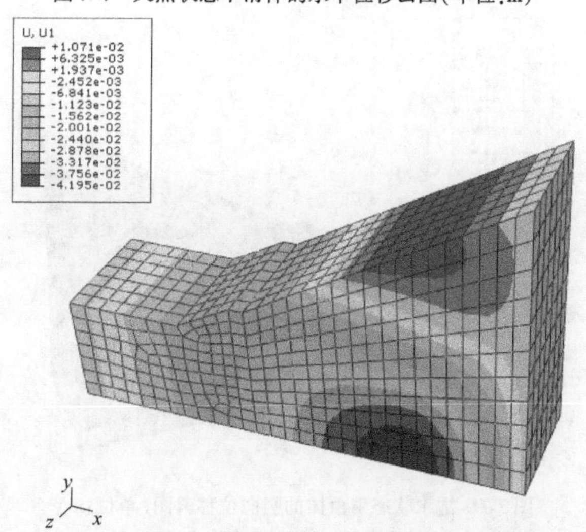

图 7-5　饱水状态时滑体的水平位移云图(单位：m)

从图 7-4 和图 7-5 可知，当滑坡体分别处于天然状态和饱水状态下时，其最大水平位移分别为 2.308cm 和 4.195cm，增大 81.8%；滑坡体的水平位移极大值均出现在坡体中下部；坡体后部的上层土体存在向后位移趋势。随着滑坡体由天然状态向饱水状态发展，滑坡体各部位的水平位移都大约增加了 80%。另外，由图 7-4 和图 7-5 可知，滑坡体各部位的水平位移值及位移方向是不相同的，坡体中下部向前产生位移，而坡体后部向后产生位移。

7.3.2.2 在不同工况下滑体的竖向位移的变化

图 7-6 和图 7-7 分别是该滑坡体处于天然状态和饱水状态下滑体的竖向位移云图。(扫码看彩图)

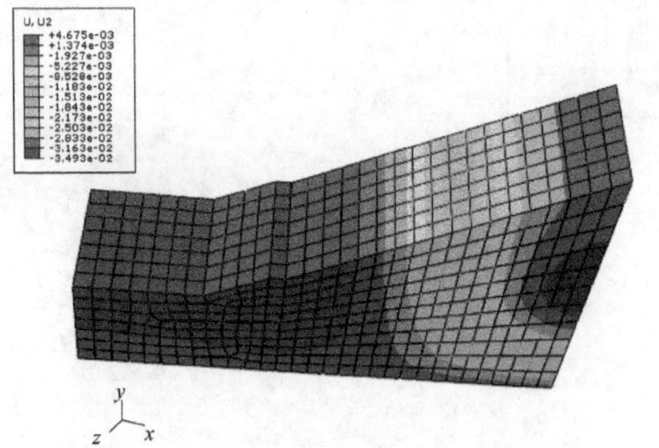

图 7-6 天然状态下滑体的竖向位移云图(单位：m)

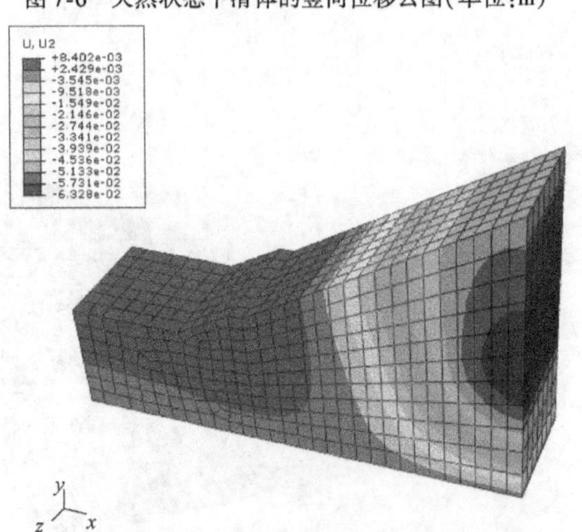

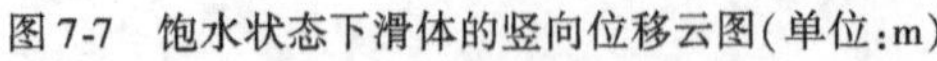

图 7-7 饱水状态下滑体的竖向位移云图(单位：m)

从图 7-6 和图 7-7 可知，当滑坡体分别处于天然状态和饱水状态下时，其最大竖向位移分别为3.493cm和6.328cm,增大了81.2%;滑坡体的竖向位移极大值均出现在坡体后部;坡体最大隆起值分别为4.675mm(天然状态)和8.402mm(饱水状态)。随着滑坡体由天然状态向饱水状态发展,滑坡体各部位的竖向位移都增加了约80%。另外,由图7-6和图7-7可知,滑坡体各部位的竖向位移值及位移方向是不同的,坡体后部土体存在向下沉降趋势,而坡体前部土体存在向上隆起趋势。

7.4　饱水状态下抗滑桩加固的边坡稳定性分析

在饱水状态下抗滑桩加固边坡的稳定性数值计算分析中,运用大型有限元软件,在选取Mohr-Coulomb屈服准则的基础上,首先取折减系数K_S=1进行试算,此时运算结果收敛,则不断增加折减系数,直至运算不收敛。最后求得饱水状态下该抗滑桩加固边坡的安全系数为1.08,说明抗滑桩加固后的边坡处于稳定状态,但安全储备不多。

7.4.1　饱水状态下抗滑桩加固边坡坡体的水平位移

图7-8是该抗滑桩加固的边坡处于饱水状态下坡体的水平位移云图。(扫码看彩图)

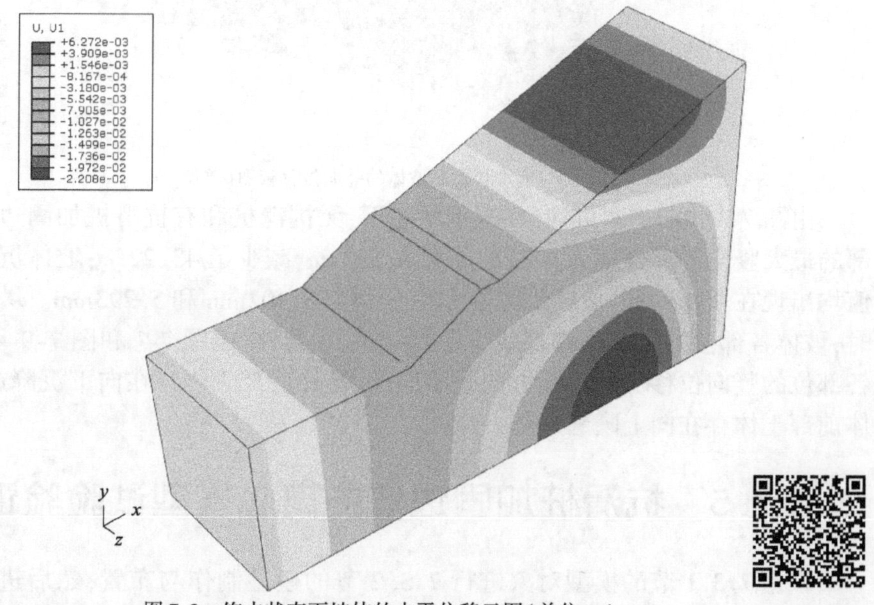

图7-8　饱水状态下坡体的水平位移云图(单位:m)

由图7-5和图7-8可知,在饱水状态下,无抗滑桩和有抗滑桩加固边坡坡体表部的最大水平位移分别为 4.195cm 和 2.208cm(向坡前方向位移),减少了47.37%;坡体表部的较大水平位移区域均位于坡体后部,但有抗滑桩加固的边坡坡体表部的最大水平位移区域有向边坡体后缘缩小的趋势;坡体后部的上层土体存在向后位移趋势,而抗滑桩桩后浅表部坡体后部的土体存在向前位移趋势。

7.4.2 饱水状态下抗滑桩加固边坡坡体的竖向位移

图 7-9 是该抗滑桩加固的边坡处于饱水状态下坡体的竖向位移云图。(扫码看彩图)

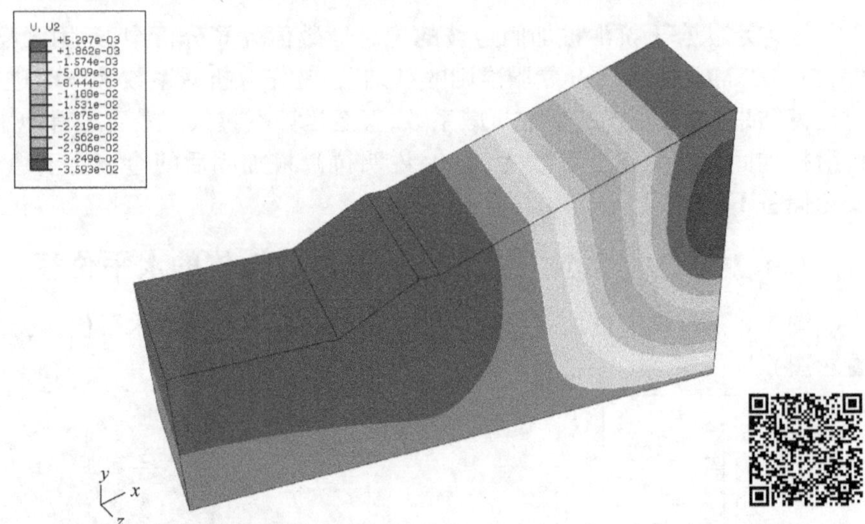

图 7-9 饱水状态时坡体的竖向位移云图(单位:m)

由图 7-7 和图 7-9 可知,在饱水状态下,无抗滑桩和有抗滑桩加固边坡坡体表部的最大竖向沉降分别为 6.328cm 和 3.593cm,减少了 43.22%;坡体沉降的极大值均出现在坡体后部;坡体最大隆起值分别为 8.402mm 和 5.293mm。坡体加固后时,坡体各部位的竖向位移都减少了约 40%。另外,由图 7-7 和图 7-9 可知,坡体各部位的竖向位移值及位移方向是不同的,坡体后部土体存在向下沉降趋势,而坡体前部土体存在向上隆起趋势。

7.5 抗滑桩加固边坡的离心模型试验验证

根据 7.3.1 节的模型对象进行 7.3.2 节的模型制作与布置,然后进行抗滑桩加固边坡的离心模型试验,获得坡体的水平位移和竖向位移图分别如图 7-10 和图 7-11 所示(扫码看彩图)。

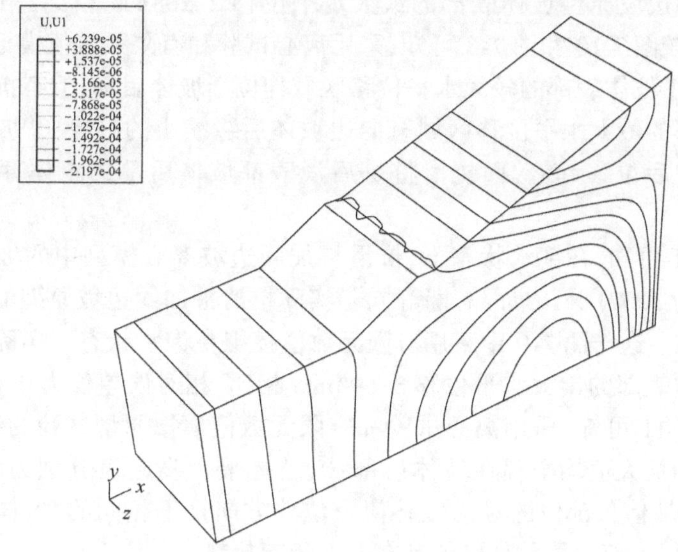

图 7-10　饱水状态下离心模型坡体的水平位移云图(单位:m)

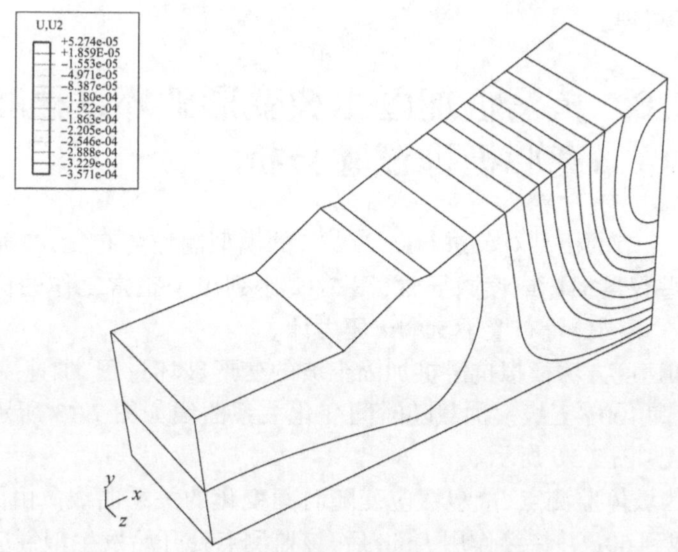

图 7-11　饱水状态时离心模型坡体的竖向位移云图(单位:m)

由图 7-10 可知,在饱水状态下,抗滑桩加固边坡离心模型中的坡体表部的最大水平位移为 2.197×10^{-1}mm(向坡前位移),即等同于实际抗滑桩加固边坡原型的坡体水平位移为 2.197cm。这与图 7-8 中采用有限元数值模拟在饱水状态下实际抗滑桩加固边坡原型坡体表部的最大水平位移 2.208mm 相比，相对误差仅为 0.498%。比较图 7-10 和图 7-8 可知，采用离心试验和有限元数值模拟原型试验的结果均表明：①坡体表部的较大水平位移区域均位于坡体后部，但有抗滑桩加固的边坡坡体表部的最大水平位移区域有向边坡体后缘缩小的趋势；②坡体后部的上层土体存在向后位移趋势，而抗滑桩桩后浅表部坡体后部的土体存在向前位移趋势。

由图 7-11 可知，在饱水状态下，抗滑桩加固边坡离心模型中的坡体表部的最大竖向沉降为 3.571×10^{-1}mm，即等同于实际抗滑桩加固边坡原型的坡体竖向沉降为 3.571cm。这与图 7-9 中采用有限元数值模拟在饱水状态下实际抗滑桩加固边坡原型坡体表部的最大水平位移 3.593mm 相比，相对误差仅为 0.612%。比较图 7-9 和图 7-11 可知，采用离心试验和有限元数值模拟原型试验的结果均表明：①坡体沉降的极大值均出现在坡体后部；②坡体最大隆起值分别为 5.274mm 和 5.293mm；③坡体各部位的竖向位移值及位移方向是不相同的，坡体后部土体存在向下沉降趋势，而坡体前部土体存在向上隆起趋势。

通过上述分析可知，采用离心模型试验，可以较准确地评价均质地层抗滑桩土坡的变形破坏机理。

7.6 抗滑桩加固土坡变形破坏过程的离心模型试验分析

根据 7.3.1 节的模型对象进行 7.3.2 节的模型制作与布置，在离心模型试验过程中，有一些仪器损坏或读数异常，图 7-12 中列出了正常工作的位移计和应变片，模型中还在不同位置布置了 5 个土压力计。

采用变加速度方法模拟抗滑桩加固土坡的变形破坏过程，加速度分别为 $20g$、$40g$、$60g$、$80g$ 和 $100g$ 五级。加载随时间变化关系曲线如图 7-13 所示。离心试验结果如图 7-14 ~ 图 7-16 所示。

图 7-14 为坡体监测点 B_1 塑性应变随时间变化的关系曲线。由图 7-14 可知，当加速度加载到 $60g$ 并持续作用 1min 后，该监测点处开始发生塑性应变并呈急剧上升趋势到 0.00141，然后保持基本不变至加速度加载到 $80g$ 后 0.5min，该监测点处塑性应变又发生迅速增大至 0.00239，最后一直保持快速上升至加速度加载到 $100g$ 后坡体发生破坏，此刻该监测点处塑性应变为 0.00342。

图 7-15 为坡体监测点 A_2 坡体位移随时间变化的关系曲线。由图 7-15 可知，

当加速度从 0 加载至 100g 时，该监测点处坡体位移随时间和加速度加载大小呈直线增大变化关系。

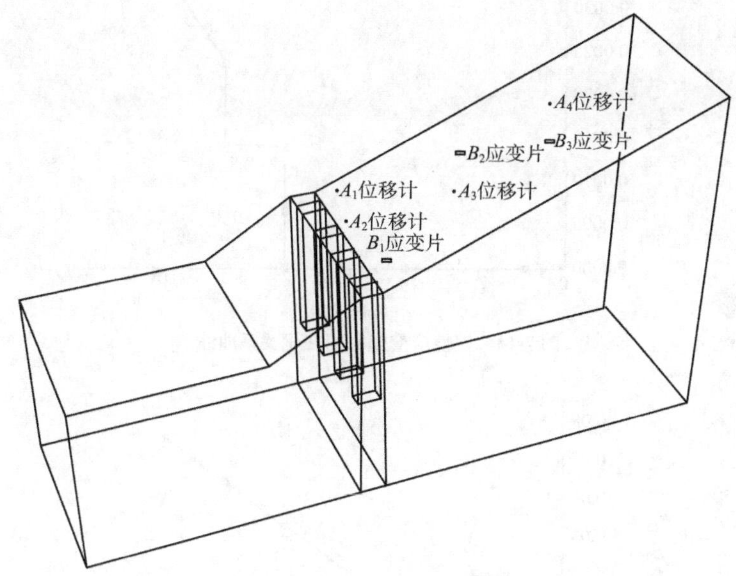

图 7-12　模型草图及仪器布置

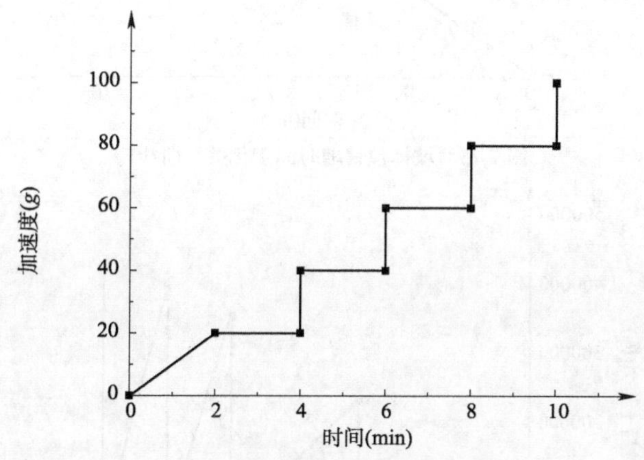

图 7-13　加速度随时间变化关系曲线

图 7-16 为坡体监测点 A_2 桩后坡体土压力随时间变化的关系曲线。由图 7-16 可知，当加速度从 0 加载至 100g 时，该监测点处的桩后坡体土压力随时间和加速度加载大小呈波浪式上升的变化关系。

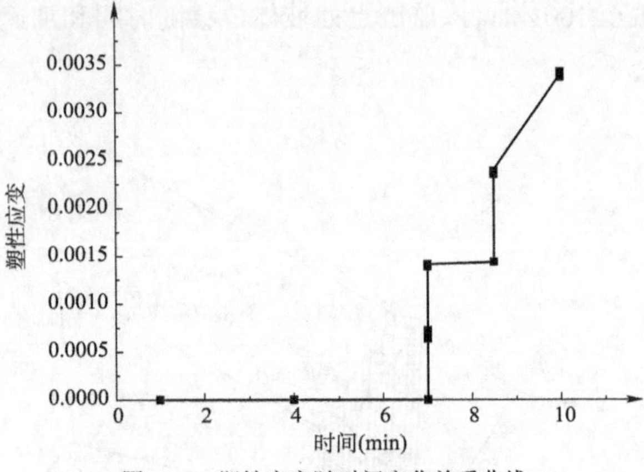

图 7-14 塑性应变随时间变化关系曲线

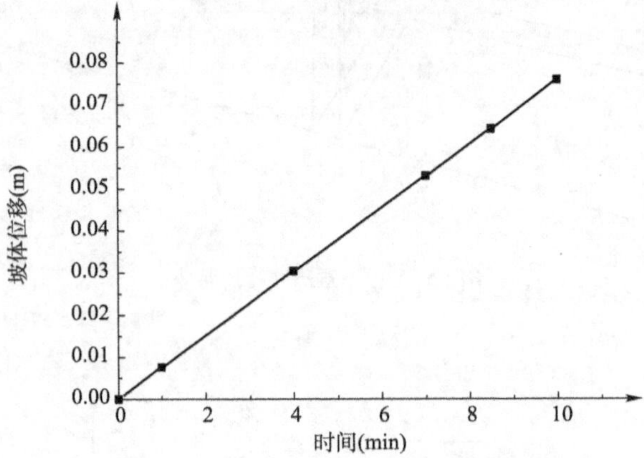

图 7-15 坡体位移随时间变化关系曲线

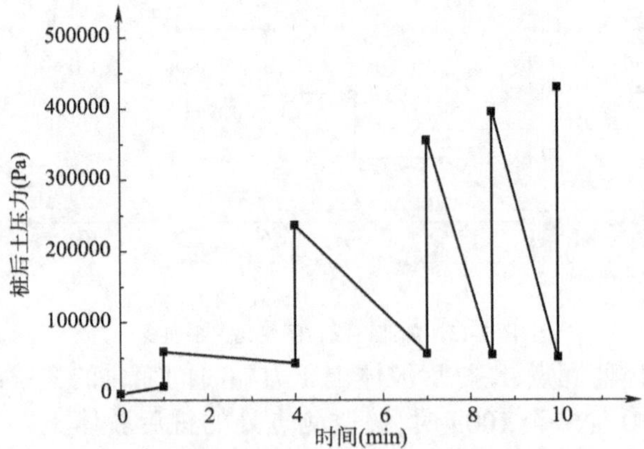

图 7-16 桩后坡体土压力随时间变化关系曲线

7.7 结　论

由上述分析可得,采用ANSYS三维有限元软件开展分析,模拟抗滑桩加固的均质土坡原型的变形破坏,及采用离心模型试验,模拟均质地层抗滑桩土坡的变形破坏,可以揭示抗滑桩土坡的应力场、位移场的变化规律。

(1)采用离心模型试验,可以较准确地评价均质地层抗滑桩土坡的变形破坏机理。

(2)当加速度加载到60g并持续作用1min后,坡体开始发生塑性应变并呈急剧上升趋势,然后保持基本不变至加速度加载到80g后0.5min,坡体塑性应变又发生迅速增大,最后一直保持快速上升至加速度加载到100g后坡体发生破坏。

(3)当加速度从0加载至加速度100g时,该监测点处坡体位移随时间和加速度加载大小呈直线增大变化关系。

(4)当加速度从0加载至100g时,该监测点处的桩后坡体土压力随时间和加速度加载大小呈波浪式上升的变化关系。

第8章　抗滑桩土坡流变破坏过程分析

随着复杂地质山岭地区工程建设规模的不断增大,特别是高等级公路、铁路建设速度的加快,滑坡治理成为一项越来越重要的工程。而抗滑桩由于适用范围广,并具有许多突出的优点,已成为滑坡治理中一种主要的方法。但是,由于人们对大多数抗滑桩边坡工程的整体可靠性、稳定性和工作状态认识较模糊,要么因过于保守设计导致滑坡治理资金的严重浪费,要么由于认识不足导致边坡发生失稳破坏,影响了工程的安全和正常运营。如某高速公路 K92 ~ K95 段设置了 400 多根抗滑桩治理深层古滑坡体,耗资几千万元,但自 2000 年工程竣工通车以来,该处边坡上又出现多处裂缝。因此,以抗滑桩土坡为研究对象,研究抗滑桩土坡流变破坏过程,对保证高速公路畅通和安全运营,有着十分重要的现实意义。

8.1　工程概况

以某抗滑桩土坡为研究对象,在平面图上为 16.5m × 84.4m 的一块长方形区域,其中沿滑坡体主滑方向取 84.4m,垂直于滑坡体主滑方向取 16.5m。在立面图上,模型取 50m,如图 8-1 所示。设一排共 4 根抗滑桩,桩身断面尺寸为 1.5m × 2.4m,桩间距 4.0m,桩长 16.0m,桩间迎坡面采用预制挡土地板坐浆安砌,板后填土反压,桩头埋原地面,组桩抗滑能力为 14500kN。在桩顶高程以上滑坡体内按 1:1.6 坡率进行削坡,坡面采用浆砌片石护坡;滑坡周界外缘设置两道截水沟,以拦截地表水,并将地表水排至路基边沟;调整公路纵坡,适当提高开挖路段的路面高程,减小开挖量,提高边坡的稳定性。

抗滑桩为人工挖孔钢筋混凝土结构,考虑配筋的影响,参数:桩身的计算弹性模量 $E = 24.5\text{GPa}, \nu = 0.2, \gamma = 23.5\text{kN/m}^3$。

模型的透视图如图 8-2 所示。

模型土层物理力学特性指标见表 7-1。

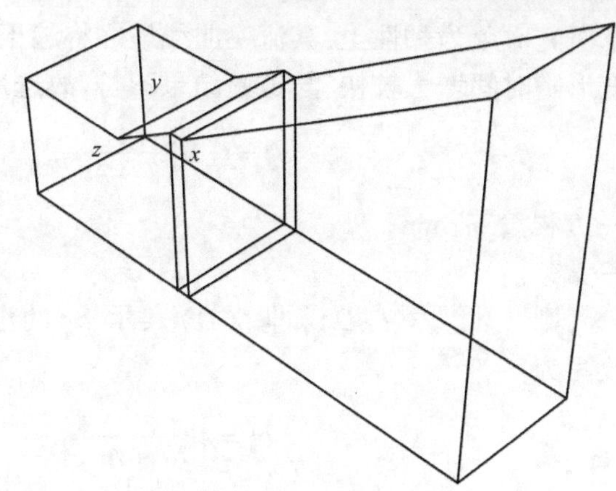

图 8-1　边坡物理模型

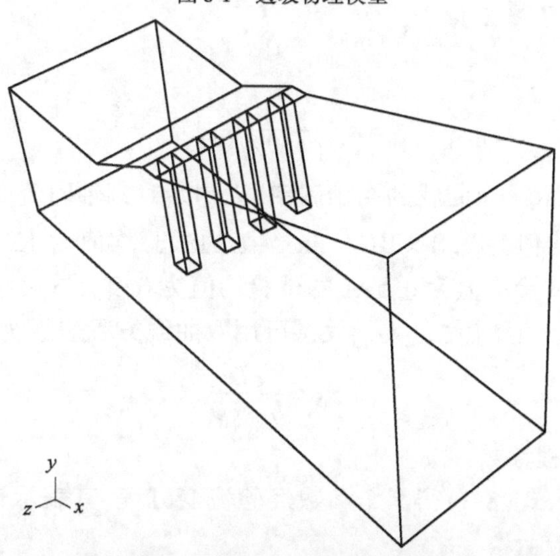

图 8-2　抗滑桩土坡边坡模型透视图

8.2 流变方程

一般认为,轴向应变 ε_a 是时间 t 和应力水平 D 的函数,可表示为:

$$\varepsilon_a = f(D)G(t) \tag{8-1}$$

式中:$f(D)$、$G(t)$——分别为 D 和 t 的函数;时间函数 $G(t)$ 表示 ε_a-t 关系,可以选用不同的函数形式,包括幂函数、对数函数和双曲线函数等。

因本章研究对象为黏性土,其流变曲线最终将趋于一稳定值,而幂函数和对数函数所得变形随时间增大较快,与试验结果不符,故选用双曲线函数,即:

$$\varepsilon_{\mathrm{a}} = f(D)\frac{t}{T + At} \tag{8-2}$$

式中:T——方程参数,min;

A——常数。

令 $t\to\infty$,则 $\varepsilon_{\mathrm{a}}\big|_{t\to\infty} = f(D)$,即 $f(D)$ 表示 ε_{a} 的渐进值,以 $\varepsilon_{\mathrm{au}}$ 表示,则可将式(8-2) 改写为:

$$\varepsilon_{\mathrm{a}} = \varepsilon_{\mathrm{au}}\frac{t}{T + At} \tag{8-3}$$

可知,$T/\varepsilon_{\mathrm{au}}$ 和 $t/\varepsilon_{\mathrm{au}}$ 分别为 $t/\varepsilon_{\mathrm{a}}$-$t$ 关系曲线的截距和斜率。由试验研究可知,$\varepsilon_{\mathrm{au}}$ 随应力水平的增大逐渐增大。

由式(8-3)得:

$$\frac{\partial \varepsilon_{\mathrm{a}}}{\partial t}\bigg|_{t_0} = \varepsilon_{\mathrm{au}}\frac{T}{(T + At)^2}\bigg|_{t\to 0} = \frac{\varepsilon_{\mathrm{au}}}{T} \tag{8-4}$$

可知,$\varepsilon_{\mathrm{au}}/T$ 表示 ε_{a}-t 曲线的初始斜率,为初始时刻轴向流变增长的速率,即初始流变率,其试验均值为 $2.0\times10^{-3}\,\mathrm{min}^{-1}$;$T$ 的试验均值为 13.0min;$\varepsilon_{\mathrm{au}}$ 的试验均值为 1.05%;D 的试验均值为 0.5;A 的试验均值为 0.9。试验结果表明,初始流变率随应力水平的增大而增大。D-$\varepsilon_{\mathrm{au}}$ 关系可用双曲线方程表示为:

$$\varepsilon_{\mathrm{au}} = \frac{aD}{b - cD} \tag{8-5}$$

式中:a、b、c——方程参数。

将式(8-5)代入式(8-3)得 5 个参数经验流变方程,其表示轴向应变-应力水平与时间的关系:

$$\varepsilon_{\mathrm{a}} = \frac{aD}{b - cD}\cdot\frac{t}{T + At} \tag{8-6}$$

该方程仅有 a、b、c、A 和 T 五个参数,应用较简便。依据试验获得 a、b、c、A 和 T 五个参数分别为 0.016min、0.85min、0.68min、0.9min 和 14.8min。

8.3 黏弹塑性有限元算法模型的选择

因为本章研究对象——加固抗滑桩土坡属于一般黏性土边坡,所以在采用黏弹塑性有限元分析边坡稳定性时,一般把岩土体看作 M-C 材料,选择 Mohr-Coulomb 屈服准则作为屈服函数和塑性势函数的本构模型,即 M-C 模型。

在本研究对象的边坡黏弹塑性有限元数值分析和计算中,模型计算参数初始值(临界状态)均通过采用基于 ANSYS 软件平台的弹塑性有限元抗剪强度折减法进行反演计算确定,推导边坡岩土体的物理力学参数等,见表 7-1。表中,γ 为重度(kN/m^3);E 为弹性模量(MPa);φ 为内摩擦角(°);c 为黏聚力(kPa)。

为了保证计算精度,又便于划分单元,在三维黏弹塑性接触有限元模型中全部采用细网格划分的六面体等参单元离散化边坡土体进行模拟。具体的网格划分如图 8-3 所示。计算模型共计 2142 个单元,2768 个节点。

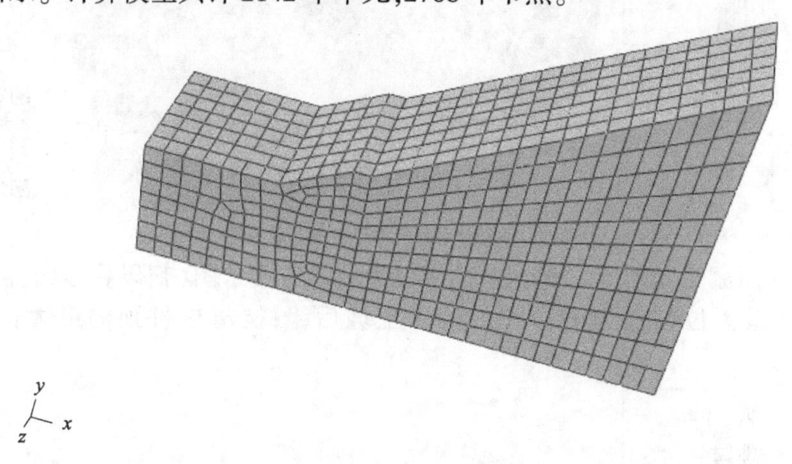

图 8-3　网格划分

在建立三维有限元模型时,按照右手法则,xz 平面取土坡主滑方向和垂直于坡体主滑方向(公路)组成的平面,y 方向向上为正,xy 平面取边坡主滑方向与边坡高程方向组成的平面,x、y 的正方向取向如图 8-3 所示。上述计算模型边界的选取既能使主要的地质力学特征和地形地貌特征反映在计算结果中,同时也能够保证足够的计算精度。

结合实际情况,在模型的两组直立面上施加水平方向的光滑位移约束,对底平面(xz 平面)设置 y 方向的竖直约束,模型的顶面自由,通过施加重力来考虑自重应力场的作用。

8.4　抗滑桩土坡流变破坏过程分析

采用试验获得的五参数经验流变方程,基于 ANSYS 软件平台进行二次开发,嵌入 ANSYS,对上述抗滑桩黏性土边坡的变形破坏过程进行数值模拟分析。

8.4.1 抗滑桩土坡流变破坏过程中位移场的变化

图 8-4 是流变 3h 后的饱水抗滑桩土坡的位移云图(扫码看彩图)。由该图可知,坡面最大位移值为 7.272mm,位于土坡后缘;抗滑桩桩顶的最大位移值为 2.424mm。

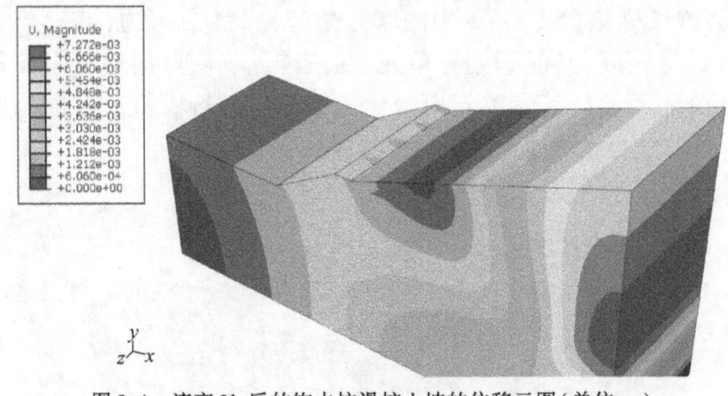

图 8-4 流变 3h 后的饱水抗滑桩土坡的位移云图(单位:m)

图 8-5 是流变 1500 天后的饱水抗滑桩土坡的位移云图(扫码看彩图)。由该图可知,坡面最大位移值为 11.72cm,位于土坡后缘;抗滑桩桩顶的最大位移值为 5.859cm。

图 8-5 流变 1500 天后的饱水抗滑桩土坡的位移云图(单位:m)

图 8-6 是流变 53 年后的饱水抗滑桩土坡的位移云图(扫码看彩图)。由该图可知,坡面最大位移值为 14.33cm,位于土坡后缘;抗滑桩桩顶的最大位移值为 5.970cm。

比较图 8-4、图 8-5 和图 8-6 可知,当流变时间由 3h 发展到 1500 天时,抗滑桩土坡最大位移值增大了 16.6 倍;而当流变时间由 1500 天发展到 53 年时,抗滑桩土坡最大位移值仅增大了 22.3%,即仅增大 2.61cm。当流变时间由 3h 发展到 1500 天时,抗滑桩土坡桩顶最大位移值增大了 23.17 倍;而当流变时间由 1500 天发展到53年时,抗滑桩土坡最大位移值仅增大了1.89%,即仅增大了1.1mm。计算结果表明,抗滑桩土坡的流变破坏一般发生在最初5年内,流变发展到后期已趋于稳定。所以在对抗滑桩土坡的稳定性进行监控时,一般要注意最初5年内抗滑桩土坡变形破坏的发展趋势,才能防患于未然。

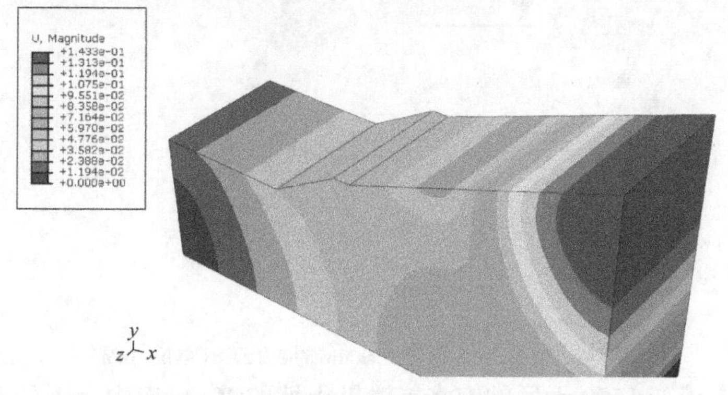

图8-6 流变53年后的饱水抗滑桩土坡的位移云图(单位:m)

8.4.2 抗滑桩土坡流变破坏过程中应力场的变化

图8-7是流变3h后的饱水抗滑桩土坡的Mises应力云图(扫码看彩图)。由该图可知,坡面最大应力值为92.1kPa,位于抗滑桩背后;抗滑桩桩顶的最大应力值为418.4kPa。

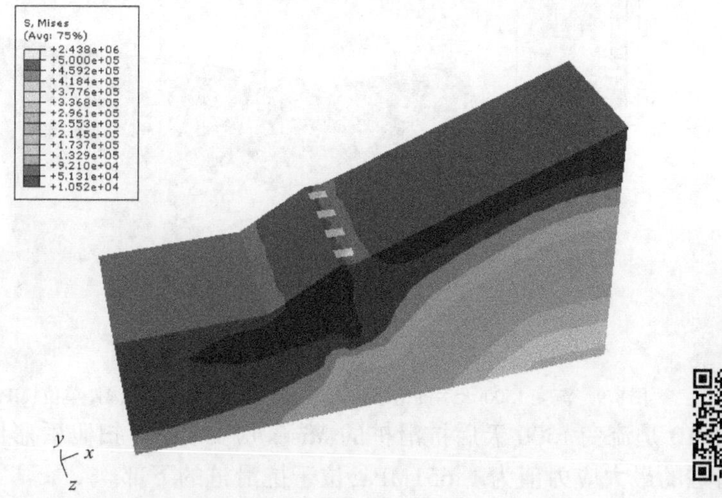

图8-7 流变3h后的饱水抗滑桩土坡的Mises应力云图(单位:MPa)

图8-8是流变3h后抗滑桩的Mises应力云图(扫码看彩图)。由该图可知,抗滑桩的最大应力值为2.438MPa,位于抗滑桩的中下部。

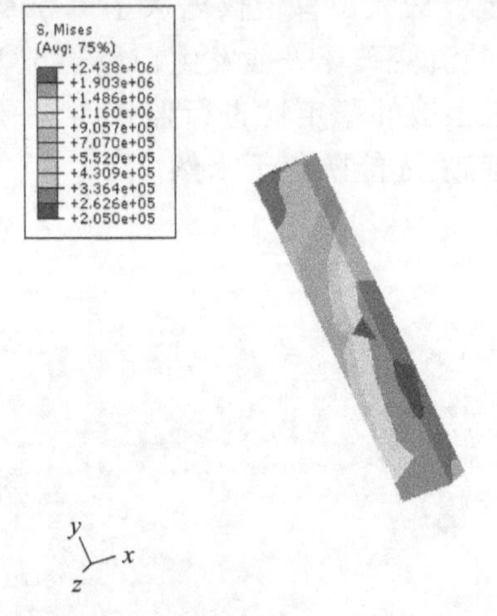

图 8-8　流变 3h 后抗滑桩的 Mises 应力云图(单位:MPa)

图 8-9 是流变 1500 天后的饱水抗滑桩土坡的 Mises 应力云图(扫码看彩图)。由该图可知,坡面最大应力值为71.58kPa,位于土坡后部;抗滑桩桩顶的最大应力值为 203.0kPa。

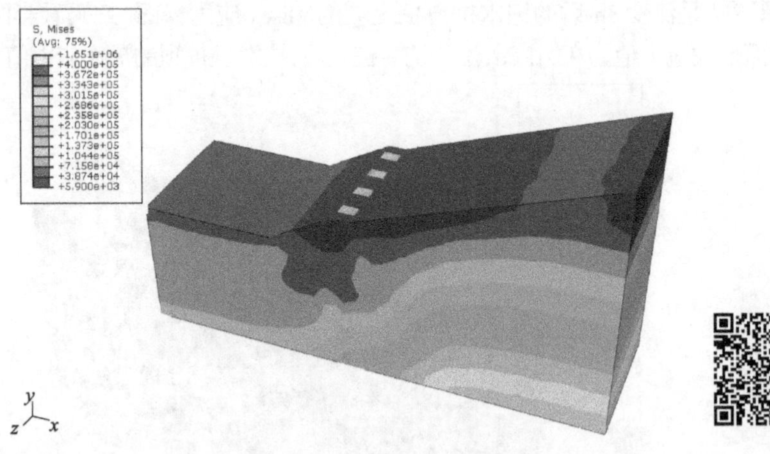

图8-9　流变 1500 天后的饱水抗滑桩土坡的 Mises 应力云图(单位:MPa)

图 8-10 是流变 1500 天后抗滑桩的 Mises 应力云图(扫码看彩图)。由该图可知,抗滑桩的最大应力值为 1.651MPa,位于抗滑桩的下部。

图 8-11 是流变 53 年后的饱水抗滑桩土坡的 Mises 应力云图(扫码看彩图)。由该图可知,坡面最大应力值为36.3kPa,位于抗滑桩背后;抗滑桩桩顶的最大应力值为 200.0kPa。

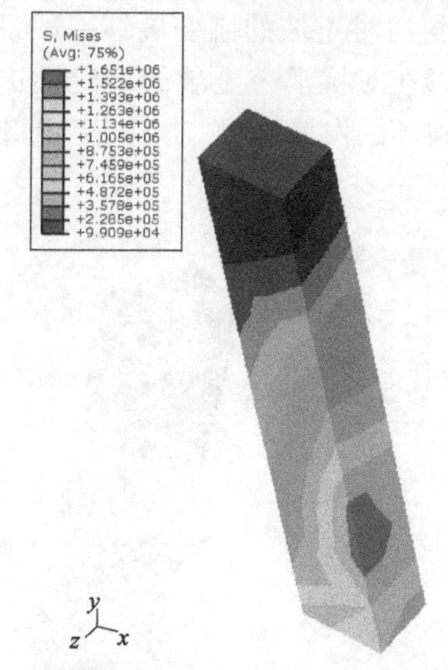

图8-10 流变1500天后抗滑桩的Mises应力云图(单位:MPa)

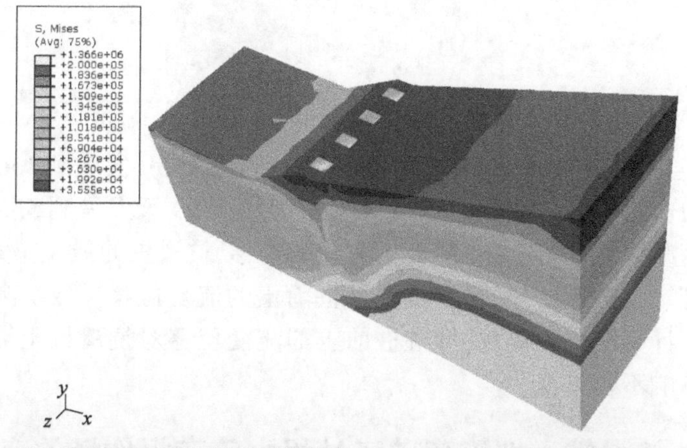

图8-11 流变53年后的饱水抗滑桩土坡的Mises应力云图(单位:MPa)

图8-12是流变53年后抗滑桩的Mises应力云图(扫码看彩图)。由该图可知,抗滑桩的最大应力值为1.366MPa,位于抗滑桩的下部。

比较图8-7、图8-9和图8-11可知,当流变时间由3h发展到1500天时,抗滑桩土坡坡面最大应力值减少了22.28%;而当流变时间由1500天发展到53年时,抗滑桩土坡坡面最大应力值减少了49.29%。随流变时间的推移,抗滑桩土坡坡面最大应力值从抗滑桩背后转移到边坡后部,说明了应力松弛导致边坡前部的应力降低。当流变时间由3h发展到1500天时,抗滑桩土坡桩顶最大应力值减少了51.48%;而当流变时间由1500天发展到53年时,抗滑桩土坡最大位移值仅减少了1.5%。计算结果表明,抗滑桩土坡的流变破坏一般发生在最初5年内,流变发展到后期已趋于稳定。所以在对抗滑桩土坡的稳定性进行监控时,一般要注意最初5年内抗滑桩土坡变形破坏的发展趋势,才能防患于未然。

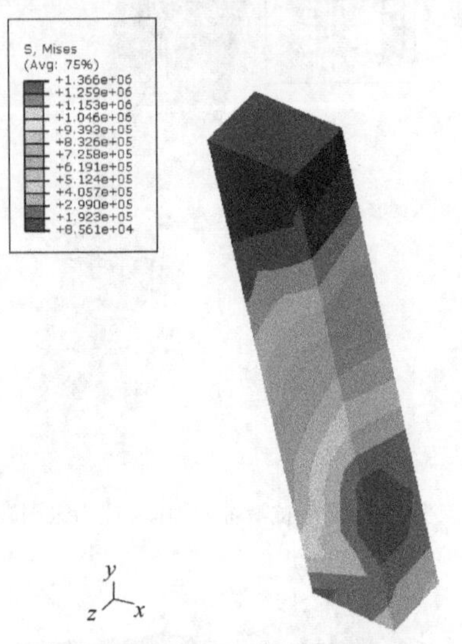

图8-12　流变53年后抗滑桩的Mises应力云图(单位:MPa)

比较图8-8、图8-10和图8-12可知,当流变时间由3h发展到1500天时,抗滑桩的最大应力值减少了32.28%;而当流变时间由1500天发展到53年时,抗滑桩的最大应力值减少了17.26%。随流变时间的推移,抗滑桩的最大应力值从抗滑桩中下部转移到抗滑桩下部,说明了抗滑桩桩前土的流变位移导致抗滑桩中上部的土压力降低。计算结果表明,抗滑桩桩前土的流变位移对抗滑桩土坡稳定性及其流变破坏的影响不容忽视。

8.4.3　抗滑桩土坡流变破坏过程中流变损伤场的变化

图8-13是流变3h后的饱水抗滑桩土坡的流变云图(扫码看彩图)。由该图可知,坡面最大流变值为4.95×10^{-5},位于抗滑桩桩后并形成一个宽带,其宽度大约等于抗滑桩截面高度。

图8-14是流变1500天后的饱水抗滑桩土坡的流变云图(扫码看彩图)。由该图可知,坡面最大流变值为0.02878,位于抗滑桩桩后。而且,抗滑桩桩后和桩间土的流变都较大,其值为0.003~0.02878;抗滑桩土坡坡前和土坡后部的土层也发生较大的流变,其值为0.0016~0.003。

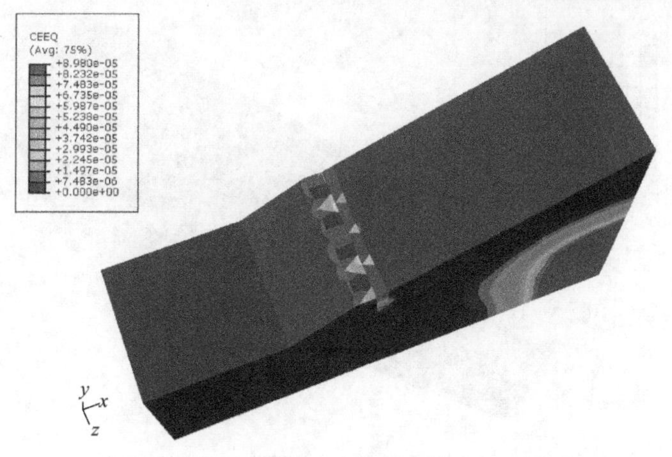

图 8-13 流变 3h 后的饱水抗滑桩土坡的流变云图

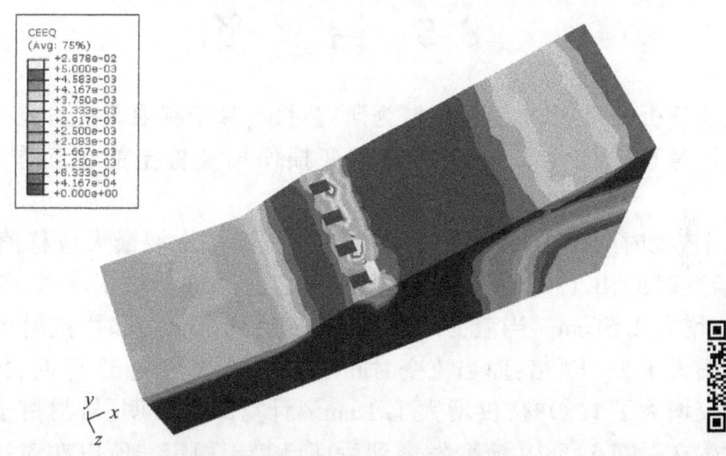

图 8-14 流变 1500 天后的饱水抗滑桩土坡的流变云图

图 8-15 是流变 53 年后的饱水抗滑桩土坡的流变云图(扫码看彩图)。由该图可知,由该图可知,坡面最大流变值为 0.1175,位于抗滑桩桩后和桩间。而且,抗滑桩桩后和桩间土的流变都较大,其值为 0.0025 ~ 0.1175;抗滑桩土坡坡前和土坡后部的土层也发生较大的流变,其值为 0.0025 ~ 0.005。

比较图 8-13、图 8-14 和图 8-15 可知,当流变时间由 3h 发展到 1500 天时,抗滑桩土坡最大流变值增大了 580.4 倍;而当流变时间由 1500 天发展到 53 年时,抗滑桩土坡最大流变值仅增大了 3.08 倍。计算结果表明,抗滑桩桩前土的流变对抗滑桩土坡稳定性及其流变破坏的影响不容忽视。

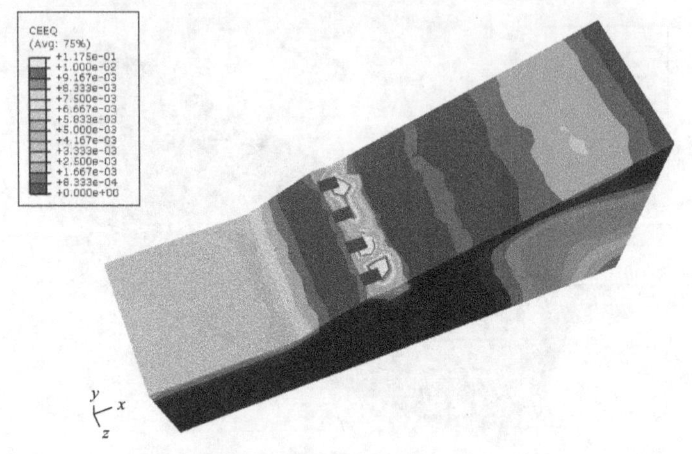

图 8-15　流变 53 年后的饱水抗滑桩土坡的流变云图

8.5 结　　论

由上述分析可知,以抗滑桩土坡为研究对象,基于有限元法研究分析抗滑桩土坡流变破坏过程的位移场、应力场和流变损伤场及桩土的相互作用,得到以下认识:

(1)当流变时间由 3h 发展到 1500 天时,抗滑桩土坡最大位移值增大了 16.6 倍;而当流变时间由 1500 天发展到 53 年时,抗滑桩土坡最大位移值仅增大了 22.3%,仅增大 2.61cm。当流变时间由 3h 发展到 1500 天时,抗滑桩土坡桩顶最大位移值增大了 23.17 倍;而当流变时间由 1500 天发展到 53 年时,抗滑桩土坡最大位移值仅增大了 1.89%,仅增大 1.1mm。计算结果表明,抗滑桩土坡的流变破坏一般发生在最初 5 年内,流变发展到后期已趋于稳定。所以在对抗滑桩土坡的稳定性进行监控时,一般要注意最初 4 ~5 年抗滑桩土坡变形破坏的发展趋势,才能防患于未然。

(2)当流变时间由 3h 发展到 1500 天时,抗滑桩土坡坡面最大应力值减少了 22.28%;而当流变时间由 1500 天发展到 53 年时,抗滑桩土坡坡面最大应力值减少了 49.29%。随着流变时间的推移,抗滑桩土坡坡面最大应力值从抗滑桩背后转移到边坡后部,说明了由于应力松弛导致边坡前部的应力降低。当流变时间由 3h 发展到 1500 天时,抗滑桩土坡桩顶最大应力值减少了 51.48%;而当流变时间由 1500 天发展到 53 年时,抗滑桩土坡最大位移值仅减少了 1.5%。计算结果表明,抗滑桩土坡的流变破坏一般发生在最初 5 年内,流变发展到后期已趋于稳定。所以在对抗滑桩土坡的稳定性进行监控时，一般要注意最初5年内抗滑桩土坡变形破坏的发展趋势，才能防患于未然。

(3)当流变时间由3h发展到1500天时，抗滑桩土坡最大流变值增大了580.4倍；而当流变时间由1500天发展到53年时，抗滑桩土坡最大流变值仅增大了3.08倍。当流变时间小于3h时，抗滑桩土坡坡前和土坡后部的土层的流变值小于4.95×10^{-5}；当流变时间由3h发展到1500天时，抗滑桩土坡坡前和土坡后部的土层也发生了较大的流变，其值为0.0016～0.003，而当流变时间由1500天发展到53年时，抗滑桩土坡坡前和土坡后部的土层也发生较大的流变，其值为0.0025～0.005。计算结果表明，抗滑桩桩前土的流变对抗滑桩土坡稳定性及其流变破坏的影响不容忽视。

第9章　山区高速公路边坡滑坡防治对策

边坡的滑坡防治要以边坡基本变形特征为基础进行综合分析。只有掌握其特征,才能对其稳定性作出科学评价,从而制订出合理的方案。由实践可知,高速公路边坡的滑坡治理应从其自然环境、水文及地质方面综合考虑。在诸要素均保持稳定的前提下,制订相应的防治对策,使其最符合安全性和经济效益。本书以浙江省曾经处治的滑坡工程为背景,就钢管桩、抗滑桩及其抗滑桩土坡相关处治措施,一方面对滑坡坡脚进行支挡,同时通过卸载,加强坡体排水及坡面绿化工作,以达到综合防治的效果。

9.1　钢管桩处治滑坡

某高速公路 K25 + 185 ~ K25 + 787 段右侧以挖方路基通过,路堑边坡 1∶1,挂网植草防护,边坡开挖施工已经至路床高程,在降雨影响下,于路堑边坡外出现裂缝,裂缝为 17 ~96m,滑体厚度为 3 ~7m,滑坡面积为 17958m^2,滑坡推力为 398kN/m,如图 9-1 所示。

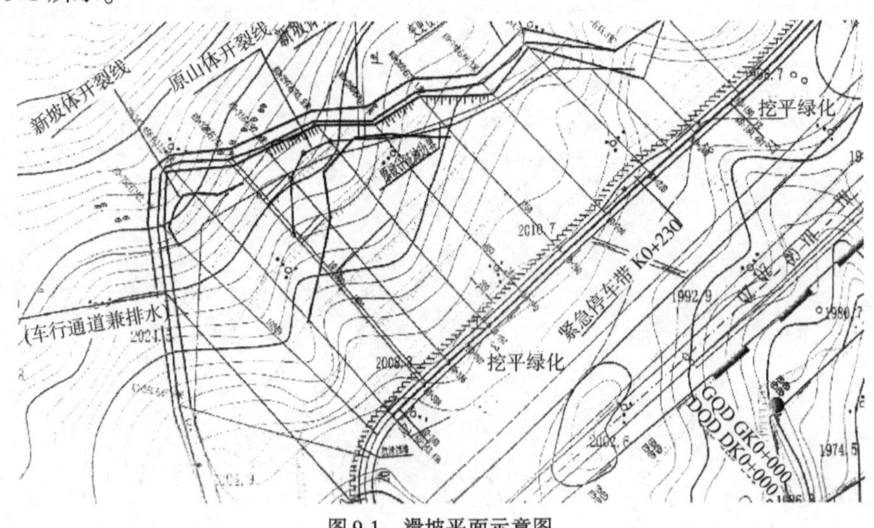

图 9-1　滑坡平面示意图

钢管桩节省材料，成本低，经济效益较好；操作简单环保，具有生态效益，并且其能够解决工程中的环境污染问题，适用于处理挖方后的路基边坡加固，防止因开挖卸荷产生路基边坡塌方。通过钢管桩的加固能够稳定坡体下滑趋势，保证边坡的安全，缩短工期的同时提高了生态效益，避免破坏当地的环境。

9.1.1　钢管桩处治滑坡主要特点

(1)位于半坡面上、适合浅层滑坡，即滑坡体厚度为3～12m。

(2)钢管为热轧无缝钢管，钢管接长采用焊接，防腐采用电弧热喷涂防腐方法，钢管桩布设3排，排距1m，间距2m。

(3)采用预成孔插管压浆法，先钻孔，再放管，后压浆的施工方法。

(4)钢管桩施工结束后，对钢管桩桩顶予以连接，浇筑成整体，以有效抵抗滑坡推力。

(5)施工后对滑坡有较好的抵抗能力，制止了滑坡体的进一步下滑，确保高速公路上车辆的通行安全。

(6)工程造价成本可控且低，施工便捷效率高。

通过高压注浆的方式使水泥浆充分地接触边坡深部岩体，水泥浆凝结后能提高岩体的整体性，钢管桩的加入能提高岩体物理力学性能指标，如提高岩体的抗剪切能力。钢管在注浆后成为黏结锚杆，给边坡提供一定的锚固作用，二者联合作用能够在平面区域内形成一道重力式挡墙，以抵抗上方滑坡产生的下滑力，通过提高边坡自身防滑度提高边坡的稳定系数。针对岩体较软弱、节理裂隙较多的边坡，利用钢管桩防治成果较好。除此之外，钢管桩能够改良土体结构，提高边坡坡脚的抗压能力。通过改良，坡脚应力过大或者过于集中等问题能够得以解决。

9.1.2　钢管桩施工关键技术

9.1.2.1　钢管桩施工程序

钢管桩施工采用ZSY-80锚固工程钻机，上部配套偏心钻具，配置ϕ168套管成孔，验孔合格后下合格的钢管，再灌注M30砂浆；钢管桩应分段施工，每隔15m设变形缝一道，从中间往两端施工。施工流程如图9-2所示。

9.1.2.2　钢管桩的定位及编号

1)编号

钢管桩编号为Gij。其中G代表钢管桩，i为行号，由上游向下游按自然序列递增，$i=1,2,3,\cdots,j$为列号，并对应i，直接按照行进方向来看，通过自然序列递增，

$j=1,2,3\cdots$

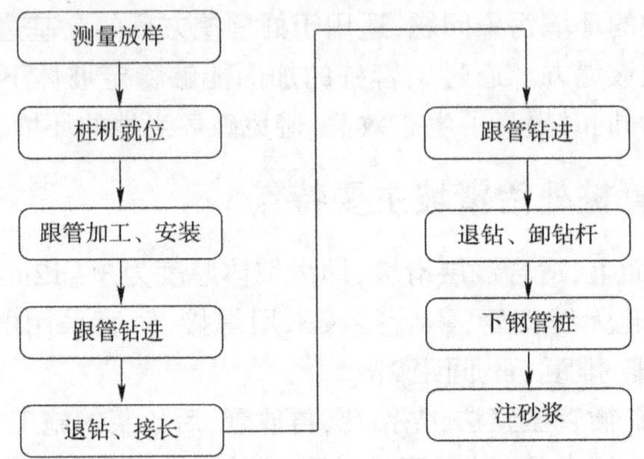

图 9-2 钢管桩偏心跟管工艺流程

2）桩位测放定位

根据图纸测放桩位。使用红油漆标定，桩位坐标误差不超过 ±10cm，钻机安装平台保持绝对稳走状态，才能达到钻孔的质量要求。施工后的成孔过程，其轴线的俯角和方位角精确度都依赖于钻机的稳定。严格按照检测的垂直度，用钻机水平尺精确测量其平整度。钻机就位以后的现场情况如图 9-3 所示。

图 9-3 钢管桩施工现场

3）钢管桩孔位钻进

（1）钻孔基本技术参数。

孔径：钢管桩设计孔径为 ϕ168mm；桩深 1500cm，根据实际情况可能调整；角度：钻孔为垂直孔。

（2）钻进方法。

钻进工艺：偏心潜孔锤 ϕ168mm，跟管钻到相应深度；钻进压力：一钎头贴地，二低压冲击，三平缓推进；正常钻进时，钻进压力 $P_{\mathrm{f}}=2\sim4\mathrm{kN}$。

开孔转速 $n=0$，正常钻进转速 $n>90\mathrm{r/m}$，风量为 $Q_{风}=9\sim12\mathrm{m/min}$。

4)操作方法

(1)首先，在开始之前，让偏心钻头伸出。当正转达到相应速率后，再张开钻头，这时才能够进行正常钻进。当钻头到达孔底时，必须进行回转，回转正常后再继续钻进，以此循环往复。

(2)加钻杆边和套管(在跟管钻进的同时加)。

(3)当跟管钻进达到既定目标后，可将钻具和钻杆升出孔外。必须注意的是，套管必须在 ϕ140mm 钢管插入后才能拔出。

(4)注意风压、钻压变化，实时调整参数，避免出现因参数不稳而导致套管断落的情况，或者偏心块收不回的状况发生。

(5)高压风清孔后，精确测量孔的深度。

9.1.2.3　钢管桩制作安装

(1)钢管材料采用 ϕ140mm×4.5 无缝钢管，钢管的接长，采用 ϕ127mm×4 钢管内接，按图施工。

(2)防腐采用电弧热喷涂防腐方法。采用处理等级 SA3 的金属表面以及电弧热喷的锌涂铝合金的防腐涂层。电弧喷涂锌铝的防腐涂层参数为 160μm，其中锌为 80%，铝为 15%。还有两道 50μm 的环氧封闭涂层(842)。需要注意的是，在钢管出厂前，都必须经过防腐处理。运输过程中防止损伤，加强吊装保护设施配置。焊缝处应现场刷锌防腐。

(3)按设计变更图，钢管底用 ϕ18mm 钢筋做孔底支撑钢筋，以利于向钢管外返浆，使钢管内外形成浆液结石体，照图纸要求加工，加工完成经监理验收合格后才可以安装。

(4)根据图纸计算单根管加工成形后质量近 300kg，可使用汽车起重机吊装或现场加工轮式简易架卷扬机吊装，安装后的钢管在孔内居中。

9.1.2.4　砂浆灌注

(1)砂浆比例为水:水泥为 1:1，钢管桩灌注不另设回浆管，防止浆液回流，在孔口设 M30 水泥砂浆进行封口，其方式以预成孔插管压浆为主，射浆管下方距离孔底不大于 0.5m 处。钻孔均为将粒径不超过 2mm 的细砂一次性全孔灌注，并不分段。

(2)在钢管底部焊接两根钢筋(规格为 ϕ18mm)支撑钢管在孔内离孔底一定距离，加强浆液顺畅度。灌注时，保证管内外和孔壁的间隙都能够灌足浆液。

(3)灌注过程中，灌浆压力保持在0.05～0.3MPa，当浮渣完全翻出管顶后可停止灌浆；为提高浆体密度，要在灌浆结束之前保持稳定的持浆量，这样能够提高保护层的质量，使所有浆体有效深入土体。灌浆结束后，如果发现部分砂浆密度不够，通过二次补充注入即可，如图 9-4 所示。

图 9-4　钢管桩打设与注浆

(4)在坡口侧边进行注浆时，灌浆压力从 0.05MPa 开始分级平稳加压，同时在地面设立观测点，观测点地基水平总位移和地面总抬升量应小于 10mm。

(5)灌浆的后序钻探成果是前一次效果检测的依据，因此必须严格按照顺序完成。每个桩孔完成后直接灌浆，并保持灌注完成后的 24h 内，再次进行两次上述操作，以此类推。

(6)由灌浆有关文献结论可知，单位注入量呈现递减趋势，即序孔 1 > 序孔 2 > 序孔 3，符合灌浆技术常规；根据后序孔的钻探资料可知，其返水含有十分明显的水泥粉粒，即后序对钻探的冲洗严谨度越来越高，卡钻现象少则钢管的下放才能十分顺畅，在后序工作中，卡顶的现象也会越来越少。

9.1.2.5　连系梁施工

钢管桩完成后即将设桩处路基进行作业。将其开挖到桩顶高程下 70cm 处，相邻钢管桩之间顶端采用 ϕ25mm Ⅱ级钢筋焊接后，桩顶上部浇筑总厚 50cm 的 C25 混凝土，以使钢管桩形成整体，同时避免锈蚀。浇注中应保证四周混凝土保护层厚度不小于 10cm。

(1)挖基。根据图纸要求进行测量放线，采用人工开挖，系梁宽 240cm、高 50cm，并将挖出的土方弃至监理同意的地方。

(2)钢筋焊接。根据图纸，三排桩顶有 3 层 ϕ25mm 钢筋，分别焊于钢管上，焊于桩上时要注意钢筋和钢管均不得受到伤害。

9.1.2.6　混凝土浇筑(混凝土强度等级为 C25)

(1)拌和:操作严格,程序规范,现场用搅拌机对混凝土进行拌和。

(2)入模:现场采用罐车直接浇筑入模。

(3)底部基岩面浇筑第一层、铺一层 2 ~ 3cm 的水泥砂浆后,才能对混凝土进行入模。其目的是适应砂浆与混凝土的浇筑强度,确保其建基面的优性接触。然后,混凝土厚度达 30 ~ 50cm 时,开始进行铺料循环浇筑。

(4)严禁在浇注过程中加水:以提高振捣水平,确保浇筑质量。

(5)养护:混凝土浇筑完成且稳定 12h 后开始养护,按照相关规范标准,其养护时间不低于 28d。12h 后,即在面板上盖薄膜,并保持潮湿状态。

9.1.3　滑坡变形观测

9.1.3.1　工作程序及要求

(1)工作程序:首先,设观测断面,将其选在挖方边坡的最高点。其次,以第一个点为基点,按照 40m 的距离,沿着路线分别向前后布置对应的观测断面,并在断面的边坡坡口线外设置固定桩。线外设桩的距离大概为坡口 2m 处,固定桩的尺寸为 0.1m × 0.1m × 0.6m。最后,施工时,在对应边坡平台埋固定桩,位置适当即可,一直埋到坡脚处。

(2)要求:在边坡开挖前和开挖过程中,都要实时监测坡面状况。在确定设计方案不变后,再进行相关施工工作。

(3)施工时,要注意观测桩的安全性和准确性,以免因意外破坏影响整体效果。并且,对观测桩可以根据实际环境和施工的状况调整设置。

9.1.3.2　观测桩制作

(1)观测桩尺寸为 60cm × 10cm × 10cm,根据测量放线人工挖坑,用定型框模浇筑 C15 混凝土,并在一端面正中心插入 10cm 长 ϕ 8mm 钢筋,钢筋外露 5cm,在钢筋外露端头面刻十字线,以便测量和观测。为便于观测,要做好定位后的测量参数。

(2)观测桩保护:施工过程中要注意保护观测桩不受施工和人为因素影响。

(3)测量坡体位移变化规律,参考时间、开挖参数以及天气变化因素。

9.1.3.3　施工监测

(1)监测内容:施工时边坡水平以及竖向位移的发展情况;滑坡裂缝的发展情况。

(2)工作方法:利用全站仪监测。除施工现场的各固定点的坐标和高程监测外,还要利用直尺测裂缝宽度变化。

(3)工作频率:3 天为一周期,反复观测固定桩。如遇强降雨等极端天气,则必须在雨后增加 1 次观测。施工完成后到道路通车前,每两周观测一次。道路通车之后,在前一年半内,每个月观测一次。

9.2 抗滑桩处治理滑坡关键技术

某高速公路上的 K52 + 957 ~ K53 + 120 路段,其右侧边坡某段区内主要地形地貌与地层构造如下:

地形地貌:低山丘陵及沟谷地貌,地形起伏大,地面高程为 300 ~ 330m,地表植被较发育,以杂木林为主。

地质条件:该工点坡表为残坡积碎石土,棕褐色,可塑,碎石含量 40% ~ 50%,局部混大块石,厚 2 ~ 5m,下为普通土(Ⅱ级),下伏基岩为石英砂岩。

岩土特征描述:①碎石土(含黏性土碎石),灰黄色,稍湿,稍密中密,碎石含量为 60% ~ 75%,直径为 2 ~ 6cm,棱角状,中风化状,其余为黏性土充填,层厚 1 ~ 3m;②强风化砂岩,灰白色、灰黄色,岩石较软弱,岩芯较破碎,节理裂隙发育,细粒结构,层状构造,岩芯以块状为主,层厚 2 ~ 3.5m;③中风化砂岩:灰白色,岩石较坚硬,岩芯较完整,节理裂隙发育一般,微粒结构,层状构造,岩芯以块状为主,部分块状,节长 5 ~ 15cm。

滑坡区水系发育程度不高,季节性冲沟主要作为大气降水的临时性通道,将区内地下水分为第四系松散层孔隙水以及基裂隙裂隙水。

这段公路的右侧边坡原设计坡率为 1:1,坡面高度不大于 9.0m,以挖方路基的方式通过并加三维网种草防护。边坡开挖施工接近路床高程时,在降雨影响下,于路堑边坡外 25 ~ 60m 处出现裂缝,后缘有 7 道宽 20cm、深 1m 的裂缝,且边坡土石界面已经剪出 30 ~ 40cm,其滑体厚度约 7m,滑坡变形明显,已经危及堑顶地方道路、高压线、水渠等构造物安全。

为避免滑移加重,可以在路段右侧距离坡口中线 22m 的地方埋截面尺寸 1.6m × 2.4m 的抗滑桩,桩间距为 6m。根据路段的坡口高度,可以分别采用共计 20 根的 3 种桩型,即 2 根 13m 长的抗滑桩、15 根 15m 长的桩以及 3 根 22m 长的桩。

9.2.1 工程难点及特点

一方面,防护工程形式多且杂,量大且繁复。另一方面,不利的地形加剧了施工的难度。本来设计的桩顶应该在距离原地面以下3~16m的位置,但是按照设计施工方的要求,必须在抗滑桩的土方挖运完成后才能进行抗滑桩的正式施工操作。

9.2.2 总体方案

根据桩基地质情况,采用人工分段挖土。用分段护壁的方法施工,以保证操作安全,即人工在井内挖土,电动水泵抽水,葫芦配卷扬机提升井内土石,井壁进行混凝土护壁。施工中,遇到极硬岩石,须进行爆破后掘进成孔。钢筋采取在加工场单根加工弯制好后,在桩内安装成型,主钢筋直径大于或等于22mm,采用滚轧直螺纹套筒连接。采用直升导管法灌注混凝土,在拌和站混凝土供应采用JS900搅拌机集中拌和,用输送车输送,通过固定式输送泵输送到位。

9.2.3 施工工艺

施工工艺流程如图9-5所示。

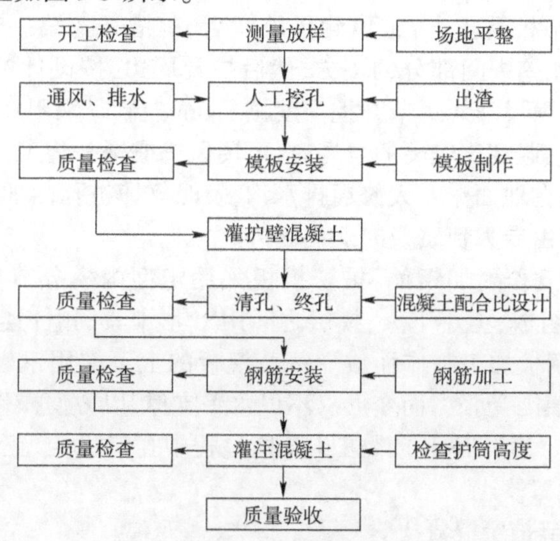

图9-5 工艺流程图

平整场地→放线定桩位及高程→开挖第一节桩孔土石方→支护壁模板放附加钢筋→浇筑第一节护壁及锁口混凝土→在护壁上二次投测高程及桩位十字轴线→架设垂直运输架、安装电动葫芦(卷扬机)、吊桶、照明、活动盖板、水泵、通风机等设施→开挖吊运第二节桩孔土石方并校核桩孔位置、垂直度、净宽→先拆第一节支第二节护壁模板(放附加钢筋)→浇第二节护壁混凝土,重复第二节挖土石方、支模、浇筑混凝土护壁工序,循环作业直至设计深度→终孔检查验收→安装钢筋→放混凝土导管→浇筑桩身混凝土(随浇随振)→桩身检查。

9.2.4 施工技术要点和措施

(1)施工准备:首先熟悉施工图纸,各项临时设施,如照明、动力、通风、安全设施要准备就绪。施工时,先清除设计桩位范围内场地的杂物、障碍物,平整施工场地和施工便道。开挖前,对施工人员进行全面的安全技术交底;操作前对吊具进行安全性、可靠性的检查和试验,确保施工安全。

(2)场地平整:根据施工图设计,结合现有地面高程,用挖掘机将场地适当开挖平整,地面宽度以满足孔口作业需要为前提,为防止雨水冲刷,以求作业场地稳定,保证孔口锁口质量,从而最大限度地满足孔内安全施工。

(3)测量放线:依据设计图纸计算各桩位的坐标,并确定每个桩孔与相邻控制点的位置关系。经复核无误后在场区内实地放出,同时以桩中心为交点,在纵向和横向埋设好护桩,桩位经监理工程师复核并签字同意后方可进行下一步施工。

(4)开挖第一节桩孔土方:桩位测量放样后,跳槽开挖第一节,开挖桩孔要从上到下逐层进行,先挖中间部分的土方,然后扩及周边,按设计桩直径及护壁厚度控制开挖桩孔的截面尺寸。每节开挖深度按1.0m控制。采用短把的镐、锹等简易工具进行人工挖土,遇到比较硬的岩层时,可用风镐或爆破施工。开挖以2人为一个小组,相互配合,在地面派专人修通排水沟,及时排掉桩孔内抽出的水,从桩孔内挖出的废土或石渣由专人负责及时运出场外。

(5)支护壁模板和附加钢筋:护壁模板采用定型内模分节支设,每节高度为1.0m,每节由4块组成,上小下大,模板之间用U形卡具、扣件连接固定,模板由厚度不小于6mm的钢板加工制作而成。每节模板的上下端用钢管或木块各设一道内侧支撑,防止内模因受张力而变形。不设水平支撑,以方便操作。

(6)浇筑锁扣。为了保证抗滑桩孔开挖过程中孔口稳定,正式开挖前,在孔口部位浇筑抗滑桩锁口。

(7)浇筑第一节护壁混凝土。

①桩孔护壁混凝土:每挖完一节后要立即浇筑混凝土。人工浇筑,人工捣实,混凝土强度为C20,坍落度控制在80~100mm,确保孔壁的稳定性。

②护壁钢筋制作安装:钢筋骨架在钢筋棚中统一制作,然后运至现场。先按设计尺寸做加劲筋圈,在圈上用油漆画出主筋的位置,把主筋摆架立在施工的护壁底

面,并标出加劲筋位置,将主筋与加劲筋按标记对应焊接,焊接时扶正加劲筋,并用自制直角板校正加劲圈与主筋的垂直度,然后点焊。同一主筋必须在一条直线上,部分点焊加强。为保证钢筋骨架的保护层厚度,按设计要求在主筋上焊接定位钢筋。

(8)检查桩位(中心)轴线及高程:每节桩孔护壁做好以后,将桩位十字轴线和高程测设在护壁的上口,然后用十字线对中,吊线坠向井底投设,以半径尺杆检查孔壁的垂直平整度。随之进行修整,井深必须以基准点为依据,逐根进行引测,保证桩孔轴线位置、高程、截面尺寸满足设计要求。

(9)架设垂直运输架:成孔以后,即着手在桩孔上口架设垂直运输钢管吊架。吊架要搭设稳定、牢固。

(10)安装电动葫芦或卷扬机:在垂直运输架上安装滑轮组和穿卷扬机的钢丝绳,选择适当位置安装卷扬机。地面装运土石用汽车。

(11)安装吊桶、照明设施、活动盖板、水泵和通风机。

①在安装滑轮组及吊桶时,注意使吊桶与桩孔中心位置重合,作为挖土时直观上控制桩位中心和护壁支模的中心线。

②井底照明必须用低压电源、防水带罩的安全灯具。桩口上设围护栏。

③桩孔较深时,为保证孔内有新鲜的空气,在孔口设置通风机,用软胶管向孔下通风,保证施工期间孔下空气质量。若桩孔挖至有水地段,孔内设集水坑,渗水量大时采用离心泵或多级泵抽水。

④当地下水量不大时,随挖随将泥水用吊桶运出。地下渗水量较大时,吊桶已满足不了排水需求时,先在桩孔底挖集水坑,用高程水泵沉入抽水,边抽水边挖土。水泵的规格按抽水量确定,应日夜三班抽水,使水位保持稳定。

⑤桩孔口安装水平推移的活动安全盖板。当桩孔内有人挖土时,应掩好安全盖板,防止杂物掉落砸伤人。无关人员不得靠近桩孔口边。吊运土时,再打开安全盖板。

(12)开挖吊运第二节桩孔土方:从第二节开始,利用提升设备运土,桩孔内人员应戴好安全帽,地面人员应拴好安全带。吊桶离开孔口上方1.5m时,推动活动安全盖板,掩蔽孔口,防止卸土的土块、石块等杂物坠落孔内伤人。吊桶在小推车内卸土后,再打开活动盖板,下放吊桶装土。桩孔挖至规定的深度后,用支杆检查桩孔的直径及井壁圆弧度,上下应垂直平顺,修整孔壁。

(13)先拆除第一节护壁模板再支第二节护壁模板,放附加钢筋。护壁模板采用拆上节支下节的方法依次周转使用。模板上口留出高度不大于250mm的混凝土浇筑口,接口处应捣固密实。拆模后,用混凝土或砌砖堵严,用水泥砂浆抹平,拆模强度达到2.5MPa。

(14)浇筑第二节护壁混凝土:混凝土用串桶送来,人工浇筑,人工插捣密实。混凝土可由试验确定掺入早强剂,以加速混凝土的硬化。

(15)检查桩位中心轴线及高程:以桩孔口的定位线为依据,逐节校测,以防止桩孔倾斜及扭曲。每次施工下一节护壁时,对孔净空尺寸、中心偏位进行校核。通过钢尺及护桩确定孔中心位置及正方向,向两边拉尺校核净空尺寸。

(16)逐层往下循环作业,将桩孔挖至设计深度:清除虚土,检查土质情况,桩底应支撑在设计所规定的持力层上。随着桩孔挖深,孔内设刚性梯上下,设置与孔壁锚固的钢筋网片做遮挡,上部传输时工人只允许在网下操作。

(17)在岩土变化位置留渣:在挖孔过程中遇到地质变化时要留样,查看与地质资料是否相符,如不符合地质资料,应及时向监理工程师报告。

(18)检查验收:成孔以后通知项目部质检工程师和监理工程师到现场检查,确认是否满足要求。必须对桩身直径、尺寸、孔底高程、桩位中线、井壁垂直、虚土厚度进行全面测定。做好施工记录,办理隐蔽验收手续。

(19)桩底封底:桩身挖至设计高程后,进行桩底清渣、排水处理,然后采用1∶3水泥砂浆对桩底进行封底,其厚度为10cm。

(20)钢筋安装:钢筋必须附有出厂合格证明,进场后及时报试验室取样试验报验,合格后才允许用于工程中。

钢筋焊接所用焊条必须与钢筋类别、规格相适应,焊接前须进行试焊,经项目部试验室检测合格后方可进行正式焊接。焊工必须持证上岗。

钢筋主筋焊接采用单面搭接焊,搭接长度不小于$10d$(d为钢筋直径),焊接接头应错开布置,在接头长度区段内(焊接接头长度区段是指$35d$,且不小于1000mm),同一钢筋不得有两个接头,配置在接头长度区段内的受力钢筋,其接头的截面面积占全部截面面积的最大百分率为50%。

焊接时焊缝高度应等于或大于被焊接钢筋直径的0.3倍,焊缝宽度b应等于或大于被焊钢筋直径的0.7倍,钢筋焊缝要求平顺饱满,不得咬焊、堆积、漏焊,气孔数量应符合规范要求。下钢筋笼时必须将焊渣清除干净。钢筋焊接接头与钢筋弯曲处的距离不小于$10d$。

主筋采用高强直螺纹机械连接接头技术,接头错开布置,每个断面接头数量不超过50%。为了保证钢筋笼具有足够的刚度,在制作钢筋笼时,增加径向临时支撑。钢筋骨架应在预制的支架上严格按设计图纸和施工技术规范成型,以确保骨架各部分尺寸,以方便施工为原则,要求主筋顺直,箍筋间距均匀,绑扎及点焊质量符合规范要求。吊装过程中不能有开焊、松脱和变形现象。定位钢筋高度必须足够,以保证钢筋骨架有足够的保护层。

柱身钢筋外挂预制混凝土垫块,以保证钢筋保护层厚度。

(21)灌注混凝土:

①灌注混凝土时,混凝土坍落度宜为18~20cm。用导管灌注混凝土,可在导管中自由坠落,导管对准桩中心。混凝土必须在集中拌和站拌制,采用搅拌运输车运送混凝土至孔口,经导管入孔,导管下口距已浇混凝土面的高差不超过2m。

②混凝土的振捣采用直径5cm的软轴振动棒。振捣时,振动棒以75°角插入混凝土,并注意控制振捣棒的插入和抽出速度,直至混凝土不再沉落、不出现气泡、表面呈现平坦并泛浆。上层混凝土振捣时需插入下层混凝土5~10cm。振捣时,遵循快插慢拔的原则,与钢筋笼保持约10cm的距离,防止钢筋笼变形和焊接部位脱落。

9.2.5 爆破施工方法

当土石无法用铁锹、风镐人工挖掘时,人工挖孔桩采用周边眼光面控制爆破法施工开挖。

9.2.5.1 爆破方案选择

根据岩石的力学性质、桩径尺寸、岩石开挖粒径大小、施工进度要求以及施工周边环境因素,人工挖孔桩采用周边眼光面控制爆破法施工开挖。采用严格控制周边界限光面爆破方法。使用毫秒电雷管,限制最大单响装药量,保证护壁、邻桩及附近建筑物的安全。

9.2.5.2 爆破设计原则

(1)起爆顺序为先掏槽眼,后辅助眼,最后周边眼。

(2)挖孔桩按平均单位耗药量与爆破的孔桩直径、岩石的力学性能、岩石的风化程度、岩石的结构组分、黏聚力、裂隙性,特别是岩石的变形性及其动力特性以及所用炸药的性能来确定,施工时应通过现场试验选定。单孔装药设计:掏槽孔最多,辅助孔次之,周边孔最少。

(3)钻孔分掏槽眼、辅助眼、周边眼。掏槽孔一般呈锥形布孔,孔深比周边孔深10~20cm;周边孔向外倾斜,其孔底一般到达开挖线(软岩)或超过开挖线10cm左右(硬岩)。

(4)循环进尺一般控制在1m之内,炮孔利用率按75%~85%考虑。

(5)炮孔间距布置要考虑周边孔内最小抵抗线不大于邻桩石壁厚度的2/3。

(6)爆破岩石粒径符合开挖要求,最大粒径不大于20cm。微差减震,确保护壁、邻桩及附近建筑物的安全。

9.2.5.3 爆破参数设计

表9-1为装药量计算表。

装药量计算　　表9-1

序号	名称	单位	数量	备注
1	单位炸药消耗量 q	kg/m^3	2	参考有关爆破资料
2	单孔掏槽眼	kg	0.9	ϕ32mm 乳化炸药,长21cm
3	单孔辅助眼	kg	0.75	掏槽眼75%
4	单孔周边眼	kg	0.45	辅助眼75%

根据实际施工情况及前一茬炮的爆破效果及时调整装药参数,以取得最佳爆破效果。

9.2.5.4 装药结构与堵塞

掏槽眼、辅助眼、周边眼均采用连续反向装药结构。炮孔填塞是很重要的工序,填塞可以使炸药爆炸完全,改善爆破效果。填塞材料用砂、黏土或砂和黏土的混合物,其配比是砂:黏土:水=4:5:1;填塞材料应事先拌好,做成泥条备用。

9.2.5.5 起爆网络

引爆方式和连线方式:运用电雷管微差起爆,采用孔内毫秒起爆网络。孔内采用不同段别毫秒雷管依序起爆。毫秒雷管用并联方式连接。

起爆顺序:按先掏槽眼后辅助眼,最后周边眼起爆,掏槽眼采用瞬爆电雷管,辅助眼采用3段毫秒电雷管,周边眼采用5段毫秒电雷管。

9.2.5.6 爆破施工技术要点

(1)布孔:在桩孔内用红油漆标出炮眼位置,记录并标明孔号、深度、装药量。布孔方式采用环向布置。

(2)钻孔:采用手风钻钻孔,并按“孔深、方向和倾斜角度”三大要素进行钻孔。成孔后应及时将岩粉吹除,用草团堵住孔口。

(3)装药:按设计好的装药结构进行装药,保证装药到设计位置,严防药包在孔中卡住。微差爆破采用连续密实装药结构,光面爆破采用间隔装药结构。炸药用乳化防水炸药。

(4)堵塞:装药结束后,一定用用砂、黏土或砂和黏土的混合物堵塞,其配比是砂:黏土:水=4:5:1;填塞材料应事先拌好,做成泥条备用,并且堵塞时一定要保护好孔内起爆器材。

(5)起爆、检查:在危险区的边界,设置警戒岗哨和标志。爆破前,待危险区的人员和设备撤离至安全地点，并确定具有安全起爆条件，发出起爆信号，然后起爆。起爆后，按规定时间进入爆破区进行检查，当发现有危石、盲炮、有毒气体时应及时上报处理，在确认安全后，才可批准人员进入爆破场地施工。

起爆方法：电雷管微差起爆。

起爆顺序：按先掏槽眼，后辅助眼，最后周边眼起爆。

9.2.5.7　质量保证措施及控制标准

1）钢筋的验收及管理

钢筋应具有出厂质量保证书。进场后按有关规定、批量、规格进行抽样检查，并由检查部门出具试验报告。对于需要焊接的材料还应有焊接试验报告。确认该批材料满足设计、施工要求后，物资部门方可将该材料入库、登记、造册。不合格的材料应运出施工现场。

钢筋进库后须按不同钢种、等级、牌号、规格批号及生产厂家分别堆存，不得混杂，且应挂牌以便于识别。钢筋在运输、储存过程中，应避免锈蚀和污染。钢筋宜堆置在仓库内，露天存放时，应垫高并加遮盖。

钢筋发料时应随同原材料发给使用单位原材料出厂质量保证书及进场抽样检查试验报告复印件；使用部门应按原材料的使用部位登记造册，做到原材料具有可追溯性。

2）主筋下料及钢筋笼成型

钢筋笼加工采用长线法施工。钢筋笼分3或4节加工制作，基本节长9m或12m，最后一节为调整节。将每根桩的钢筋笼按设计长度分节并编号，保证相邻节段可在胎架上对应配对绑扎。钢筋下料完成后，钢筋笼制作之前，进行主筋直螺纹加工，包括以下几道工序：

（1）钢筋下料用切断机下料。钢筋下料前检查钢筋待加工的端部是否有弯曲现象，如有应先用调直机调直，如果发现钢筋端面不平齐的，要用无齿锯切掉2～3cm，以确保钢筋端面与钢筋轴线垂直。钢筋下料时必须采用无齿锯切割下料，严禁使用气割和其他热加工的方法切断钢筋。为保证钢筋连接时钢筋丝头在连接套筒中的对顶效果，下料切割端面应与钢筋轴线垂直，钢筋端部不得产生马蹄形。

（2）端头车丝。加工丝头前，应先调整好滚丝轮之间的尺寸。

①初调：根据加工钢筋的直径用相应规格的调径通、止光规，将钢筋放入滚丝头四轮之间，旋转外套，转动滚丝轮与调径通、止光规接触，取出通光规，使通光规能通，止光规能止，而后锁紧外套。把行程调节板上相应规格的刻线对准护板上的0刻度线，而后锁紧行程调节板。

②精调：通过实际滚轧丝头，用螺纹环规检验，通环规能顺利旋入有效扣，止环

规旋入不大于 $3P$(P 为螺距)，用长度卡板测量丝头长度，应符合要求，如果有误差应再次调整。丝头调整应遵循直径从大到小、由短到长、循序渐进的原则，严禁一次调过，以免丝头报废和损坏机床。

③装夹钢筋：装夹钢筋时将机床置于停车极限，把待加工的钢筋放入夹钢筋钳中，伸出长度应以钢筋端面与滚丝轮架外端面对齐为准，而后夹紧(向里向外都会影响丝头加工长度)。

④滚轧丝头：在调整丝头直径和长度合格后，进入正常加工，逆时针转动进给手柄，使滚丝轮缓慢接触钢筋，并施以适当的力。当滚轧 $2P$ 后即可自动进给，严禁用力过猛或用脚踏进给手柄进给。

(3)钢筋连接。连接前的准备：先回收丝头上的塑料保护帽和套筒端头的塑料密封盖，并检查钢筋规格是否和套筒一致，检验螺纹丝扣是否完好无损、清洁。如发现杂物或锈蚀要清理干净。

①标准型接头的连接。同节内钢筋主筋连接使用标准型接头连接，把装好连接套筒的一端钢筋拧到被连接钢筋上，然后用扳手拧紧钢筋，使两根钢筋头顶紧，使套筒两端外露的丝扣不超过 1 个完整丝头，连接即告完成，随后立即画上标记以便检查。

②加长型接头的连接。钢筋笼分节处使用加长型接头连接，先将标准套筒按顺序全部拧在加长丝头钢筋一侧，将待接钢筋的标准丝头靠紧后，再将套筒拧回到标准丝头一侧，并用扳手拧紧，连接即告完成。

③接头检验。接头连接完成后，用目测法检验两端外露螺纹长度是否相等，且不超过一个完整丝扣(加长螺纹除外)并符合直螺纹质量检验标准，见表 9-2。

直螺纹丝头质量检验标准 表 9-2

序号	检验项目	量具名称	检验要求
1	外观质量	目测	牙形饱满、牙顶宽度超过 $0.25P$(P 为螺距)的秃牙部分，其累计长度不宜超过一个螺纹周长
2	丝头长度	专用量具	丝头长度应满足设计要求，标准型接头的丝头长度公差为 $+P$(P 为螺距)
3	螺纹中径	通端螺纹环规	能顺利旋入螺纹并达到旋合长度
		止端螺纹环规	允许环规与端部螺纹部分旋合，旋入量不应超过 $3P$(P 为螺距)
4	螺纹长度	检验螺母	对标准丝头，检验螺母拧到丝头根部时，丝头端部应在螺母中部的凹槽内
5	螺纹牙形	—	目测法观测螺纹齿底不得宽，不完整齿累计长度不得超过 1 扣

为减少主筋接头工作量，除按有关规定(图纸所示尺寸)、规范切断后错接，以

保证同一截面的钢筋接头数量不大于50%外,其余应尽量采用定尺料;在同一根钢筋上应少设接头,“同一截面”内,同一根钢筋上不得超过一个接头;两连接接头在钢筋直径的35倍范围且不小于500mm以内,均视为“同一截面”。钢筋笼采用长线法在台座胎具上统一制作,在台座胎具上根据施工进度要求调整安装钢筋笼主筋的定位模具。定位模具是根据钢筋笼的主筋规格、数量进行设计制作的。定位模具在台座上安装时要求纵向精确定位,以保证钢筋笼加工的线形质量。钢筋笼在胎具上成型时,钢筋连接按图纸要求进行施工,如无图纸要求,按规范要求施工;桩身主筋与加劲箍筋务必焊牢,主筋与箍筋连接处宜点焊,若主筋较多,可点焊或绑扎,主筋与直径10mm箍筋绑扎时,应采用直径≥1.0mm的铁丝绑扎。

(4)钢筋笼保护层。

钢筋笼主筋外缘至设计桩径混凝土表面净保护层厚度为50mm,在钢筋笼四周纵横间距1m交错设置混凝土垫块,保证保护层厚度。调整钢筋笼平面位置与设计桩中心位置在同一垂直线上。

(5)钢筋笼制作、安装以及钢筋连接接头检验标准。钢筋笼制作、安装以及钢筋连接接头检验标准见表9-3、表9-4。

钢筋笼制作、安装检验评定标准表 表9-3

编号	检验项目	允许偏差(mm)	编号	检验项目	允许偏差(mm)
1	主筋间距	±20	5	骨架保护层厚度	±10
2	箍筋间距	±10	6	骨架中心平面位置	20
3	骨架外径	±5	7	骨架顶端高程	±20
4	骨架倾斜度	±1/200	8	骨架底端高程	±50

滚轧直螺纹连接接头检验标准表 表9-4

编号	检验项目	允许偏差	备注
1	两个接头之间的最小间距	>35d	
2	接头区内同一断面接头最大百分率	≤50%	
3	丝头的外观质量、尺寸、螺纹直径(大径、中径、小径)	符合规范要求	
4	套筒的外观质量、尺寸、螺纹直径(大径、中径、小径)	符合规范要求	

(6)混凝土所用的水泥、砂、石、水、外掺剂的质量和规格必须符合设计和有关规范的要求,按规定的配合比施工。

(7)施工过程中注意核对滑动面位置,如图纸与实际位置有出入,及时与技术人员联系。

(8)做好桩区地面截、排水及防渗,孔口地面上应加筑适当高度的围埂。

(9)抗滑桩质量验收标准见表9-5。

抗滑桩质量验收标准一览表　　表9-5

项次	检测项目	规定值或允许偏差	检查方法和频率
1	混凝土强度(MPa)	在合格标准以内(护壁C20,桩身C25)	—
2	桩长(m)	不小于设计值	测绳量:每桩测量
3	孔径或断面尺寸(mm)	不小于设计值	探孔器:每桩测量
4	桩位(mm)	100	经纬仪:每桩测量
5	竖直度(mm)	0.5%桩长,且不大于200	吊垂线:每桩检查
6	钢筋骨架底面高程(mm)	±50	水准仪:测每桩骨架顶面高程后反算

9.2.6　抗滑桩挖孔期的重要注意事项

9.2.6.1　塌孔

产生的主要原因:

(1)严重地下水渗透。

(2)孔壁土体失稳。由于在护壁的修复时期,孔底会有一定的积水,孔底抽水过后,孔壁周边土层产生水压差别,造成失稳状态。

(3)土层变化部位的挖孔深度超过固定范围,甚至超过稳定参数的最大值。

(4)孔壁土体破坏未及时修复。由于孔底偏位以及超挖等现象,土体结构受到影响。

预防措施及方法:提高土体稳定性,提高结构凝聚力度,并设泄水孔,减少积水问题;降低内外水压差;避免超挖偏位现象;避免过深过高现象;以砂石填充松软部分,提高土体强度。

9.2.6.2　井涌(流泥)

产生的主要原因:

土体松软部分较多,地下水位差促使细软均匀的沙土悬浮。粉细沙土遇水,变成流泥状态,产生井涌现象。

预防措施及方法:人工降水,减轻水压。对于厚度大于1.5m的流动淤泥,以及非确定性涌土、涌沙,随挖随验。采用钢护筒做护壁,并将每节护壁减至300～500mm。除此之外,还可浇筑混凝土。

9.2.6.3　护壁水平裂缝

产生的主要原因：

(1)护壁自重大于极限摩阻力。护壁过重下滑引起裂缝。

(2)抽水过度导致地下水位下降。护壁外水位负摩擦。

(3)塌方导致可支撑土体下滑，护壁产生环向水平裂缝。下滑周遭力度不均匀导致剪力作用，使土体产生垂直斜向裂缝。

预防措施：通过缩减护壁厚度减小护壁自身质量；护壁内配 ϕ12@250mm 型号的竖向形钢筋。通过钢筋巩固连接，减少环向水平拉力。通过位于桩孔口的护壁，稳固导槽。加强其土体支撑。由于裂缝的不可修复性，必须提高监测频率，发现问题第一时间进行处理。当出现竖向裂缝时，必须停止施工并及时处理问题。

9.2.6.4　淹井

产生的主要原因：

(1)井孔渗水的砂砾层系数超出允许范围或泉眼过大。

(2)附近地下水在井孔集中。

预防措施及方法：设深井，并在桩孔完成之前用潜水泵降水位。桩孔挖完成后再用砂砾堵井。

9.2.6.5　截面大小不一或扭曲

产生的主要原因：

(1)桩径误差——挖空时的中线控制出现误差，导致护壁的模板尺寸有细微差别。

(2)目前的技术无法控制粉细砂层的半径。

(3)模板安装不牢固，造成跑模。

预防措施及方法：以节为单位，测量位置，把握孔壁的纵向垂直程度；加固好模板，确保模板的稳固性。

9.2.6.6　超量

产生的主要原因：

(1)成孔间隙时间过长而造成的浸水剥落和周边孔壁坍塌。

(2)因截面控制失误的超挖现象。

(3)挖掘碰到了古墓、坑穴、溶洞、下水道等地下洞。

预防措施及方法：

(1)严禁超挖，控制尺寸；遇地下洞穴，用 3∶7 灰土填补、拍夯实。

(2)禁止长期搁置,成孔48h内,必须浇筑桩混凝土。

9.3 抗滑桩土坡流变破坏的防治对策

抗滑桩土坡流变破坏是一种性质复杂的坡体病害,它受地质、水文条件和岩土性质等环境因素与内部条件的影响和制约很大。因此,抗滑桩土坡流变破坏的防治对策研究必须以每一个具体抗滑桩土坡流变破坏的发生、发展条件和动态、力学规律的深入研究与清楚认识为基础。如滑体、滑带岩土工程性质、发生发展机制、动态规律和力学条件以及抗滑桩土坡流变破坏过程中桩土的相互作用等,是能否准确、合理、经济地制订抗滑桩土坡流变破坏的防治对策的关键所在。

本节以抗滑桩土坡流变破坏的动态规律、力学机制和强度变化规律的综合分析为基础,在分析边坡体的流变特性的基础上,提出了两阶段防治抗滑桩土坡流变破坏的对策。

根据第8章抗滑桩土坡流变破坏过程的计算结果并结合图9-6可知,抗滑桩加固黏性土边坡流变破坏过程可分为加速流变破坏阶段和缓速流变破坏阶段。

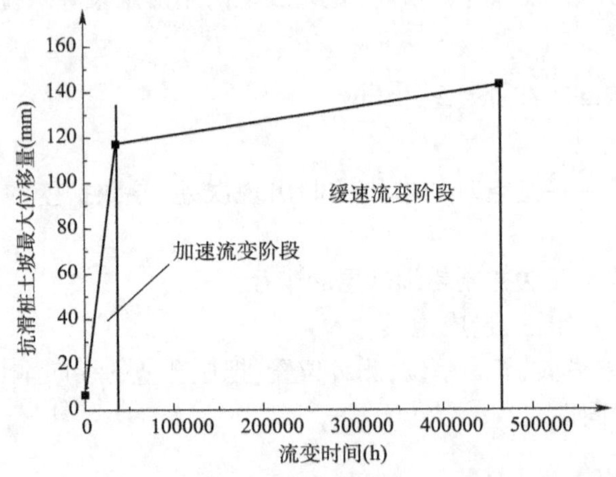

图9-6 抗滑桩土坡最大位移随流变时间的变化

9.3.1 抗滑桩土坡加速流变破坏阶段防治对策

在抗滑桩土坡流变破坏过程的加速流变破坏阶段,首先,必须在边坡后部最大流变和位移区域设置位移、变形监测点,然后再根据监测数据的反馈制订相应经济、合理和安全的防治对策。

9.3.1.1　监测的分类

抗滑桩土坡工程的安全监测分为如下三类:①对于公路建设过程中出现的滑坡灾害点以及现在有较大变形或开裂的抗滑桩土坡,潜在破坏可能性且失稳后果严重的抗滑桩土坡,作为重点监测点进行监测;②对于变形不明显但地质条件比较差的路段,以及比较重要的防护工程,作为重点巡视点进行重点巡视;③对其他没有明显变形迹象的抗滑桩土坡则作为一般巡视点进行定期检查巡视。

9.3.1.2　边坡安全监测的内容和方法

抗滑桩土坡流变破坏的监测主要是为了保证高速公路的安全运营,实时掌握抗滑桩土坡流变变形动态特征或破坏特性,对抗滑桩土坡失稳进行预警预报,也为抗滑桩土坡流变破坏是否需要做进一步治理提供依据。

根据监测目的和抗滑桩土坡流变破坏的特点,监测项目包括地表位移监测、抗滑桩顶部位移监测、地面变形与裂缝巡视监测、深部位移监测和地下水位监测5个方面。

(1)地表位移监测。布设一条纵向监测剖面和一条横向监测剖面,形成一个监测网络。用全站仪监测水平位移变化情况,用水准仪监测垂直位移变化情况,监控抗滑桩土坡表面的变形发展过程。地表位移监测网络的布置方式要以保证监测坡体的整体变化情况为基准。

(2)抗滑桩顶部位移监测。采用全站仪对桩点定期进行三维坐标测量,监控抗滑桩的变形发展过程。

(3)地面变形与裂缝巡视监测。在流变破坏的抗滑桩土坡后缘拉裂缝上设置5~10个或10个以上裂缝监测点,对地表裂缝扩张情况进行定量监测。通过地表巡视,及时发现新的地表裂缝。如果发现新的地表裂缝,也要设置裂缝监测点,对其进行监测。加强地表变形巡视监测,监测是否有新的地面裂缝和截水沟裂缝出现;注意抗滑桩间预制混凝土挡土板间缝隙里流出的地下水变化情况。

(4)深部位移监测和地下水位监测。沿流变破坏的抗滑桩土坡的变形方向,打一定数量的钻孔,安装测斜管,采用测斜仪进行流变破坏的抗滑桩土坡深部变形监测,并同时进行地下水位监测和降雨量监测,为分析流变破坏的抗滑桩土坡的变形破坏原因提供依据。

经过3~5个水文年的监测,监测时间间隔:一般无降雨时段为1~7天监测一次,有降雨时以每天监测1~2次为宜。

根据现场监测数据,对流变破坏的抗滑桩土坡资料进行全面分析,提出流变破坏的抗滑桩土坡的进一步处置意见。

9.3.1.3 监测数据的处理及提出相应的处置对策

对流变破坏的抗滑桩土坡的监测数据采用加速度判别法，即加速度 $a \geqslant 0$ 和 $a < 0$，并结合最大允许位移阈值（如最大允许位移阈值为20cm），相应地制订加速流变破坏阶段的抗滑桩土坡的防治对策。

(1)当加速度 $a \geqslant 0$、最大位移已大于最大允许位移阈值时，必须采用降水和在抗滑桩土坡后部最大流变和位移区域前加设一排以上抗滑桩。

(2)当加速度 $a < 0$、最大位移已大于最大允许位移阈值时，视位移速率的大小，适当采用降水或结合在抗滑桩土坡后部最大流变和位移区域前加设一排以上抗滑桩。

(3)当加速度 $a < 0$、最大位移小于最大允许位移阈值时，继续对在抗滑桩土坡后部最大流变和位移区域的变形和位移进行监控。

9.3.2 抗滑桩土坡缓速流变破坏阶段防治对策

在抗滑桩土坡流变破坏过程中的缓速流变破坏阶段，首先，有选择地在边坡后部最大流变和位移区域设置位移、变形监测点，然后再根据监测数据的反馈制订相应经济、合理和安全的防治对策。

在本阶段，流变、位移的监测类型、内容和方法同抗滑桩土坡流变破坏过程中的加速流变破坏阶段，但监测时间为5～50个水文年，监测时间间隔一般无降雨时段为1个月监测一次，有降雨时以每1～2两天监测一次为宜。最后，根据现场监测数据，对流变破坏的抗滑桩土坡资料进行全面分析，提出流变破坏的抗滑桩土坡的进一步处置意见。

对流变破坏的抗滑桩土坡的监测数据采用加速度判别法。此时，一般地，$a < 0$，结合最大允许位移阈值（如最大允许位移阈值为20cm），制订相应的缓速流变破坏阶段的抗滑桩土坡的防治对策。

(1)当加速度 $a < 0$、最大位移已大于最大允许位移阈值时，视位移速率的大小，适当采用降水或结合在抗滑桩土坡后部最大流变和位移区域前加设一排以上抗滑桩。

(2)当加速度 $a < 0$、最大位移小于最大允许位移阈值时，继续对在抗滑桩土坡后部最大流变和位移区域的变形和位移进行监控。

9.4 结 论

本章结合浙江省山区边坡的滑坡治理工程案例进行论述与分析，实践表明，滑坡治理须综合考虑自然环境、水文及地质综合要素。在诸要素均保持稳定的前提下，制订相应的防治对策，使其最符合安全性和经济效益。同时，在进行滑坡治理时，除考虑采用钢管桩、抗滑桩等坡脚支撑外，还应结合实际，尽快实施滑坡卸载措施，加强坡体排水及坡面绿化工作，以达到综合防治的目的。

另外，滑坡防治还应全面分析抗滑桩土坡流变破坏的动态规律、力学机制和强度变化规律，在分析边坡体的流变特性的基础上，提出了两阶段防治抗滑桩土坡流变破坏的对策。

在抗滑桩土坡流变破坏过程中的加速流变破坏阶段，首先必须在边坡后部最大流变和位移区域设置位移、变形监测点，然后，再根据监测数据的反馈制订相应经济、合理和安全的防治对策。对流变破坏的抗滑桩土坡的监测数据采用加速度判别法，即加速度 $a \geqslant 0$ 和 $a < 0$，并结合最大允许位移阈值（如最大允许位移阈值为 20cm），相应地制订以下加速流变破坏阶段的抗滑桩土坡的防治对策：

（1）利用钢管桩对边坡进行支护，在理论上能够起到良好的效果。在灌注水泥砂浆后，为防止边坡再次移动，以钢管桩支撑可以起到一定的阻碍作用。分析表明，在钢管桩支撑前，边坡的安全系数 $F_s = 0.71$，处于危险阶段。而采用钢管桩支撑后的安全系数则提高到 $F_s = 1.54$。由此可见，利用钢管桩进行边坡加固的方案具有一定的可行性。

（2）利用抗滑桩处治滑坡是最有效的方法，但应充分考虑抗滑桩在施工过程中各环节的施工质量控制，确保结构物的耐久性与可靠性。

（3）在抗滑桩土坡流变破坏过程中的缓速流变破坏阶段，首先应有选择地在边坡后部最大流变和位移区域设置位移、变形监测点，然后，再根据监测数据的反馈制定相应经济、合理和安全的防治对策。对流变破坏的抗滑桩土坡的监测数据采用加速度判别法。此时，一般地，$a < 0$，结合最大允许位移阈值（如最大允许位移阈值为 20cm），制订相应的缓速流变破坏阶段的抗滑桩土坡的防治对策。

参 考 文 献

[1] 王恭先,徐峻龄,刘光代,等. 滑坡学与滑坡防治技术[M]. 北京:中国铁道出版社,2004.

[2] 林希鹤. 长深高速公路金斗山滑坡灾害及其治理工程对策[J]. 福建建筑,2011(2):67-69.

[3] 邱青,吴洋. 浅析典型工程的滑坡防治对策[J]. 山东工业技术,2016(6):72-72.

[4] 卿三惠,黄润秋. 工程滑坡形成机理及防治对策[J]. 中国地质灾害与防治学报,2005,16(3):1-4.

[5] Tavenas F, Leroueil S. *Creep and failure of slopes in clay*[J]. *Canadian Geotechnical Journal*,1981,18(1):106-120.

[6] Hirata Tokio, Chishaki Takeshi, Mino Sadamu, et al. *Swelling and creep of clays in landslide*[J]. *Memoirs of the Faculty of Engineering*,1986,46(2):131-147.

[7] Samtani N C, Desai C S, Vulliet L. *Viscoplastic model for creeping natural slopes*[J]. *Proc 8 Int. Conf. Comput. Methods Adv. Geomech.*,1994,3:2483.

[8] 宋克强,崔中兴,袁继国,等. 古刘滑坡的蠕变特征及其预报分析[J]. 岩土工程学报,1994,16(4):56-64.

[9] 祝辉,唐红梅,李明,等. 重庆—贵州高速公路向家坡滑坡稳定性分析及防治对策研究[J]. 岩石力学与工程学报,2006,25(s1).

[10] 王伟力. 破碎岩质滑坡防治对策[C]//全国道路与桥隧工程技术学术研讨会,2007.

[11] 王琛,胡德金,刘浩吾,等. 三峡泄滩滑坡体滑动带土的蠕变试验研究[J]. 岩土力学,2003,24(6):1007-1010.

[12] Chandra S, Desai, Naresh C. *Samtani*, *Laurent Vulliet*. *Constitutive modeling and analysis of creeping slopes*[J]. *Journal of Geotechnical Engineering*, 1995, 121(1):43-56.

[13] Furuya G, Sassa K, Hiura H, et al. *Mechanism of creep movement caused by landslide activity and underground erosion in crystalline schist, Shikoku Island, southwestern Japan* [J]. *Engineering Geology*, 1999, 53: 311-325.

[14] 王卓娟,李孝平. 抗滑桩在滑坡治理中的研究现状与进展[J]. 灾害与防治工程,2007,7(1):45-50.

[15] 杨明,姚令侃,王广军. 昔格达地层滑坡抗滑桩加固离心模型试验研究[J]. 公路,2006,11:1-4.

[16] 于玉贞,邓丽军. 抗滑桩加固边坡地震响应离心模型试验[J]. 岩土工程学报,2007,29(9):1320-1323.

[17] 夏永成. 考虑桩—土相互作用的抗滑桩加固边坡设计方法研究[硕士学位论文][D]. 大连:大连理工大学,2006.

[18] 雷文杰,郑颖人,冯夏庭. 滑坡治理中抗滑桩桩位分析[J]. 岩土力学,2006,27(6):950-954.

[19] Ausilio E, Conte E, Dente G. *Stability analysis of slopes reinforced with piles* [J]. *Computers and Geotechnics*, 2001, 28(8): 591-611.

[20] 陈立新,王士川. 抗滑桩的弹塑性理论分析[J]. 工业建筑,1997(7):28-33.

[21] Ito T, Matsui T. *Methods to estimate lateral force acting on stabilizing piles*[J]. *Soils and Foundations* [J]. 1975, 15 (4): 43-59.

[22] Ito T, Matsui T. , Hong WP. *Design method for stabilizing piles against landslide-one row of piles* [J]. *Soils and Foundations*, 1981, 21(1):21-37.

[23] Ito T, Matsui T. , Hong WP. *Extended design method for multi – row stabilizing piles against landslide* [J]. *Soils and Foundations*, 1982, 22(1):1-13.

[24] Hassiotis S, Chameau JL, Gunaratne M. *Design method for stabilization of slopes with piles*[J]. *Journal of Geotechnical and Geoenvironmental Engineering*, 1997, 123(4):314-323.

[25] 卜倩倩. 浅论高速公路滑坡与高边坡病害的防治[J]. 科学技术创新,2018,(35):121-122.

[26] 周斌斌. 江罗高速 K24 + 100 ~ 290 六级高边坡滑坡治理探讨[J]. 工程与建设,2018,32(6):875-877,885.

[27] 陈真. 对高边坡滑坡施工技术的相关分析[J]. 建筑工程技术与设计,2018(33):569.

[28] 张才. 抗滑桩在高速公路高边坡治理滑坡中的应用实践研究[J]. 企业科技与发展,2018(11):111-112.

[29] 周德培,肖世国,夏雄. 边坡工程中抗滑桩合理桩间距的探讨[J]. 岩土工程学报,2004,26(1):132-135.

[30] 张建勋,陈福全,简洪钰. 被动桩中土拱效应问题的数值分析[J]. 岩土力学,2004,25(2):174-178.

[31] 吕庆,孙红月,尚岳全. 抗滑桩桩后土拱形状及影响因素[J]. 哈尔滨工业大学

学报,2010,42(4):629-633.

[32] 赵明华,廖彬彬,刘思思.基于拱效应的边坡抗滑桩桩间距计算[J].岩土力学,2010,31(4):1211-1216.

[33] Jinoh Won, Kwangho You, Sangseom Jeong, Sooil Kim. *Coupled effects in stability analysis of pile-slope systems* [J]. *Computers and Geotechnics*, 2005, 32: 304-315.

[34] Wei W B, Cheng Y M. *Strength reduction analysis for slope reinforced with one row of piles*[J]. *Computers and Geotechnics*, 2009, 36:1176-1185.

[35] 高长胜,陈生水,杨守华,等.基于强度折减有限单元法的抗滑桩加固边坡特性分析[J].水利与建筑工程学报,2010,8(4):119-122.

[36] Daniel Pradel, Jason Garner and Annie on Lei Kwok. *Design of drilled shafts to enhance slope stability* [C]//*2010 Earth Retention Conference*, 2010:920-927.

[37] Kourkoulis R, Gelagoti F, Anastasopoulos I, et al. *Slope Stabilizing Piles and Pile-groups: Parametric Study and Design Insights* [J]. *Journal of Geotechnical and Geoenvironmental Engineering*, 2011.

[38] 胡晓军,谭小惠.弹性抗滑桩全桩内力计算的地基反力荷载法[J].岩土力学,2010,31(1):299-303.

[39] 吴恒立.计算推力桩的综合刚度原理和双参数法[M].2 版.北京:人民交通出版社,2000.

[40] 龙驭球.弹性地基梁的计算[M].北京:人民教育出版社,1983.

[41] 戴自航.抗滑桩滑坡推力和桩前滑体抗力分布规律的研究[J].岩土力学与工程学报,2002,21(4):517-521.

[42] 赵明华.桥梁桩基计算与检测[M].北京:人民交通出版社,2000.

[43] 周铭.弹性桩与弹性梁通解[J].岩土工程学报,1982,4(1):1-15.

[44] Cai F, Ugai K. *Reinforcing mechanism of anchors in slopes: a numerical comparison of results of LEM and FEM* [J]. *Int. J. Numer. Anal. Met*, 2003, 27(7): 549-564. doi: 10.1002/nag. 284.

[45] Alexander G R. *Slope stability analysis based on the direct comparison of driving forces and resisting forces* [J]. *International Journal for Numerical and Analytical Methods in Geomechanics*, 2009, 33(8): 1123-1134. doi: 10.1002/nag. 761.

[46] Chen Z, Wang X, Chris H, et a1. *A Three-Dimensional slope stability analysis method using upper bound theorem, Part I: Theory and methods* [J]. *Int. J. Rock Mech. Min*, 2001, 38(3): 369-378. doi:10.1016/S1365-1609(1)00012-0.

[47] Donald I, Chen Z Y. *Slope stability analysis by the upper bound approach: fundamentals and methods* [J]. *Can. Geotech. J*, 1997, 34: 853-862.

[48] 李同春,卢智灵,姚纬明.边坡抗滑稳定安全系数的有限元迭代解法[J].岩石力学与工程学报,2003,22(3):446-450.

[49] 邓建辉,张嘉翔,闵弘,等.基于强度折减概念的滑坡稳定性三维分析方法(Ⅱ):加固安全系数计算[J].岩土力学,2004,25(6):871-875.

[50] 卓家寿,张澳常,陈振雷.岩质边坡的仿真模型和稳定准则[J].岩石力学与工程学报,1992,11(1):53-62.

[51] 中华人民共和国国家标准.建筑边坡工程技术规范:GB 50330—2002[S].北京:中国建筑工业出版社,2002.

[52] 郑颖人,赵尚毅,时卫民.边坡稳定分析的一些进展[J].地下空间,2001,21(4):262-271.

[53] 赵尚毅,郑颖人,邓卫东.用有限元强度折减法进行节理岩质边坡稳定性分析[J].岩石力学与工程学报,2003,22(2):254-260.

[54] Ugai K. *Static and dynamic analyses of slopes by the 3-D elasto-plastic FEM Landslides* [J]. *In: International Symposium on landslides*, 1996: 1413-1416.

[55] 张鲁渝,郑颖人,赵尚毅,等.有限元强度折减系数法计算土坡稳定安全系数的精度研究[J].水利学报,2003(1):21-27.

[56] 马建勋,赖志生,蔡庆娥,等.基于强度折减法的边坡稳定性三维有限元分析[J].岩石力学与工程学报,2004,23(16):2690-2693.

[57] 赵尚毅,时卫民,郑颖人.边坡稳定性分析的有限元法[J].地下空间,2001,21(5):450-455.

[58] 郑颖人,赵尚毅,张鲁渝.用有限元强度折减法进行边坡稳定分析[J].中国工程科学,2002,4(10):57-62.

[59] 连镇营,韩国城,孔宪京.强度折减有限元法研究开挖边坡的稳定性[J].岩土工程学报,2001,23(4):407-411.

[60] 赵尚毅,郑颖人,时卫民,等.用有限元强度折减法求边坡稳定安全系数[J].岩土工程学报,2002,24(3):343-346.

[61] 孙伟,龚晓南.土坡稳定分析强度折减有限元法[J].科技通报,2003,19(4):319-322.

[62] 杨坪,唐益群,周念清,等.上海冲填土自重固结沉降离心模型试验[J].中南大学学报(自然科学版),2008,39(4):862-867.

[63] 胡贺松,彭振斌,杨坪,等.软土水泥搅拌桩复合地基沉降特性试验研究[J].

中南大学学报(自然科学版),2009,40(3):803-807.

[64] Hiill AV. *The possible effects aggregation of the molecules of haemoglobin on its dissociation curves*[J]. *Physiol*, 1910, 40: 4-7.

[65] 陈生水,邹广电,徐光明. 丰都楠竹崩滑体防治方案研究[J]. 岩石力学与工程学报,2005(11):1925-1932.

[66] 邹广电,陈生水. 抗滑桩工程的整体设计方法及其优化数学模型[J]. 岩土工程学报,2003,25(1):11-17.

[67] ITO T Matsui, WON Pyo. Hong T. *Design method for stabilizing piles against landslide-one row of piles*[J]. *Soils and Foundations*, 1981, 21(1): 21-37.

[68] 高长胜,魏汝龙,陈生水. 抗滑桩加固边坡变形破坏特性离心模型试验研究[J]. 岩土工程学报,2009,31(1):145-148.

[69] 沈强,陈从新,汪稔,等. 边坡抗滑桩加固效果监测分析[J]. 岩石力学与工程学报,2005,24(6):934-938.

[70] 杨明,姚令侃,王广军. 桩间土拱效应离心模型试验及数值模拟研究[J]. 岩土力学,2008,29(3):817-822.

[71] 高长胜,魏汝龙,陈生水. 抗滑桩加固边坡变形破坏特性离心模型试验研究[J]. 岩土工程学报,2009,31(1):145-148.

[72] 年廷凯. 桩-土-边坡相互作用数值分析及阻滑桩简化设计方法研究[D]. 大连:大连理工大学,2005.

[73] 铁道部第二勘测设计院. 抗滑桩的设计与计算[M]. 北京:铁道出版社,1983.

[74] 杨佑发. 弹性抗滑桩内力计算的有限差分“m-k”法[J]. 重庆建筑大学学报,2004,24(1):13-18.

[75] 横山幸满. 桩结构物的计算方法和计算实例[M]. 唐业清,吴庆荪,译. 北京:中国铁道出版社,1984.